U0529397

本书由中央财政支持贵州财经大学民族学重点学科建设经费资助出版

西南民族研究

张中奎 ◎ 著

中国社会科学出版社

图书在版编目（CIP）数据

西南民族研究/张中奎著.—北京：中国社会科学出版社，2016.5

ISBN 978-7-5161-8579-7

Ⅰ.①西… Ⅱ.①张… Ⅲ.①少数民族—研究—西南地区 Ⅳ.①K280.7

中国版本图书馆 CIP 数据核字（2016）第 170164 号

出 版 人	赵剑英
责任编辑	卢小生
责任校对	周晓东
责任印制	王 超
出 版	中国社会科学出版社
社 址	北京鼓楼西大街甲 158 号
邮 编	100720
网 址	http://www.csspw.cn
发 行 部	010-84083685
门 市 部	010-84029450
经 销	新华书店及其他书店
印 刷	北京明恒达印务有限公司
装 订	廊坊市广阳区广增装订厂
版 次	2016 年 5 月第 1 版
印 次	2016 年 5 月第 1 次印刷
开 本	710×1000 1/16
印 张	15.5
插 页	2
字 数	224 千字
定 价	60.00 元

凡购买中国社会科学出版社图书，如有质量问题请与本社发行部联系调换
电话：010-84083683
版权所有 侵权必究

本书由中央财政支持贵州财经大学民族学重点学科建设经费资助出版

西南民族研究

张中奎 ◎ 著

中国社会科学出版社

图书在版编目（CIP）数据

西南民族研究/张中奎著 . —北京：中国社会科学出版社，2016.5
ISBN 978 - 7 - 5161 - 8579 - 7

Ⅰ.①西… Ⅱ.①张… Ⅲ.①少数民族—研究—西南地区 Ⅳ.①K280.7

中国版本图书馆 CIP 数据核字（2016）第 170164 号

出 版 人	赵剑英
责任编辑	卢小生
责任校对	周晓东
责任印制	王 超
出 版	中国社会科学出版社
社 址	北京鼓楼西大街甲 158 号
邮 编	100720
网 址	http://www.csspw.cn
发 行 部	010 - 84083685
门 市 部	010 - 84029450
经 销	新华书店及其他书店
印 刷	北京明恒达印务有限公司
装 订	廊坊市广阳区广增装订厂
版 次	2016 年 5 月第 1 版
印 次	2016 年 5 月第 1 次印刷
开 本	710×1000 1/16
印 张	15.5
插 页	2
字 数	224 千字
定 价	60.00 元

凡购买中国社会科学出版社图书，如有质量问题请与本社发行部联系调换
电话：010 - 84083683
版权所有 侵权必究

目 录

第一章 中央与苗疆的互动关系研究 ……………………… 1

 第一节 清代苗疆"国家化"的范式研究 ……………… 1
 第二节 清代苗疆叙事考察 ……………………………… 21

第二章 "苗疆缺"官制研究 ……………………………… 36

 第一节 设置"苗疆缺"的动因 ………………………… 36
 第二节 "苗疆缺"的官阶、范围 ……………………… 38
 第三节 "苗疆缺"的嬗变 ……………………………… 41

第三章 区域经济史研究 …………………………………… 46

 第一节 清代贵州苗疆农业经济的发展与苗民文化变迁 … 46
 第二节 清代苗疆土地政策的嬗变与帝国权威的下移 …… 52
 第三节 "小历史"中的"小历史":历史人类学
     视野下的苗疆货郎担 ………………………… 67

第四章 文化教育研究 ……………………………………… 84

 第一节 贵州古代地名蕴含的儒家教化理念研究 ……… 84
 第二节 清政府治理苗疆的文教政策 …………………… 93

第五章 社会治理研究 ……………………………………… 105

 第一节 清政府严禁苗疆人口贩卖政策之流变 ………… 105
 第二节 清前期贵州苗疆人口贩卖屡禁不止的原因 …… 114

第六章　苗民信仰世界研究 ·· 125
第一节　侗歌蕴含的人观研究 ······································ 125
第二节　仡佬族经典及其思想信仰世界 ······················· 140

第七章　清水江学 ·· 154
第一节　清水江流域蓝田、瓮洞地区文书的考释与研究 ··· 154
第二节　一份清水江文书的年代考论 ··························· 158

第八章　黔地文化研究 ··· 163
第一节　朱启钤与中国营造学社 ·································· 163
第二节　贵阳华氏企业发展的艰难历程 ······················· 171

第九章　文化琐思 ·· 180
第一节　"三皇"和"五帝"：华夏谱系之由来 ············ 180
第二节　"5·12"汶川大地震后的穆斯林自救：
以四川省"伊协"为考察中心 ··························· 193
第三节　最后的"批评空间"：社会转型期的《文讯》
月刊 ··· 209

参考文献 ··· 225

后　记 ·· 242

第一章　中央与苗疆的互动关系研究

第一节　清代苗疆"国家化"的范式研究

去年以来，学术界热烈讨论"古苗疆走廊"[①]，与目前已经形成共识的河西走廊、岭南走廊、横断走廊（即藏彝走廊）三大走廊有并驾齐驱之势。何为"古苗疆走廊"呢？具体来说"古苗疆走廊"主要是指明代以后正式开辟的由湖南辰州（沅陵）、沅州（芷江）东西横贯贵州中线的所谓入滇"东路"或"一线路"，沿这条古驿道形成的一条穿越数省、长达千余公里，涉及数万平方公里面积的狭长地带。[②] 深入挖掘"古苗疆走廊"的内涵，不仅学术上将对西南地域与民族文化研究提供新的视域，并且对推动西南地区政治经济文化建设也有着极为重要的现实意义。美国学者保罗·柯文曾经说过："中国的区域性与地方性的变异幅度很大，要想对整体有一个轮廓更加分明、特点更加突出的了解——而不满足于平淡无味地

[①] 杨志强、赵旭东、曹端波：《重返"古苗疆走廊"——西南地区、民族研究与文化产业发展新视阈》，《中国边疆史地研究》2012年第3期；曹端波：《国家、族群与民族走廊——"古苗疆走廊"的形成及其影响》，《贵州大学学报》（社会科学版）2012年第5期；曾江：《"古苗疆走廊"研究拓展边疆理论》，《中国社会科学报》2012年4月27日第9版；王小梅等：《重构"古苗疆走廊"》，《贵州日报》2012年5月4日第8版，等等。

[②] 杨志强、赵旭东、曹端波：《重返"古苗疆走廊"——西南地区、民族研究与文化产业发展新视阈》，《中国边疆史地研究》2012年第3期。

反映各组成部分间的最小公分母——就必须标出这些变异的内容和程度。"① 历史上，传统中国的统治者对待新辟疆土不同于西方殖民者的地方在于采取王道政治为主，而后者常常采取霸道政治。本章将苗疆②置于与藏区、蒙区、回疆、彝疆等区域同等的位置，通过研究清代苗疆区域内的"新疆六厅"如何最终变成中国的"腹地"，分析这一"生苗"→"熟苗"→"民人"，"新疆"→"旧疆"→"腹地""国家化"模式的规律性，有助于理解清王朝乃至中国历代中央政府是怎样逐渐将开拓的"新疆"融入大一统的中华秩序之中，借以推导、总结出边疆"国家化"的范式。③

一 "新疆"→"旧疆"→"腹地"

前文笔者所言的"国家化"，是一个现代性话语表述，在前民族国家的清王朝时期，实质上等同于"王化"。而本章所言的"王化"，是指清王朝"开辟"苗疆，以武力征服苗民，在苗疆设厅置县，安屯设堡，建立新的社会统治秩序所采取的一系列王化政策与教化措施。④ 清王朝在苗疆采取相应的政治、经济、文化、教育等手段来改造苗民，使"新疆六厅"的"生苗"化为"熟苗"，"熟苗"化为"民人"；"新疆"变为"旧疆"，"旧疆"变为"腹地"。清代苗疆的"国家化"过程，实质是这一土地上的族群自我认同为清王朝子民的过程，即"生苗"→"熟苗"→"民人"。

（一）满族统治者的帝王赤子观

《书经·康诰》曰："若保赤子，惟民其康乂。"此处的"赤

---

① ［美］柯文：《在中国发现历史：中国中心观在美国的兴起》，林同奇译，中华书局 2005 年版，第 178 页。

② 苗疆：此处苗疆指清代雍乾年间所"开辟"的苗疆，文中相关论述有时会涉及周边苗疆。下文的"新疆六厅"指八寨厅、丹江厅、清江厅、古州厅、台拱厅和都江厅。

③ "范式"的英文为"Paradigm"，源自希腊词"Paradeig‑ma"，意指"模范"或"模型"。库恩认为，范式是指"特定的科学共同体从事某一类科学活动所必须遵循的公认的'模式'"。笔者认为，苗疆"国家化"过程也可作为边疆"国家化"的范式进行研究。

④ 亦可参见杨志强对"王化"的阐释。杨志强：《前近代时期的族群边界与认同——对清朝中后期"苗疆"社会中"非苗化"现象的思考》，《贵州大学学报》（社会科学版）2011 年第 5 期。

子"是婴儿的意思。安琪在《护佑子民：清代早期的西南边疆政策》一文中指出，清代早期的满族统治者往往把西南边疆的苗夷作为孩子来看待，认为苗夷的作乱是受汉人蛊惑所致。① 雍正十二年（1734），苗疆开始暴露出纷乱的迹象，雍正派遣钦差到苗疆宣谕："朕为天下生民主，抚御万方，凡有血气，皆吾赤子，莫不望其遂生复性，以同受朝廷之德化。是以各省苗、瑶、倮、僮，种类虽殊，皆渐次经理，化其顽梗，期其善良……尔等苗众其仰体朕心，只遵朕训，父教其子，兄勉其弟，族党亲朋，互相劝励，共敦善俗，永息刁风，以副朕育正群生之至意。"② 作为少数族群入主中原的满人政权，采用帝王赤子观替代传统华夏中国"非我族类，其心必异"的华夷观，既回避"反清复明"运动者倡导的华夷之辨，避免了把满人自身排斥在外的尴尬，又强调了清王朝的中心地位。

乾隆继位之初也效仿其父，进一步发挥"赤子"观念，认为"贵州古州等处苗众……在皇考与朕视之，则普天率土皆吾赤子，此特赤子中之不肖者耳……当各思悔过迁善，安分守法，永为天朝良民，以长享太平之福泽"。③ 乾隆在这一圣谕中强调"苗众"也是百姓中的一员。关于这一问题的详细阐述，笔者另有文章阐述。④

（二）无所不在的"教化"治理术

为了兵不血刃地将苗民改造为清王朝的子民，清代历朝苗疆大员们可谓是绞尽脑汁，殚精竭虑。康熙朝湖广学政潘宗洛在《请准苗童以民籍应试疏》中早就提出："抚苗之法当先使于熟，必使熟

---

① An Qi, Protecting the "Children": Early Qing's Ethnic Policy towards Miao Frontier—A Historical Study of Multiethnic China, in *Journal of Cambridge Studies*, June 2009, Vol. 4, No. 2.

② 中国科学院民族研究所贵州少数民族社会历史调查组、中国科学院贵州分院民族研究所编：《〈清实录〉贵州资料辑要》，内部资料，贵州人民出版社1964年版，第335—336页。

③ 同上书，第643—645页。

④ 张中奎：《清帝国时期的苗疆叙事考察》，《西南民族大学学报》（人文社会科学版）2010年第3期。

苗之渐驯，而后熟可化为民；必使熟苗之渐化为民，而后生苗可化为熟。"① 当然，潘宗洛的这一教化理念的贯彻还需要治理苗疆各位军政大员思想上和行动上的响应与配合。

最初，地方流官停留在争取苗汉考生一视同仁参加科考的权利上。雍正三年（1725），贵州学政王奕仁奏请民苗士子一体考试，"各属苗童合无许其一例改为新童，卷面改书新卷字样，以溥文治"。② 此外，为了分化离间"生苗"、"熟苗"之间的关系，清廷往往对二者采取不同的政策。雍正八年（1730）十一月，张广泗疏言："黔省内地'熟苗'仰荷圣恩，特设苗籍进取之例，每届岁科，于各府州县有苗童者进取生员一二名，以示奖拔……庶陶以文教，消其悍顽，于苗疆治理，不无裨补。"③ 由于张广泗在苗疆大员中功劳甚大，深受宠幸，雍正欣然批准这一主张。乾隆时，曾有明文规定不允许"生苗"参加科举考试，通过这种区别表示对"熟苗"的优待；参加应试的"熟苗"，必须注明"新民籍"，一来与汉民考生区别，二来方便录取时"照顾"。④

乾隆十五年（1750），贵州巡抚爱必达指出："黔省旧疆熟苗与汉人比屋杂居，甚为恭顺，有土司、土舍、土目及苗乡约、寨头管束；新疆生苗与屯军错处，亦额设土弁、通事、寨长、百户分管，但性愚多惑……令地方官稽查，不得听汉人置产，亦不许潜处其地。"⑤ 可见当时清王朝的流官习惯上至少把贵州分为"旧疆"、"新疆"两大块，在这两个区域推行不同的统治措施和汉移民管理政策。

就是对新置厅府的命名和书写上，清廷也是经过深思熟虑的。

---

① 《靖州直隶厅志·艺文》，转引自吴荣臻《"熟苗"论》，载贵州苗学会编《苗学研究》（三），贵州人民出版社1994年版，第24页。
② "国立"故宫博物院整理：《宫中档雍正朝奏折》第18卷，"国立"故宫博物院1979年印行，第75—76页。
③ （民国）任可澄、杨恩元等撰：《贵州通志·前事志》第三册，贵州省文史研究馆点校，贵州人民出版社1988年版，第228—229页。
④ 吴荣臻：《"熟苗"论》，前引书，第19—20页。
⑤ 《〈清实录〉贵州资料辑要》，前引书，第344页。

雍正十一年（1733），台拱被清军征服，移清江同知驻其地，设台拱厅，挂府衔，称清江府。清江改设通判，挂府衔，称理苗府。以后改为军民府、理民府。但民字写法不同，"民"一钩出头，实亦含有苗意。①

不过苗民也并不是清廷的王化政策一出台，就马上变为"民人"了，其间的历程错综复杂，以致当时的文人潘文芮感慨："先王之道，以道之将见，用夏变夷，而有苗来格，不难再见于今矣。"② 苗疆在清代和民国三百年间几经变乱，有谚云"三十年一小反，六十年一大反"，重要的事件有雍乾苗乱③、乾嘉苗乱、咸同苗乱、黔东事变等，历次苗乱各方死伤合计数十万人之多。晚至新中国成立以后，尤其是近二十余年以来，昔日的苗疆早已成为地方政府发展民族旅游业的"王牌"，"多彩贵州"、"原生态的黔东南"、"世界第一大苗寨"等宣传，充斥各种类型的媒体。

综上所述，历史上清王朝打造的"生苗"→"熟苗"→"民人"，"苗籍"→"新民籍"→"民籍"，"理苗府"→"军民府"→"理民府"，"新疆"→"旧疆"→"腹地"，清廷精心设置的种种特定称谓，目的都是"化生为熟，化熟为民"，使"新疆"最终变为"腹地"。尽管这块土地上族群差异依然存在，但是国家观念显然已经深深地扎根各民族的心里，这与数百年从中央到地方各级政府多层次、多方面的努力是分不开的。

（三）"新疆"变为"腹地"

总体来看，经过长期努力，清王朝一定程度上是达到了"化苗"的目标。《黔省诸苗全图》有诗为证："访明富户独单居，同类勾连百十余；共执长标鱼利刃，昔年收服尽耕畲。"④《黔省诸苗全

---

① 张岳奇：《剑河屯堡的安设及其消亡》，《贵州民族研究》1980年第1期。
② （清）潘文芮：《（乾隆）贵州志稿》卷三"全黔苗倮种类风俗考"，贵州省图书馆复制油印本1965年版。
③ 苗乱：新中国成立后一般称之为苗民起义，笔者仍沿用旧称，但并不等于赞同这一称呼。
④ 无名氏：《黔省诸苗全图》下册，日本早稻田大学图书馆藏本。

图》属于嘉庆初年八寨同知陈浩编纂的百苗图摹本之一，图文所记史实当在嘉庆初年，虽然其中可能有对清廷当时治理苗疆政绩的夸饰和对过去"野蛮"黑苗的妖魔化描述，但从中还是可以看出开辟苗疆一个甲子以后，苗民已逐渐被改造为耕畲为业的"模范百姓"了。

爬梳史料，中国步入近代以来，中央政府与苗疆流官之间往来的文件再也没有出现"新疆"字样。晚至抗战时期贵州作为大后方，是沿海工业南迁的目的地之一。20世纪六七十年代，贵州又作为"三线建设"的重要战略省份，昔日传统中国视野中的"新疆"已成为名副其实的"腹地"，国家战略转移的大后方。

此外，从史实来看，民国时期的一些少数族群知识分子也主动地认同中华民国，并积极地通过合法的渠道争取本族群权利，如雷山县西江镇的梁聚五先生就是一个典型的例子。梁聚五（1892—1977），贵州省雷山县西江镇大寨人，苗族著名知识分子，国民政府时期曾两度出任贵州省参议员。全国抗日战争期间，曾经撰写对联"汉满蒙回藏亲如兄弟，苗瑶壮侗水本是一家"表明自己的心迹。在他所撰写的1949年完稿的《苗夷民族发展史（草稿）》中积极为同胞争取政治权利，反对以"五族共和"作为中国民族政治的最高形式，认为民国初年把苗夷等民族除外"极不合理"。中国民族政治至少应该是包括苗夷民族在内的多族共和。[①]

黔东南许多苗侗民族支系的族谱、家谱或者口传家族史中，认为自己的祖先来自中原，尤其是江西吉安府籍和太和府籍居多。主要原因可能是明清以来汉苗族群之间交往中，"苗"的族群身份常常受到官府和汉民的歧视，他们为了站稳脚跟，避免遭到汉人为主的主流社会歧视和唾弃，往往不惜重金，买通官府脱离苗籍，或者延请文人雅士为之制造汉人祖先流落苗地的族群记忆。在建构祖源记忆的过程中，周边大量江西籍的屯军、屯民自然成为最便利的模仿对象。

当然，还有相当部分苗民后代，保留着自己苦难的祖源记忆。

[①] 张兆和、李廷贵主编：《梁聚五文集》上册，香港科技大学华南研究中心印，2010年，第48—51页。

今天雷山县下辖的控拜苗寨，在雍正开辟苗疆时是反清的大本营，当年曾经产生过三名朝廷的钦犯。"钦犯"生羊的后人李老汉仍然记住这一段世代口传的心酸历史，其所述内容与清代官方史料相差无几①，只是双方所持立场截然相反。李老汉不停地述说，现在政策好了，子女们都外出打造银饰挣钱，苗家也扬眉吐气了……寨中杨氏后人近年合族所立的石刻家谱碑文则云："祖先原是在长江中下游地区，由于战乱，为了生存……来到控拜地域。……日后无论你是到天涯海角、繁衍后代，或是出头之日，不要忘记控拜是你的血缘根基。"②可见，控拜人既不忘记自己族群及家族的历史，又认同当下国家的统治。

二 清廷的苗疆"国家化"措施及效果

开辟"新疆六厅"之后，清廷花大力气从政治、经济、文化、教育等方面实施了全方位苗疆再造的"国家化"工程，并取得了一定的效果。

（一）政治管理

1. 流土并置的基层社会控制

历史、文化、语言、习俗等方面的隔膜，使得清王朝对"新疆六厅"的治理比内地要困难得多。原先苗疆基本没有土司，清廷也未能在短期内培养出一个忠于中央政府的类似于中原地区的乡村绅士阶层，协助地方流官治理苗民。清廷开辟苗疆后，考虑到外来者终究很难让当地人接受，采取另外一种意义上的"以苗治苗"，对参与"开辟"和"清理"苗疆的通事或向导大加封赏，设置若干小土司代为管理诸多苗寨。

例如：清江厅设土千总6名，管119寨；土把总8名，管72寨；土舍3名，管15寨；土通事4名，管12寨。③台拱厅在高坡、

---

① 中国第一历史档案馆、中国人民大学清史研究所、贵州省档案馆编：《清代前期苗民起义档案史料汇编》上册，光明日报出版社1987年版，第270—271页。
② 剑河县地方志编纂委员会编：《剑河县志》，贵州人民出版社1994年版，第76—77页。
③ 同上。

方召、南市各设土千总1名，乌漏、方拢、龙塘、榕山、掌下各设土把总1名。① 古州厅设四十堡，于各路苗寨中置土千总7名，土把总6名，外委土舍10名。②

这些小土司具有熟悉苗情、通晓苗语等优势，各种劳役摊派和命盗案件，依靠他们的协助管理可实现对苗疆乡村社会的控制，流官反而在苗疆乡村社会缺乏权威。对于某个苗寨的具体管理，则主要由这些土司去间接完成，一般采取"择其良善守法者，仍其苗俗，听于本寨内将姓名公举报官酌量。寨分大小，或每寨一二人，或二三人，签为寨头，注册立案，各本寨散苗，听其约束……"③ 通过这些措施，保障了中央王朝的权威，有效地对各个苗寨实施政治管理和社会控制。

2. 驻军与民屯结合的军事控制

雍正十三年（1735），贵州布政使冯光裕奏称："贵州通省官兵三万六千零，而古州、台拱两镇及其所辖协营兵一万八千有奇，此外全黔标镇协营兵止一万七千余。"④ 可见，当时清廷把黔省一半以上的军事力量，近两万兵力都驻防在"新疆六厅"，尽管战事之后有所减少，但仍说明对"新疆六厅"的重视程度之高。

镇压雍乾"苗乱"后，云贵总督张广泗即主张将"'内地'、'新疆'逆苗叛产"，"安插汉民领种"。据统计，"古州、八寨、台拱、丹江、清江等五厅，设立九卫，共一百二十堡，屯军八千九百三十户"。⑤ 至今在苗疆的许多村寨，名称仍然保留着屯民村寨的历史遗迹。例如，控拜苗寨附近有大堡村、小堡村，西江镇附近有新堡村。在屯堡名称的选择上，也寄寓着流官教化苗民的厚望。例如，都江厅设置有德字13堡：福德、全德、尚德、怀德、同德、明

---

① 贵州省台江县地方志编纂委员会编：《台江县志》，贵州人民出版社1994年版，第32页。
② 同上书，第218页。
③ 《清代前期苗民起义档案史料汇编》，前引书，上册，第241页。
④ 同上书，第89页。
⑤ 《〈清实录〉贵州资料辑要》，前引书，第557页。

德、寿德、兴德、天德、硕德、进德、守德、政德；仁字9堡：树仁、建仁、咸仁、熙仁、治仁、同仁、怀仁、里仁、庆仁。①

这些民屯，每次苗乱之后都有补充。据多份清水江文书史料显示，咸同"苗乱"之后，朝廷就曾出台政策鼓励外地流民到苗疆领种"绝业"或"叛业"，由贵州通省善后总局、承宣布政使司、下游善后总局三部门联合下文，提供盖有官印的土地执照作为法律保障。② 这些文书，右面印刷部分统一阐明了朝廷实施移民的主张、意图、手段等，左面人工填写部分则根据实际情况写明当事人、田亩数等信息。通过官方的政治权威保障，吸引汉移民来充实苗疆人口。

3. "苗例治苗"：因俗而治的司法变革

作为国家展示权威的强制性手段之一就是法律能否得以顺利实施。清廷在苗疆的司法实践，经历了一个盲目追求整齐划一"清律治苗"到因俗而治地采用"苗例治苗"③ 并逐步加以完善的过程。雍正五年（1727），云贵总督鄂尔泰等奏请："（苗疆案件）不许外结，亦不准牛马银两赔偿，务按律定拟。"④ 但苗疆与内地一体化的司法管理造成的后果是苗寨"每有命案，多不报官。或私请寨老人等讲理，用牛马赔偿，即或报官，又多于报后彼此仍照苗例讲息，将毙尸掩埋，相率拦验，不愿官验偿。地方官径行准息，即违例干处，若必欲起验，而原被等又往往抛弃田地，举家逃匿以致悬案难

---

① 三都水族自治县志编纂委员会编：《三都水族自治县志》，贵州人民出版社1992年版，第68页。
② 参见天柱县档案馆与贵州大学中国文化书院合作整理的文书档案，未刊稿。GT—007—023光绪二年三月陈万祖田土执照红契；GT—007—068同治二年四月杨昭发执照红契；GT—007—126同治年间刘发泰田土执照红契；GT—007—159光绪二年龙德喜土地执照红契，等等。
③ "苗例"即苗侗等民族的民间习惯法，今天在黔东南许多民族村寨仍然发挥积极的作用。参见胡卫东《黔东南台江县苗族林权习惯法研究——以阳芳寨为例》，《广西民族大学学报（哲学社会科学版）2011年第1期；孙钅华：《黔东南苗族村寨民间调解机制探析》，《广西民族大学学报》（哲学社会科学版）2012年第3期等。
④ 《宫中档雍正朝奏折》，前引书，第20卷，第95—98页。

结。承缉承审诸员虽受恭罚，实属冤抑"。①

有鉴于此，加上雍乾"苗乱"对清廷的打击，乾隆元年（1736）七月初九日上谕曰："苗民风俗与别的百姓迥异，嗣后苗众一切自相争讼之事，俱照苗例完结，不必绳之官法。至有与兵民及'熟苗'关涉之案件，隶文官者仍听文员办理，隶武官者仍听武弁办理，必秉公酌理，毋得生事扰累。"② 将"生苗"和"熟苗"区别对待，分别管理，对"生苗"采用"苗例"治理，而对"熟苗"则按"清律"治之。

乾隆二十七年（1762），贵州按察使赵英认为贵州的若干地区"风俗与民人无异"，应该取消"苗例治苗"的特权，"苗例治苗"仅限于"新疆"即可。他主张："贵阳府属之长寨，黎平府属之古州，铜仁府属之松桃，镇远府属台拱、清江，都匀府属之都江、八寨、丹江各厅，俱系雍正四年及六七年等开辟之新疆。各苗人有犯，该徒流军遣等罪，仍照旧例分别枷责完结。其余各府所属，凡系旧疆版图，苗人有犯徒流军遣等罪者，均照民人所犯徒罪，经请定驿摆站军流遣罪，按照道里表开裁定地充发。"③ 因史料的丢失，今天我们无从得知朝廷的批复意见，但由赵英的奏议可以看出，清廷地方流官对黔省苗疆的治理，始终有"新疆""旧疆"之别，总体上看，"旧疆"在扩大，"新疆"在缩小，故而需要将"苗例治苗"实施的区域收缩。归根结底，还是清王朝"化生为熟，化熟为民"，"'新疆'变为'旧疆'，'旧疆'变为'腹地'"理念的延续。

4. "苗疆缺"制度创新

苗疆地区，尤其是在清雍正年间大规模"改土归流"和开辟"新疆"之后，急需大量为清王朝一统大业安心服务苗疆的"好官"、"清官"。如何解决官员普遍逃避，不愿去"瘴疠之地"的苗疆任职问题呢？

---

① 《宫中档雍正朝奏折》，前引书，第20卷，第95—98页。
② 《〈清实录〉贵州资料辑要》，前引书，第635页。
③ 乾隆朝军机处录附奏折，中国第一历史档案馆藏，微缩号：585—2085。

为了解决这一棘手的政治难题，清王朝设置了"苗疆缺"，或称"苗疆调缺"，文武兼有，朝廷在俸禄和提拔上均有照顾。设置"苗疆缺"的目的在于整饬流官队伍，提高其待遇，安抚流官，同时也是为了让他们减轻对苗民的剥削，预防贪渎，缓和流官与苗民之间的矛盾。从贵州境内"苗疆缺"涉及的范围来看，大部分是今天的少数民族自治州、自治县、民族乡等。统治者根据军事、政治、经济形势的发展、苗疆地区汉化程度等因素增加或减少"苗疆缺"流官数量，并依据任职年限酌情将官员异地任职或者升职留任当地。清王朝边疆治理视野下的"苗疆缺"官制，对于我们今天制定支援边区/边疆干部的经济待遇、政治待遇、轮岗轮休、转移安置等有重要的政策借鉴意义。①

（二）经济建设

1. 交通基础设施建设

驿道和大道的功能主要是驿运和邮传，兼有政治、军事、经济、交通、邮传、接待等功能。地处黔省下游的湘黔驿道，由于"开辟"苗疆而得到改建或改道。乾隆二年（1737），应张广泗的请求，裁贵州杨老、清平、重安等23处驿站②，通过改道，减少里程数，降低了驿站运作成本。同时，清王朝为了减轻驿站苦累，减轻沿途苗民的夫役负担，采取了缩短驿站之间的距离，适当增加驿站数目等办法，这些措施对于苗疆的社会稳定有着积极的作用。

在官马大道修整的同时，苗疆各府、厅、州、县之间大道的建设成就也很显著。乾隆初年，朝廷派重兵驻古州弹压。为保证驻军食粮供应，遂"开辟"水陆交通，修筑古州至黎平、清江等地的五条驿道。乾隆三年（1738），朝廷下旨，"'新疆'初平，严禁兵役骚扰，急宜休养生息"，八寨厅内粮、夫豁免，革除塘夫派累，建在城（今老八寨）、龙井（今丹寨县县城）、得禄、鸡贾（今都匀市境）、多杰（今都匀市境）、牛角（今都匀市境）、木老（今都匀

---

① 张中奎：《清代"苗疆缺"官制研究》，《求索》2012年第8期。
② 《〈清实录〉贵州资料辑要》，前引书，第85页。

市境)、甲些（今三都县境)、羊甲（今丹寨县境)、交梨（今三都县境)、阳基（今三都县境)、三脚（今三都县境) 12个铺，隶八寨厅管辖，铺夫54名。此外，还设有竹留铺（今丹寨县境)，由丹江厅管理。凡雇募苗夫，均按价付钱，官弁因公出境或兵役奉有差遣，再不扰累苗民。①

在现代交通运输业没有兴起之前，水运是最经济最便利的方式，水运对商品经济及商品市场的发育、发展，起着非常大的作用。就"新疆六厅"的水运而言，"开辟"清水江和都柳江是关键。乾隆年间，清廷派人疏浚至广西及省内的都江、寨蒿等河道，修筑河堤码头。水陆两路通衢，四境商人进入古州，商业始兴。而商业的发展，也使苗疆的水路交通变得空前重要。通过清水江、都柳江输出的物资，有木材、桐油、粮食、五倍子、石膏等特产，输入的商品则有棉花、棉纱、棉布、食盐等日常生活用品。

在清廷地方流官的重视下，"新疆六厅"除了驿路得到修整外，各厅县之间道路也被打通，形成纵横交错的交通网络，有利于"新疆六厅"与内地连成一片。一方面使"新疆六厅"闭塞的局面被打破，与汉地互通有无，促进了苗疆经济的发展；另一方面使清廷运兵运粮比之以往更加迅捷方便，便利了对苗疆的军事控制和政治统治。

2. 先进农业技术、生产工具和新物种的引进

"开辟"以后，在流官的鼓励下，屯军、外来移民的足迹踏遍苗疆，他们带来内地的新农作物品种、农耕器具与先进农业技术，对苗民农业改良产生积极的推动作用。例如，雍正十年（1732)，贵州古州镇总兵官韩勋奏请，对于无力耕种者，"着头人按名查报"，"散以籽种"，并且会同文员"教以栽种杂粮之法，使平衍土地，不致荒芜"。"新疆"一带"秧满绿畴、荞麦扬花，黄豆、粟、

---

① 贵州省丹寨县地方志编纂委员会编：《丹寨县志》，方志出版社1999年版，第308页。

谷亦间有种者，土性所宜，发荒无异"，"栽种几同内地"。① 乾隆八年（1743），台拱厅榕山堡总旗李尚云从江西吉安府引进籼稻、青菜品种在榕山、老屯种植，开始改苗民长期种糯稻为籼稻。咸丰四年（1854），台拱厅厅署在北部、中部河谷平坝地区，第二次推行糯稻改籼稻，种植面积逾半，获得高产。② 古州地区，乾隆十二年（1747）任树森自河南购进木棉种令民试种，民间"谋衣艰于谋食"的状况逐年改变。光绪二年（1876），古州同知余泽春购入荞麦、苞谷等农作物新品种和油桐、油茶，令民领种，油桐、油茶始有外销。③

通过流官的倡导和苗汉人民的辛勤劳作，"军、苗田亩，早晚稻丰收。向来'新疆'地方，小麦、高粱、小米、黄豆、芝麻、荍麦等种，素不出产。自安设屯军之后，地方文武设法劝种杂粮，今岁俱有收获。……于堡内及山上空地多栽茶、桐、蜡、柏等树"。④

3. 市场设立与商品经济的发展

苗疆"生界"原本没有市场，"开辟"苗疆的过程中，为了满足屯民、屯军以及苗民之间商品交易的需求，清廷官员积极地发挥着国家的职能，设立市场。这一时期苗疆城乡市场分为农村场市、商业城镇和区域中心市场三个不同层次，构成一个以厅、堡为中心，以清水江、都柳江沿岸码头城市为重点的苗疆市场网络体系。

乾隆三年（1738），为杜绝屯军在苗疆采买之弊，张广泗奏请："在于通衢附近营汛屯堡处所，勘择宽敞地方，兴立场市，并即预定日期，出示晓谕各寨苗民及商贩人等，按期赴场公平交易。"⑤ 市场一经设立，很快收到良好的效果，"近年兴立市场，各寨苗民商贩按期交易称便，并无强买强卖，军、苗实属乐业"。⑥ 经过长期发

---

① 《宫中档雍正朝奏折》第19卷，前引书，第758—759页。
② 《台江县志》，前引书，第4页。
③ 《榕江县志》，前引书，第3页。
④ 《〈清实录〉贵州资料辑要》，前引书，第21页。
⑤ 《清代前期苗民起义档案史料汇编》上册，前引书，第238页。
⑥ 《〈清实录〉贵州资料辑要》，前引书，第21页。

展,苗疆境内到处有湖广、滇、川、赣、闽、粤等省商人的踪迹,镇远、天柱、锦屏、清江等厅县的一些集镇甚至按地域或者省籍建有同乡会馆。商贸活动的繁荣,引起苗疆社会风气的变化。苗民靠出售木材、土特产等发财之后,延请塾师,培养后代参加科举考试,又反过来促进了苗汉文化的交流。

(三) 文化融合

1. 汉移民与中原文化的移植

魏源认为,宋代用羁縻手段治蛮,明代用防范的办法治苗,都是失败的做法,"王者治四夷之法:太上变化之"①,应采用"化苗"的措施才是上策。因此,轰轰烈烈的军屯、民屯运动带来的不仅仅是补充"苗乱"所需的农业人口,或者说对苗疆进行经济开发和军事控制,它还是一场巨大的中原文化移植。屯民及其家属带来的中原文化对苗疆社会的改造,无疑是加速苗疆由"新疆"向"旧疆"转化的一个重要因素。流官们乐观地估计,苗民"既与汉民错处,朝夕观感,其性情嗜好,礼文法度之间,必渐知仿效"。②

2. "修其教不易其俗"与应时而变的王化政策

清廷鉴于自身在管理西藏、蒙古等地的政治经验,文化政策上采取尊重苗民文化习俗的做法,"修其教不易其俗,齐其政不易其宜",同时也积极引导苗民认同中原儒家文化。雍正七年(1729)十一月,贵州巡抚张广泗等特地挑选一个拾金不昧的案例作为典型,恭请雍正皇帝给予奖励。雍正十三年(1735)三月,贵州巡抚元展成又奏报两起苗民拾金不昧的事情。三件拾金不昧之事雍正均亲自下旨表彰,并令人在苗疆广为宣谕。③ 在"修其教不易其俗"的同时,清廷还尝试强令苗民剃发改装,推广民苗通婚、苗民当兵,以及鼓励移民在苗疆修建学宫、会馆、庙宇、牌坊、祠堂等。

---

① (清)魏源:《苗防论》,转引自《小方壶斋舆地丛钞》第八帙,上海著易堂印,1897年刊本。
② 《清代前期苗民起义档案史料汇编》上册,前引书,第227页。
③ 张中奎:《改土归流与苗疆再造:清代"新疆六厅"的王化进程及其社会文化变迁》,中国社会科学出版社2012年版,第175—176页。

"开辟"苗疆后汉移民所拥有的为清廷所认可的种种文化与习俗，为力图在新的政治、经济、文化环境中获得更大利益的苗民提供了模仿的对象。

纵观贵州建省以后的历史，明末平播之后的平越府（今福泉市）、清初改土归流后的水西四府（大定、水西、平远、乌撒），在当时均被视为"新疆"，然历经百年后，当地政治稳定，文化礼俗渐仿中原，乾隆时期官方文件中无人再称之为"新疆"。可见，文化与礼俗的演变是官员们认知"新疆""旧疆"的主要标准。流官们认识到，要化导苗民，必须使他们"渐移其俗"，习汉人礼仪。因此，官府鼓励汉民与苗民接触乃至通婚，希冀影响苗民的生活方式。韩勋在雍正十三年奏请："古州苗寨接壤郡县，请视湖广例，得与内地兵、民联姻。庶彼此感喻，习知礼义，可底善良。"雍正对于这种"不战而屈人之兵"的治苗策略大加赞赏，立马批准。①

雍正十二年（1734）八月，贵州巡抚元展成奏报苗疆各镇协营修建万寿宫的情况，云："苗疆宁谧，苗民向化，自应各建万寿宫为朝贺之所，以肃威仪，以崇瞻仰。而古州为苗疆重地，归化最先，且商贾辐辏不输内地……已拨公项银两，饬发古州同知毛振鳞建造，正在兴工。其台拱、清江等处，亦拟渐次举行。今据方显奏称：'各镇协营并宜兴建。'现在饬令各该地文员次第建造。"朱批："所奏较方显之论更属妥协，可具本题。"② 可见，清代"新疆六厅"的万寿宫等并非一般意义上的民间自发集资筹建，官方从中起着极其重要的推动作用，甚至动用公款，由流官监督建造。清廷的意图在于利用并控制万寿宫这一文化符号，为苗民提供一个仿效的文化秩序模板，进而有效地对苗民施以文化教化。

（四）"大治化苗"

儒家认为，无论人性善恶，都能够通过道德教化的力量，收潜移默化之功。这种以教化改变人心的方式，是心理上的改造，使人

---

① （民国）赵尔巽等：《清史稿》卷299"列传"86，中华书局1977年版。
② 《宫中档雍正朝奏折》第23卷，前引书，第413页。

心良善，知耻而无奸邪之心，是最彻底、最根本、最积极的办法，这是严刑峻法所不能办到的。雍乾年间"开辟"苗疆的军事行动在政治上为地方流官政府推行学校教育创造了条件，义学、书院纷纷建立。最初入学者以屯军、屯民子弟为主，间杂附近的"熟苗"子弟，后来逐渐扩展到更为边远的苗寨。学校始终担负着教化汉移民与苗民的重任。

1. 苗疆义学

"书院之外有社学、有义学，凡汉人在乡之学总曰社学。……朝廷为彝、洞设立之学及府州县为彝洞捐立之学，则曰义学，盖取革旧之义，引于一道同风耳。"① 义学的名字大多取一个训导苗民的名称，如养正义学、振文义学、振德义学、训苗义学、苗民义学等。塾师选择老成谨慎、文品兼优的生员，课读圣谕及经书，旨在用封建礼教来消除苗民的反抗意识。地方流官甚至将教化苗民放到与武功同样的地位加以重视，"天威震叠，无远弗届武功之盛，蔑以加焉，而弦诵之声未能周于四境，是亦守土之责也"。②

张广泗的《设立苗疆义学疏》，对于兴办苗疆义学提出了一系列具体的措施。"贵州上下两游新附苗疆二三千里，人户不下数十万"，"于抚导绥戢之余，必当诱植彼之秀异者，教以服习礼义，庶几循次陶淑而后可渐臻一道同风之效"。他认为，"黔省虽属遐边，叨蒙圣朝休养，德泽于兹，百年民物归醇，人文日盛，但内地'熟苗'观感兴起，皆知从师受学，出而应试。仰荷圣恩，特设苗籍取进之例……查苗人亦属血气心知之伦，兹幸霑沐圣慈，概予招徕共为赤子"，"请照东川、湖广之例，于苗人就近乡村设立义学，课读经书，数年之后，果能赴考"，"酌量录取"。"每届岁科，于各府州县有苗童者，进取生员一二名不等，以示奖拔"，使苗民"闻风向化，稽首归诚"。③ 在张广泗这一指导思想的带动下，乾隆初年苗疆

---

① 任可澄、杨恩元等撰：(民国)《贵州通志》，"学校志"3—4卷，贵阳文通书局，民国三十七年（1948），第55页。
② (民国)《贵州通志》，"学校志"3—4卷，前引书，第28页。
③ 《剑河县志》，前引书，第298页。

义学出现遍地开花的繁荣景象。

但乾隆十六年（1751）后，清廷的治苗理念由"化苗"转向"愚苗"①，由此导致苗疆的文化教育受到极大阻碍。咸同苗乱之后，清廷才重新重视苗疆义学的教化功能。林肇元在《下游苗疆应办苗弁义学各议疏》中云："苗疆初定，应办善后各事如苗弁、义学、屯田三项……义学一项，除台拱、丹江、都江、八寨、下江五厅原设六十九馆……古州、松桃、清江三厅新旧共设六十六馆……通计府厅县十处，共一百三十九馆。"② 苗疆义学的兴→废→兴这一曲折的发展历程，背后是中央王朝对苗民采取"愚苗"政策抑或是"化苗"政策摇摆不定所致。在经历了惨痛的教训之后，地方流官自动地选择"化苗"作为治理苗疆的基本理念，重新倡导、重视苗疆文化教育成为必然。

2. 苗疆书院

清代对书院采取严格监督的控制政策，因此贵州苗疆书院更趋于官学化。与汉地一样，苗疆书院的主持人、经费、教学内容、教学人员、生徒等都必须经过官府批准，书院只是八股取士的教习所，科举制度的附庸。

此外，大部分苗疆书院由于当地经济落后，长期缺乏优秀的师资，只能从毕业的学生中选聘教师。"惟因修谷太俭，不能聘请高明，历年均系学师兼理"。③ 乾隆十六年（1751）清廷"愚苗"政策的出笼之后，乾隆一朝苗疆仅建有5个书院，与当地经济、文化发展相对迅速的情况不相协调。经过乾嘉湘黔"苗乱"和嘉庆南笼"苗乱"后，清廷重新加大苗疆教育建设的支持力度，嘉庆朝建有8

---

① 详情参看贵州布政使温福请求渐次裁撤苗疆社学教员、科举"苗额"的奏请及乾隆批示，参见《〈清实录〉贵州资料辑要》，前引书，第1201页。此外，乾隆批准了湖南布政使周人骥关于设法渐次革除苗兵的请求，苗民当兵进入吃"皇粮"的体制之路也被堵死，参见程贤敏选编《清〈圣训〉西南民族史料》，四川大学出版社1988年版，第75页。

② （民国）《贵州通志》，"学校志"3—4卷，前引书，第59页。

③ （民国）王世鑫纂：《八寨金石附志稿》，转引自新文丰出版公司编辑部编《石刻史料新编》第三辑第23册，（中国台湾）新文丰出版公司1979年印行，第213—214页。

个书院。咸同十八年"苗乱"期间，书院建设乃至教育几乎全面停止，大量书院遭到破坏。平乱之后，在地方流官的支持下，同治朝晚期和光绪朝建有10个书院，并且修复了若干被毁的书院，显示出清廷重新重视教化苗民的政策趋向。从出资情况看，在38所书院中，流官出面捐修或重建有7个，私人捐资修建有11个，仅黎平府陈熙就捐资兴建4个。①这体现了清廷对苗疆教育的重视程度远远不够，在经济较为贫困的民族地区，学校本应属国家投资建设的大项目，但黎平府、都匀府、镇远府三府中有近一半的书院均系私人捐资或地方流官出面募捐建成。

当然，所谓地方流官政府积极兴办苗民教育，其实着眼点仍在于让苗民子弟"知书达礼"，对皇权产生敬畏之感，遵守朝廷法度，而不是真正下大力气培养通晓儒学的苗民精英。从这一理念出发，清廷发展苗疆教育重点是苗疆义学这种初级教育，而不是更为高级的书院教育。书院教育更多的是为了汉族移民的后代而设，即使有个别天赋甚高的苗民子弟入学，则采取既不特别照顾也不刁难的做法。由于汉苗学子竞争的起点不一样，绝大多数苗族学子是不可能进入吃皇粮、领俸禄的国家官僚系统的，充其量只是达到读书识字，知晓王法的水平而已。

3. "苗额"兴衰

清代"苗额"的兴衰，与朝廷的教化理念息息相关。清初，采取歧视苗民的科举政策，苗民参加科举考试的权利得不到保障。例如，顺治十七年（1660），贵州巡抚卞三元奏准苗民文理稍通者即可赴学道参加考试，优秀者取入附近府州县肄业，酌量补廪、出贡。②卞三元的请求从一个侧面反映出此时苗民的科考权利都还没有制度上的保障。在这种情况下，取汉姓，冒充汉民参加科举考试成为苗民考生通常的做法。为此，当时的贵州巡抚王燕在《请添设

---

① 《改土归流与苗疆再造：清代"新疆六厅"的王化进程及其社会文化变迁》，前引书，第253—258页。

② （清）官修：《世祖实录》卷135，顺治十七年五月壬申条。

学校以弘教化疏》中称："振兴文教乐育人才乃致治之盛事……黔地民苗杂处，加以鼓舞作兴，则士气既奋，而蛮夷亦得观感于弦诵诗书，以柔其犷悍之心，诚渐被遐荒之要道也。"① 王燕强调教育的积极意义，要求朝廷增设贵州录取的"学额"，以便对汉苗学子起到鼓励促进作用。

雍正三年（1725），原任贵州学臣王奕仁奏请："苗人有久经归化向在汉童中一体应考者，汉童因其另有苗额，群相排击，不许列入民籍，仍不与考，甚非化生为熟，化苗为民之义。且苗额止于一名，彼此既不希捷得是。其始虽苗，而已与秀良之民无异矣。"他主张苗生"应许其列在民籍者一体考试，汉童不得阻抑"。② 乾隆初，张广泗在《设立苗疆义学疏》中请求："每届岁科，于各府、州、县有苗童者，进取生员一二名不等，以示奖拔。"③ 此议得到朝廷批准，这是"苗额"的兴盛期。此一时期还出台了许多严厉打击汉族生员冒充苗籍参加科考的措施，保障苗生的相关特殊权利，使教育倾斜对象成为真正的受益者。

到了乾隆十六年（1751），清王朝的教化政策来了个一百八十度大转弯，清廷支持对苗疆教育采取消极的政策，此后一百年内苗疆教育一蹶不振。咸同苗乱之后朝廷才重新重视教化政策，并采取一系列措施鼓励苗疆教育的发展。

结　论

清朝奠定了今天中国统一多民族国家疆土的轮廓，清代历朝统治者在边疆治理上不乏成功的经验借鉴。"古苗疆走廊"区域内蕴含着丰富的政治遗产，清代苗疆从"新疆"到"旧疆"再到"腹地"，将其作为统一多民族国家背景下边疆"国家化"的范式加以讨论，有许多值得学习和借鉴的经验教训，可作为今天制定民族政策的参考。

---

① （民国）《贵州通志》，"学校志"1—2卷，前引书，第42页。
② 《宫中档雍正朝奏折》第18卷，前引书，第75—76页。
③ 《剑河县志》，前引书，第298页。

首先，政治上中央政府要加大对少数民族干部队伍的培养；对少数民族地区的司法改革给予特殊的政策，在不违反国家根本大法的情况下酌情变更，当然也需要根据社会发展的需要调整；整饬民族地区干部队伍，提高干部队伍的素质，在经济待遇、政治待遇、轮岗轮休、转移安置等方面给予一定照顾，保障民族地区干部队伍的稳定。

其次，经济上加大少数民族地区道路交通等基础设施建设；加大扶贫力度，改进少数民族原有落后的生产生活方式；开发民族地区矿产资源、特色产品，积极发展民族地区商品经济，使其与内地经济水平一体化。

再次，文化上采取各种措施加大各民族之间各种层面上的文化交流，培养少数民族的国家认同；向民族地区推广先进的科技文化等，使其主动学习其他民族文化中优秀的成分。

最后，教育上要始终不渝地在民族地区建设学校；加大民族地区各层次的教育基础设施投入；加大民族地区教师队伍的培育；改善民族地区教师待遇，吸引优秀的教师到民族地区任教；增加少数民族考生录取的名额，出台相关措施使教育倾斜对象成为真正的受益者，为民族地区少数民族知识精英提供合法向社会上层流动的机会与平台。

当前，民族问题仍然是一个关系中国国家边疆和谐稳定的重要问题，加强历史上边疆与中央政府关系的研究，"不但可以丰富或扩大区域史的题域内涵和旨趣范围，而且有裨于理解传统中国开发经营边疆的具体运作模式，同时也能够更好地把握王朝大一统秩序格局与疆域体系的建构特征，准确地揭示国家与地方长期复杂互动的整体而全程的历史图景"。[①] 当然，也必将对当下民族地区政策制定和经济发展有更多的借鉴作用。

[原载《广西民族大学学报》（哲学社会科学版）2014 年第 3 期]

---

① 《改土归流与苗疆再造：清代"新疆六厅"的王化进程及其社会文化变迁》，前引书，序二。

第二节 清代苗疆叙事考察

作为少数民族入主中原的满人，其文化并不代表一种中原文化的正统性。在19世纪以前一直困扰满人的问题在于，它实行的政策必须要有两个维度：一是坚守满人自己的文化传统，二是要学会在汉人为主的社会里面重新进行统治。由此，清王朝的统治有两个向度：一是向外的征服、平定和巩固。"开辟"和治理苗疆就是其向外政策的一种体现；二是向内的自我文化调适和对汉文化传统的适应。第一向度的研究主要集中在清王朝对藏人、蒙古人、回人的征服与治理上，第二向度集中在清初的国族认同[①]、康雍乾时期的文字狱、乾隆朝的剪辫案[②]等。

长期以来，从叙事视角上关注西南少数民族的研究不多，主要有劳拉·赫斯泰拉的百苗图研究[③]等。就清王朝时期的苗疆叙事而言，主要由两种截然相反的类型构成：一种是外来者的他者叙事；另一种是苗民的自我叙事。本节试图以清代的苗疆叙事为个案，一方面说明满人是怎样自我文化调适和借用汉文化资源来引导苗民的大清认同，进而巩固其苗疆统治的；另一方面通过对苗疆本土叙事进行再发现，让我们看到苗民在历史长河中怎样通过苗疆碑刻、口传故事、苗歌、家谱等方式，再现苗民视野中的苗疆史，并希望由此认识历史书写、历史传承的复杂性和多样性。

一 清代苗疆叙事的文化动因与叙事策略

清王朝的苗疆叙事主要由文人群体、流官群体和皇帝三类人来

[①] 高岚：《民族身份与国家认同：明清之际（1644—1683）江南汉族文士的文学书写》，博士学位论文，四川大学，2008年。

[②] ［美］孔飞力：《1768年中国妖术大恐慌》，陈兼、刘昶译，上海三联书店1999年版。

[③] Hostetler, Laura, *Qing Colonial Enterprise: Ethnography and Cartography in Early Modern China*, The University of Chicago Press, 2001.

完成。清王朝继承以往中央王朝/帝国的传统，建立了一套以帝国叙事为主的表述系统。

(一) 叙事的社会文化动因

1. 文化意识形态的教化冲动

围绕"奇风异俗的苗疆"展开的叙事，其背后是文化意识形态的教化冲动。在文人和流官群体的描述下，苗疆是神秘之域，最重要的叙述莫过于对苗民各种"奇风异俗"的叙事，有"牯藏节""还娘头""坐家""捉白放黑""跳月""蛊毒"等。对于苗疆"奇风异俗"的记载，有的是文人因囿于民族偏见造成的；有的是因为语言、文化、习俗的隔阂所造成的；有的是根据传闻，以讹传讹、不断想象添加的结果。

以"跳月"习俗为例，地方流官一直认为是不符合汉文化的"陋俗"，同时为了防止苗民"滋事"，有部分官员多次主张严禁苗民举行"跳月"。乾隆三十一年（1766），贵州按察使高积上奏皇帝，认为苗人佩刀跳月容易发生"仇杀"、"淫杀"，应该责成地方官定以年限考核，严行禁止。然而经过军机处讨论以后，认为"佩刀本苗人之凤好，而跳月亦自仍其土风，原无碍于政教"。乾隆还决定取消了乾隆二十五年（1760）以来实行的苗民严禁带裤刀的禁令。① 这反映出"开辟"苗疆20多年之后，虽然地方流官对苗民有根深蒂固的"蛮夷"成见，但是清王朝中央决策层对苗民风俗还有基本的尊重，没有强求同一化。

实际上，"跳月"，即"游方"②，是苗族男女间自由恋爱的代名词。它是苗族的一种恋爱制度，允许男女青年在特定时期、特定地点，公开地或悄悄地、集体地或个别地交谈和对唱，进行恋爱活动。"游方"有许多规则、限制和禁忌。经过世世代代的考验和传

---

① 中国科学院民族研究所贵州少数民族社会历史调查组、中国科学院贵州分院民族研究所编：《〈清实录〉贵州资料辑要》，贵州人民出版社1964年版，第348页。

② "游方"，过去汉语译为"跳月"、"摇马郎"，据说因为这些词带有侮辱性的含义，所以少数民族社会历史调查组根据台江方言改为"游方"，由此也反映出命名就是一种话语叙事，代表着一种立场。

统习惯的约束，逐渐定型而形成了一些被苗民公认为应当共同遵守的规矩。一旦有人违反，就会受到谴责或惩罚。无形的约束使参加的苗民不敢随意去触犯或破坏规矩。

晚至乾嘉之际，湘黔边境发生大规模的"苗乱"之后，清廷看到苗民有着很强的民族凝聚力，治苗政策上又倾向于强制改造苗俗。如严如煜在湘西治苗，采取严禁苗人宰牲、延巫、做鬼、跳月等手段，就是得到了清王朝的批准而进行的。因为乾嘉"苗乱"之后流官在湘西推行教化措施"得力"，所以解放初期中华人民共和国政府组织的少数民族社会历史文化调查组发现，湘西苗疆比之黔东南苗疆，汉化程度更深。

2. 经济开发的战略考虑

围绕"奇货可居"的苗疆展开的叙事，其背后是文化资本和经济资源的权力争夺。

苗疆在汉文献的叙事中一向被妖魔化，苗民不服教化，苗地充满"奇风异俗"，有着防不胜防的"蛊毒"。但是在清雍正年间帝国在西南地区实行大规模"改土归流"的前夜，整个官方的叙事口径忽然发生转变，把苗疆描述成一块黄金宝地，有着各种各样的土特产、矿产资源，开通清水江和都柳江有着如何的经济便利等。

雍正五年（1727），镇远府知府方显向云贵总督鄂尔泰汇报："清水江潆回宽阔，上通平越府、黄平州之重安江，其旁支则通黄丝驿，下通湖南黔阳县之洪江，其旁支又通广西。清水江南北两岸及九股一带，泉甘土沃，产桐油、白蜡、棉花、毛竹、桤木等物。若上下舟楫无阻，财货流通，不特汉民食德，苗民亦并受其福。此黔省大利也。诚能'开辟'，则利可兴。"[①]

方显关于"开辟"苗疆种种好处的描述，似乎"开辟"苗疆是清王朝的一个新创举，以往的统治者没有发现"奇货可居"的苗疆，人们在此前将苗疆视为被遗忘的世界。按照方显的苗疆叙事，水路交通堵塞的原因主要在于苗民占据了清水江和都柳江，帝国必

---

① （清）方显：《平苗纪略》，清同治朝武昌刻本。

须改土归流,"开辟"苗疆,才能开发贵州的资源,发展贵州的经济,改变贵州长期靠邻省"协饷"过日子的状况。实际上,明帝国曾经多次用兵征剿雷公山"生苗"区,均未能使之归于"王化",转而采取军事封锁和隔离政策,这才是导致清水江和都柳江水路不通的原因。

据史料记载,雍正七年(1729)七月二十四日,云南总督鄂尔泰奏报,张广泗和方显已经差兵役雇苗船145只,由苗境下湖广洪江,买盐布杂粮,查探河路。① 可见,清水江水路一直是在使用着的,不然也不会忽然冒出那么多苗船来。地方流官奏报"开辟"苗疆的种种好处,只不过是希望说服皇帝,发兵剿杀手无寸铁的苗民,成就自己的"事功"。最终促成"开辟"苗疆的原因有三点:第一,"开辟"苗疆所担政治风险较小。比起西北的回民和蒙古人叛乱来说,虽然"苗乱"屡次发生,但由于社会制度相对低下,生产力不发达,远远不是兵精粮足、训练有素的正规军的对手。第二,在苗疆做官一般没有机会升迁,启衅苗民,"开辟"苗疆可以建立万世不朽的"功勋"。② 鄂尔泰、张广泗、方显等人就是在"开辟"苗疆中用苗民的鲜血染红顶子,发迹起来的地方流官。③ 第三,是从皇帝方面来考虑,"普天之下,莫非王土;率土之滨,莫非王臣"④,只要朝廷有足够的实力,必定要将处于"化外之地"的苗民输粮纳籍。各方为了自己所需,一拍即合,最终达成"开辟"苗疆的大计。

(二)帝国苗疆叙事的内在模式与策略

清朝是一个满蒙贵族联姻并联合汉族地主统治中原的帝国,对

---

① "国立"故宫博物院整理:《宫中档雍正朝奏折》卷13,"国立"故宫博物院1979年印行,第723—724页。

② 《左传》提出了儒家知识分子安身立命的标准,即"大上有立德,其次有立功,其次有立言。虽久不废,此之谓不朽"。

③ 鄂尔泰后来官拜保和殿大学士,兼兵部尚书等职,张广泗官至总理苗疆事务大臣等职,方显官至广西巡抚等职,均显赫一时。

④ 雍正在处理曾静一案中也特别强调这一点。参见《大义觉迷录》,载中国社会科学院历史研究所清史研究室编《清史资料》第4辑,中华书局1983年版,第138页。

于北方的少数民族,自然是不能称之为"狄"。清王朝的治苗政策常常自相矛盾,实际上,反映了皇帝和地方满汉流官对于苗民摇摆不定的政治态度:一方面既把苗民看作捣乱的"野蛮人",但又强调他们"皆为赤子";另一方面既主张对其进行教化、汉化,又提防"汉奸"教唆苗民捣乱。

1. 华夏中心与"一点四方":原有帝国叙事模式的延续

作为一个统治中原的少数民族政权,清朝统治者善于采取有效的政治策略,与蒙古人结成联盟,同时也注意安抚汉族上层,在清军编制中有满洲八旗、蒙古八旗、汉军八旗等。

一方面,满族统治者强调要保持祖宗的根本,在游牧民族的技能训练及满族语言风俗等方面不时加以强调。乾隆帝上谕云:"满洲素习,原以演习弓马骑射为要,而清语尤为本务,断不可废。从前皇祖圣祖仁皇帝,尝阅宗室、章京、侍卫等射箭,遇有技艺生疏、不谙清语者,即行斥革。原欲示以惩创,教育有成也。"①

另一方面,满族统治者也大量接受汉文化,尤其是儒家文化,并利用它来统治中原的百姓。徐新建在《西南研究论》序言中把传统中原文化划分他者的做法归结为"一点四方"模式,在这种模式下,中原是中心,四周是东夷、西戎、南蛮、北狄,"'一点四方'结构以中原文化为本位,把周围四方称为蛮夷"。② 徐氏的"一点四方"帝国模式总结,无疑是契合中国历史上汉人统治的中央王朝/帝国情况的。但是,清朝是一个满族建立的庞大帝国,这个帝国的统治者不再是汉人。清朝在借用这个"一点四方"帝国叙事模式中,"一点"不再是"华"而是"满","北狄"消失了,因为满族人不可能把自己及其政治盟友蒙古人归结为"北狄"。"东夷"只有台湾岛民,1683 年台湾回归祖国以后"东夷"也消失了。但是,"西戎"和"南蛮"似乎一直存在着,清朝西边的"回乱"和南方的"苗乱"此起彼伏,少有宁日。

---

① (清)官修:《清高宗实录》卷 138,乾隆六年三月己巳。
② 徐新建:《西南研究论》"总序",云南教育出版社 1992 年版,第 4 页。

2. 帝王赤子观：清王朝新建构的叙事模式

赤子观是雍正和乾隆用来替代传统华夏中国华夷观的变通办法，既回避了华夷之辨/夷夏之辨，避免把满人自身排斥在外的尴尬，又强调了清王朝的中心地位。当然，文字上的叙事和现实是有差距的，此处我们姑且不讨论具体操作上地方官员是否能够实践雍正和乾隆强调的赤子思想。雍正在处理曾静"投书案"时，激烈批判狭隘的华夷之辨，强调"为君上之道，当视民如赤子"。① 雍正的赤子观一度被收录在《大义觉迷录》里，广行刊刻，令天下儒生通读，在知识分子中产生很大的影响。

雍正十二年（1734），苗疆开始暴露出纷乱的迹象，雍正派遣钦差大臣到苗疆宣谕："朕为天下生民主，抚御万方，凡有血气，皆吾赤子，莫不望其遂生复性，以同受朝廷之德化。是以各省苗、瑶、猓、獞，种类虽殊，皆渐次经理，化其顽梗，期其善良……尔等苗众，其仰体朕心，只遵朕训，父教其子，兄勉其弟，族党亲朋，互相劝励，共敦善俗，永息刁风，以副朕育正群生之至意。"② 雍正打破传统中国统治者把南方少数民族作为"蛮夷"的认识，认为"苗、瑶、猓、獞"等皆属"赤子"，都可以教化而"共敦善俗，永息刁风"。他要求苗民"父教其子，兄勉其弟，族党亲朋"，希望苗民接受儒家文化的三纲五常礼教，服从清廷的统治。乾隆进一步发挥"赤子"观念，认为"贵州古州等处苗众……在皇考与朕视之，则普天率土皆吾赤子，此特赤子中之不肖者耳"③，希望他们"当各思悔过迁善，安分守法，永为天朝良民，以长享太平之福泽"。④ 乾隆把反叛的"逆苗"解释为"赤子中之不肖者"，但是他仍然希望这些"不肖"赤子改过自新，回到赤子的队伍中来，"永为天朝良民"。

雍正、乾隆强调赤子观，一方面是为了抵制"反清复明"运动

---

① 《清史资料》第4辑，前引书，第5页。
② 《〈清实录〉贵州资料辑要》，前引书，第335—336页。
③ 同上书，第635页。
④ 同上书，第643—644页。

的华夷观宣传；另一方面则是为满人作为一个少数民族政权统治这样一个超级帝国寻找新的政治理论，为他们开辟"苗疆"寻求一种道义上的支持，使其军事行动变得合法化。

3. "生界"与"熟界"：二元（或二级、三级）叙事阶序划分

清王朝"开辟"苗疆之前，有两块相对稳定的"生苗"地区：一块是湖南、贵州、四川三省之间的"红苗"区；另一块是贵州都匀以东，今黔东南苗族侗族自治州的"黑苗"区。此外，还有一些"生苗"村寨零星分布在西南省份的山区。"生苗"区内帝国势力鞭长莫及，"生苗"常常与中央王朝/帝国作对，保持自己的独立地位。然而，这些"生苗"区不是位于帝国的边境地带，而是被包围在帝国版图之内，往往成为内地汉民逃亡的政治庇护所。

从中央王朝/帝国的治苗策略来看，"生苗"、"熟苗"的分类有重要意义。"熟苗"可在汉民和"生苗"之间形成某种中介。清廷对待"生苗"和"熟苗"的治理政策是不一样的。例如，乾隆元年（1736）规定："苗民风俗与别的百姓迥异，嗣后苗众一切自相争讼之事，俱照苗例完结，不必绳之官法。至有与兵民及'熟苗'关涉之案件，隶文官者仍听文员办理，隶武官者仍听武弁办理，必秉公酌理，毋得生事扰累。"① 从这一史料可以看出，清廷的"苗例治苗"仅适用于"生苗"，对于"熟苗"，则采取与"民人"同样的办法，这也是清廷逐渐化"熟苗"为"民人"的一个统治策略。严如煜在《苗防备览》"杂识篇"说："'生苗'滋事，必延边'熟苗'为之勾结，否则系'熟苗'作奸，而假托于'生苗'。'生苗'虽强悍，尚愚直，无他肠，'熟苗'则狡猾"。② 在这里，叙事模式为："生苗"→愚直，"熟苗"→狡猾。

对于暴力的、不服王化的"生苗"，苗疆大员认为最好的办法就是用武力迫使其屈服。新中国成立前贵阳甲秀楼前原立有两根铁

---

① 《〈清实录〉贵州资料辑要》，前引书，第635页。
② （清）严如煜：《苗防备览》"杂识篇"，绍义堂重刻本，清道光二十三年（1843）。

柱（现藏贵州省博物馆），是清廷为了宣扬鄂尔泰"开辟"苗疆和鄂辉等镇压南笼苗乱的"旷世奇功"而用收缴的苗民兵器和铁制农具铸造的。

从历史的长河中重新去审视这段历史，到底谁更暴力？"开辟"苗疆真的如方显所言拯救苗民于水火之中吗？难道不服"王化"是苗民被屡次剿杀殆尽的理由吗？在西方史学界开始反思其"西方中心主义"史学书写模式的同时①，我们是否应该重新去审视中国境内汉文献对"蛮夷"的汉文化中心主义历史书写呢？

二 清代苗疆叙事的本土立场与叙事对抗

苗疆叙事，以往我们只注意到外来者的维度，忽略了苗民自我表述的维度。通过梳理相关田野调查资料和文字史料，笔者发现，苗民自身的叙事与外来者的叙事有迥然不同的特点，对于外来者异口同声污蔑为"匪""盗""贼"的人物，往往在苗歌中大加歌颂。许多流传在苗疆的民间故事、历史传说，对苗疆历史作出与官修史书不一样的叙事。在苗民的口传历史表达系统里，清代官修史书及地方志大加歌颂的军事屯田，实际上是一部苗疆土地被不断蚕食、苗民迁往深山老林或者逃往他乡的血泪史。汉文献中被记载的"苗贼"告刚、石三保、石柳邓、张秀眉等，在苗民自我叙事的世界中被作为民族英雄编入苗歌②、民间故事③，世世代代地传承着自己民族的历史文化。《清史稿》记载的苗疆能吏傅鼎，在苗歌中被诅咒为"贼子"、"吃人妖精"，苗民恨不得对其剥皮抽筋。

（一）苗疆叙事的本土类型

1. 苗疆碑刻

从碑文史料来看，19 世纪初期，"新疆六厅"的部分苗民头人已经懂得利用王权和流官政府来保护自己免受土司的盘剥。

---

① ［美］J. M. 布劳特：《殖民者的世界模式：地理传播主义和欧洲中心主义史观》，谭荣根译，社会科学文献出版社 2002 年版。
② 杨正保、潘光华编：《苗族起义史诗》，贵州人民出版社 1987 年版。
③ 中国科学院民族研究所贵州少数民族社会历史调查组、中国科学院贵州分院民族研究所编：《苗族民间故事集》，内部资料，1964 年。

道光二十五年（1845）十一月初一日立"清江府示碑"中，记载乌连、九连、羊条、斩岗四个苗寨头人引勒用等具禀，代办土千总王中兴拖欠粮石、包夫违悮（误），遗累地方，并将苗民上纳兵粮私收挪用，又令重征代赔受累不浅。在四寨头人的请求下，地方流官政府下令："嗣后尔等各寨落归府管理，不准土弁藉名派累，所有每年夫粮，务须亲身赴辕呈领，官封赴縻，照章上纳券领回，毋许拖延违悮（误），其附居寨内苗汉，应纳粮石夫役，务须交给头人一律办理，毋稍观望，倘有违悮（误），定即驱逐出寨。该苗汉毋得自取重咎，各宜凛遵毋违！"①

根据碑文史料，笔者可以推断，清江厅（今剑河县）部分地区的苗民，经过一百多年的教化，开始具有一定的国家认同意识。他们为了减少中间环节的盘剥，懂得绕开地方土司，直接与当地的最高流官政府交涉。由于众怒难犯，加之流官政府也意图打压土司势力，因此批准苗民头人联盟的合理要求。

清王朝允许苗寨直接归清江厅管理的命令产生多米诺骨牌的效应，光绪十八年（1892）十一月立的"万古流名碑"记载，乌连寨、九连寨、在乃寨、斩岗寨、洋条寨等头人援引"清江府示碑"中四寨归清江府管理的先例，"联名邀恳台前赏准作主，归府管理"，清江厅同样批复："嗣后尔等各寨归府管理，不准土弁嗣后藉名派累。所有每年夫粮，一切公事，务须亲身赴辕，赶紧仍照旧章办理，毋稍观望，违误自取重究，各宜凛遵毋违。"②

这两起苗寨头人请求直接归流官政府管理的案例，反映出土司的盘剥实际是苗疆不稳定的重要因素，以至于苗民纷纷请求归属清江府直接管辖。虽然也免不了剥削，但是，起码减少了土司层层加码征收的中间环节，也意味着被剥削的程度会有所降低。

持续十八年的咸同"苗乱"，一方面沉重地打击了苗疆的流官、

---

① 剑河县地方志编纂委员会编：《剑河县志》，贵州人民出版社1994年版，第1040—1041页。

② 《剑河县志》，前引书，第1040—1041页。

土司统治；另一方面苗民也付出了惨重的代价。苗乱被镇压后，苗民青壮年基本上被斩杀殆尽。清政府出台的一系列苗疆善后措施，反复地强调禁止以任何形式盘剥苗民，尤其是乱派夫役。苗民经过咸同"苗乱"之后元气大伤，短期内也很难再采取武力的方式反抗清廷。他们吸取教训，开始学会借用更高一级的流官权威来对抗低级流官、胥役、土司等的盘剥，这些史实也保留在苗疆碑刻中。

2. 口传叙事

叙事诗歌通常用来叙述一个民族过去的生活状况，称赞其民族英雄的功绩，描写过去战事的情况。在绿营兵、屯军、流官、胥役、土司等重重压榨和掠夺下，苗民随时生活在死亡边缘。一旦遭遇天灾，只有起来造反，否则就是死路一条。关于咸同"苗乱"的原因，《张秀眉歌》记载："为那酉年大水灾，恨那年成岁月坏；寅年卯年闹虫害，虫吃稻禾丈浓寨……个个焦愁无可奈，没法想了去借债；去借汉债来救急，到了年关还债期；汉家债主敲算盘，敲起木珠把账算；本钱不用再算罗，利钱像糠一样多。年初押去两头猪，菜园抵给汉债主；年底又将坝田押，大田都归债主家；塞脚好田也作抵，还搭一丘育秧地……已经九九过重阳，稻谷还没熟透黄；没得粮食收进仓，还要逼迫上皇粮。年初去上要谷子，要是拖欠到年底，年底就要上白米；年初去要交六分银，要是年底交不清，涨到一吊二百文。哭哭诉诉憨实人，互相邀约去挖坟；挖坟去捡殉葬品，捡来祖先'买水银'；上交汉官台拱厅，交完官税才脱身……"①

这首史诗中反映出咸同苗乱爆发的原因：遇上灾荒→借汉人的高利贷→把牲畜、田土等典当给汉债主→走投无路之下去挖祖坟的"买水银"交官税→忍无可忍之下起来反抗。实际上，"夺还苗地"一直是历次"苗乱"的主题。这些叙事，极大地丰富和弥补了正史关于"苗乱"史料的偏颇和不足。

---

① 燕宝等收集整理：《张秀眉歌》，贵州民族出版社1987年版。

3. 家谱等叙事类型

除了苗疆碑刻和苗民的口传叙事之外，苗民还有另一种表达自己历史的方式，那就是流传下来的家谱。为了融入汉人的主流社会中去，他们掩饰自己的苗民身份，甚至将自己变苗为汉。根据调查，台江城郊各寨，从清光绪以来就有人仿汉族用字辈取名。关于这些字辈的来源，说法不一。例如，邰姓的字辈据说是邰德胜当兵以后，做过清军的统领，后从江南寄回来的。台拱寨王姓的字辈，据说是他们家族在清朝出了一个名叫王平兰的秀才，字辈是他搞出来的。梅影寨欧姓的字辈据说是咸同年间，他们家族有一个当武官的从别处得来的。据1958年的调查，台拱寨的815人中，按字辈取名的有178人，占总人口数20%强，不按字辈而用汉文取名的有99人，占总人口数12%强，用苗族奶名译音取汉文多字的有538人，占总人口数66%强。① 这种汉苗姓名共存的现象体现出在当地苗寨中汉苗文化交杂的现象。一般来说，经济条件好，见识了外面世界的苗民，较易受到汉文化的影响，比如模仿汉人"先进"的文化，用字辈取名。

（二）苗疆叙事的本土立场

1. 叙事差异

由于苗民没有自己的文字，因此苗歌和民间故事往往是苗疆叙事中苗民自我表述的重要方式。从叙事学的角度看，这些苗歌和民间故事经过长期传播，可能会发生一定的变异，但它多少也从另一个角度反映了苗疆的历史概貌。

雍正六年（1728）八月二十日，贵州巡抚张广泗在奏报中指出："黔省虽处边远……实与内地无二……既不通声教，不服约束，即不免于生端滋事，为害岩疆。兼之附近所居苗民兼习染悍顽，毫无顾忌，以及内地犯法之辈每每携家窜入，莫可跟踪。"② 这则史料

---

① 全国人民代表大会民族委员会办公室编：《贵州省台江县苗族的家族》（贵州、湖南少数民族社会历史调查组调查资料之四），内部资料，1958年，第49页。
② 《宫中档雍正朝奏折》卷11，前引书，第131—132页。

表明，当时的苗疆实际上是一块世外桃源，而不是所谓的藏凶匿顽之地。有些汉文献史料无意间描绘了苗疆是与世无争的乐土，《（乾隆）贵州通志》卷七记载："黑苗……勤耕樵，女子更劳，日则出作，夜则纺绩，食惟糯稻，舂甚白。"这一史料反映的是一幅男耕女织、自给自足的世外桃源生活的图景，而非奇风异俗、野蛮暴力的苗疆。嘉庆初年，八寨理苗同知陈浩经过亲自调查，绘著《八十二种苗图并说》。百苗图的绘制者虽然对苗文化有种种误解和偏见，但是有意无意地为后人呈现了苗民过着无忧无虑的生活图景，苗疆是一个与世无争的世外桃源。

2. 叙事背离与对抗

整个清代苗乱风起云涌，"三十年一小反，六十年一大反"。较大的有雍乾苗乱、乾嘉苗乱、咸同苗乱等，起义中的英雄人物及其事迹，为苗民口传历史留下了丰富的民间传说，也为苗歌提供了丰富的素材。这些诗歌所反映的具体历史人物和事件，除了叙事角度不一样之外，在正史中大都有案可查，为我们看待"苗乱"历史以及对"苗乱"领袖的评价提供了一种崭新的视角。

乾嘉苗乱中的松桃厅苗族领袖石柳邓，被朝廷定为钦犯，惨遭杀害，苗族人民却专门编歌来纪念他："九次开荒九座山，六座种满苞谷苗，三座种的是苦荞。九山九岭官家占，柳邓心中如火烧……不杀官家恨难消……苗疆反了石柳邓……高山能崩河能干，柳邓永远不变心，扛着义旗向前进。天塌下来能顶住，地裂千丈能填平，苗家生来骨头硬……天昏地暗一声响，大树倒下血流尽，人人痛哭石柳邓！"①

这首史诗的叙事，一方面表明了在清王朝正史中的"苗贼"石柳邓是苗族人民的大英雄；另一方面表明在石柳邓发动下苗族人民举行起义，团结一致，为反抗地方流官盘剥，坚决反抗到底、打击进剿清军的史实。乾嘉苗乱中，苗族人民大规模的军事抵抗活动长达三年之久，断断续续的抵抗更是长达十余年，如果没有苗族人民

---

① 《苗族起义史诗》，前引书，第57—67页。

的团结一致是不可能坚持这么久的。

三 清代苗疆叙事思考

在清代关于苗疆的叙事类型和叙事文本中,帝国叙事与苗疆民间本土叙事构成了至为重要的两个维度,它不仅揭示了历史叙事的多元化本质,也促使人们深刻理解帝国模式下中央与地方的复杂关系。

(一) 帝国苗疆叙事的指向与诉求

清王朝的汉文献叙事就是为了"开辟"、统治苗疆服务的,有关苗疆的叙事是为后世治苗者提供借鉴,"鉴于往事,有资于治道"。地方流官在接触苗民的初始,对他们的认识多有想象成分,如奇风异俗、巫蛊遍地、奇货可居等描述,不但营造了一种神秘的气氛,而且为清王朝拓殖找到了充足理由和借口。清王朝在"开辟"苗疆的过程中,遭遇苗民顽强的抵抗以后,进而把苗民叙述成为暴力的象征,把苗民的反抗看成是"未曾王化的"的结果,却选择性地遗忘了他们"开辟"苗疆的性质是掠夺苗民固有的土地。

清王朝一直担心汉人与南方少数民族联合起来,重新夺回江山。因此,跟以往王朝/帝国相比较,他们认为阻挠中央政府对苗民实施统治,影响苗疆安定的主要因素是"汉奸"的存在。雍正朝的流官方显调查到鸡摆尾寨不愿意投降的原因是:"有'汉奸'曾文登者为道:'汉兵自古不渡河,诸葛武侯曾与立石为信。汝辈不宜纳粮,若今岁纳一两,明岁需纳十两,且将丈田供役。'"① 有鉴于此,清王朝官员为了苗疆的稳定,担心客民(汉民)把苗民教唆坏了,实行汉苗隔离的政策。乾隆十五年(1750),张允随奏请:"贵州苗寨应严禁'汉奸'出入煽诱……"② 很有意思的是,清王朝的苗疆政策跟它的海疆政策一样,具有同样的思维方式,都是因为害怕外来者把自己的子民教坏,进而主张把两者隔离起来。

汉奸有时候指盘剥苗民的汉人,《苗疆闻见录》载:"苗疆向有

---

① 《平苗纪略》,前引书。
② 《〈清实录〉贵州资料辑要》,前引书,第223页。

汉奸，往往乘机盘剥。凡遇青黄不接之时，则以己所有者贷之，如借谷一石，议限秋收归还则二石、三石不等，名曰断头谷。借钱借米亦皆准此折算。甚有一酒一食积至多时，变抵田产数十百金者。日久恨深，则引群盗仇杀之，而乱机遂因之而起。"①

根据以上的史料梳理，发现"汉奸"的含义有两层，既包括那些帮助苗民对抗朝廷的"客民"，也包括那些潜往苗疆采用欺骗手段，巧取豪夺苗民土地、财产的"客民"。在这种叙事下，苗民被看成是无辜的受害者，或者是被"汉奸"蛊惑起来闹事的孩子②，实际上低估了苗民自发起来反抗剥削压迫的自觉性。这样叙事的目的，一方面是为平定苗疆寻找借口，似乎"汉奸"从中挑唆是"苗乱"主因；另一方面也是寻找"替罪羊"，为地方流官包庇、纵容、默许"客户"盘剥苗民和蚕食苗民的土地，由此导致"苗乱"开脱自己的责任。实际上，根据文献记载，不法汉移民通过欺骗、高利贷等方式巧取豪夺苗民的土地和财产后，苗民也曾经想通过打官司夺回自己的土地和财产，但是地方流官在断案时往往不问青红皂白，一味维护汉民的利益③。这种做法既使苗民失去了对地方流官的基本信任，也助长了"汉奸"通过不法手段骗取苗民财物的投机心理。

（二）苗疆本土叙事再发现的价值与意义

笔者对清王朝叙事的批判并不是要消解或者摒弃它，而是在超越文本的范围去认识苗疆的"历史"，认识历史书写、历史传承的复杂性、多样性。清王朝的苗疆叙事长期以来形成了这样一个理

---

① （清）徐家干：《苗疆闻见录》，吴一文校注，贵州人民出版社1997年版，第217页。

② 安琪认为，清帝国把苗民当作"孩子"，禁止汉民对苗民教唆蛊惑是为了让"孩子"免受污染。An Qi, Protecting the "Children": Early Qing's Ethnic Policy towards Miao Frontier—A Historical Study of Multiethnic China, in *Journal of Cambridge Studies*, June 2009, Vol. 4, No. 2.

③ 易佩绅（光绪初年古州兵备道道员）云："律例有汉买苗田之禁，今苗寨中多有汉姓名、汉言语而苗装者……公然汉占苗产而不讳，公然汉苗争产讼于官，官亦不知汉民有苗产之非也。"参见（清）易佩绅《贵东书牍节钞》卷二"致裴樾岑书"，光绪十八年（1892）刻本。

念：因为"苗民"屡服屡叛，不服王化，所以清王朝怎么做都有理，都应歌颂，剿杀不服王化的苗民是不得已而为之的做法。叙事版本是：无论"苗乱"因何产生，流官必对，苗民必错；剿苗、化苗是为了稳定苗疆……笔者不是把费正清西方冲击——中国回应模式简单复制到中国内部中原与苗疆的关系上，也不是呼应路易莎主张的内部殖民主义①，而是通过对苗疆本土叙事的考察，证明苗民有一套表述自我历史文化的方式。尽管这种自我叙事没有达到张兆和认为的民国时期苗族知识分子石启贵、梁聚五、杨汉先的民族自觉阶段②，但清王朝时期的苗民已经开始尝试着借用他者叙事维护本民族叙事的合法性，并争取本民族的切身利益。

［原载《西南民族大学学报》（人文社会科学版）2010 年第 3 期］

---

① Schein, Louisa, *Minority Rules: The Miao and the Feiminine in China's Cultural Politics*, Duke University Press Durham & London, 2000.
② Cheung Siu-woo, "Miao Identities, Indigenism, and the Politics of Appropriation in Southwest China during the Republican Period", *Asian Ethnicity* 4 (1) (2003), pp. 85 – 114.

第二章 "苗疆缺"官制研究

关于"苗疆缺"的研究，刘凤云将其归属于清代的地方官制，认为"苗疆要缺"中相当一部分由督抚选用，是清代文官制度发展过程中的产物。[①] 岑大利认为，"苗疆要缺"属于在特殊地区的官缺。[②] 笔者认为，上述学者研究的主要对象不是"苗疆缺"，故对其只是泛泛而谈，所得结论过于空泛和简略。对此问题阐述得较为详细的王志明认为"苗疆要缺"属于清代文官题补制度中的一种[③]，但相关材料显示，"苗疆缺"武员中也有。此外，他未能阐述雍正朝以后"苗疆缺"的情况。鉴于"苗疆缺"的重要政治意义，笔者认为，有必要重新深入研究。

第一节 设置"苗疆缺"的动因

历史上苗疆[④]"汉少夷多"，地瘠民贫，许多流官视苗疆为畏途。清康熙元年（1662），曾经发生贵州永宁知州王聘宾弃官逃跑的事件。[⑤] 乾隆初年的文献仍然将贵州视为刚刚归入版图的蛮荒之

[①] 刘凤云：《清代督抚与地方官的选用》，《清史研究》1996年第3期。
[②] 岑大利：《清代官员补缺制度研究》，转引自《清史论集——庆祝王钟翰教授九十华诞》，紫禁城出版社2003年版。
[③] 王志明：《雍正朝官僚制度研究》，上海古籍出版社2007年版，第111—162页。
[④] 本章中所说的苗疆，主要是指中国西南地区的少数民族聚居区，侧重分析贵州苗疆。清人的观念中将苗疆视为帝国的文化边疆。
[⑤] 任可澄、杨恩元等撰：（民国）《贵州通志·前事志》第三册，贵州省文史研究馆点校，贵州人民出版社1988年版，第73页。

地,"黔在宋元以前,深林密箐,久为虎豹狼之所居,苗瑶彝僰之所居,千百年来视若废壤。辟于前明,恢阔于我"。①

清初,流官大多不愿意到苗疆担任官职。康熙四十五年(1706),九卿等遵旨议复:"云南、贵州、广西、四川四省官员空缺甚多。嗣后知府以下,知县以上员缺,凡候选人员内有愿往效者,递呈之后,令彼掣签。"② 由于官员普遍不愿意到苗疆任职,吏部只好靠抽签决定。但"上有政策,下有对策",有的官员抽签到了苗疆任职,任期未满就通过装病等方式请假回原籍调养,等过一段时间再另选肥差走马上任。雍正十三年(1735),贵州平越府知府朱启东看到苗疆烽烟四起,唯恐祸及己身,借口生病奏请回原籍调养,遭到雍正的严厉训饬:"借名告病而巧为规避者……因民俗刁悍,地方繁剧,虑及考成。"③ 有鉴于此,清朝在黔省苗疆设置"苗疆缺"流官来实施统治。

清代的官制,外官有督、抚,以至州、县缺分都有肥瘠繁简的不同。按各府、州、县等所处的地理位置、管辖面积、重要程度、贫富情况等条件,中央政府以"冲、繁、疲、难"将其划分等第。据《听雨丛谈》载:"外省道府丞倅州县各官,以冲繁疲难四字,别其简要。兼四字者为最要缺,三字为要缺,二字为中缺,一字及无字为简缺,此定例也。外省大吏又将通省州县各缺,略其繁简,视其肥瘠,别定为上下中九等,为捐摊经费之地,以均其力。"④

实际的划分是,地当孔道者为冲,政务纷纭者为繁,赋多逋欠者为疲,民刁俗悍者为难。凡兼三、兼四者为最要缺、要缺,凡一、二项者为中缺、简缺。⑤ 由此推断,"苗疆缺"属于第二类难当之官,在"冲繁疲难"中至少占三项。一般刚开始补缺的官员,大抵先从简缺做起,等积累经验以后,再调中缺或要缺。清廷授予边

---

① (清)潘文芮:《(乾隆)贵州志稿》卷二"黔省功德名臣考"。
② (清)官修:《圣祖实录》卷225,康熙四十五年四月十二日。
③ (民国)《贵州通志》"前事志"第三册,前引书,第262—263页。
④ (清)福格:《听雨丛谈》卷11,中华书局2007年版。
⑤ 《清代官员补缺制度研究》,前引书。

地督抚以更多的人事权，让他们因地择官，以便有效地统治与开发边疆，苗疆、烟瘴、海疆地区的题调缺即由此产生。

第二节 "苗疆缺"的官阶、范围

苗疆地区，尤其是在清雍正年间大规模"改土归流"和开辟"新疆"之后，急需大量为清王朝一统大业安心服务苗疆的"好官"、"清官"。如何解决官员普遍逃避，不愿去"瘴疠之地"的苗疆任职问题呢？康熙二十五年（1686）经九卿议定，广西部分苗疆调缺"三年俸满升转"，并且规定只需在广西本省苗疆内部调补，这是目前有关"苗疆缺"官员由督抚在本省拣选题补的最早记载。① 贵州方面，康熙三十九年（1700）规定贵州都匀府、铜仁府、黎平府、威宁府，以及独山州、大定州、平远州、黔西州、永从州等地的文官皆于本省官员内调补。② 雍正十年（1732），贵州巡抚张广泗奏请"'新疆'文武各员三年俸满之后，应予保荐升转，以示鼓励"，这一主张得到雍正的批准。③ 这说明在贵州新置的"新疆六厅"，也开始实行"苗疆缺"官制了。

据清史稿记载："官吏升转论俸，惟外官视年劳为差，异于京秩。在外有边俸，有腹俸。腹俸之道、府、州、县佐贰、首领官，五年无过失，例得迁擢，边俸异是。广东……广西……为烟瘴缺。云南……贵州古州兵备道，黎平、镇远、都匀、铜仁等府同知，清江、都江、丹江通判，永丰知州，荔波知县，四川……为苗疆缺。俱三年俸满，有政绩、无差忒者，例即升用。……边疆水土恶毒，或不俟三年即升。其水土非甚恶劣，苗疆非甚紧要者，升迁或同腹俸。"④

以上材料可以看出，"烟瘴缺"主要在广东、广西两省，"苗疆

---

① 《雍正朝官僚制度研究》，前引书，第118—119页。
② （清）官修：《圣祖实录》卷198，康熙三十九年四月甲申。
③ （清）官修：《世宗实录》卷119，雍正十年闰五月初五日。
④ （民国）赵尔巽等：《清史稿》卷110志85选举5，中华书局1977年版。

缺"主要在云南、贵州、四川三省。清代官员的俸禄标准至少粗略分为京俸、腹俸、边俸三大类。边俸又大体适用于"烟瘴缺"、"海疆缺"和"苗疆缺"这三类官员，"烟瘴缺"、"海疆缺"和"苗疆缺"所享受的"边俸"，根据地方条件的改善，随时被改为"腹俸"。

乾隆九年（1744）三月吏部议复贵州总督张广泗疏："黔省原定三年俸满之粮驿道及定番州知州、威宁州知州、独山州州同、南笼府经历、清平县县丞、镇远县县丞、施秉县县丞、威宁州巡检等缺，地方情形较前办理稍易，应改为五年俸满；其未议俸满年限之古州兵备道、荔波县县丞、天柱县县丞、黎平府照磨、潭溪司吏目等缺，应定为三年俸满；黎平府知府、经历、普安州州判、安顺府经历、定番州州判、黄平州巡检等缺，应定为五年俸满；其安顺府知府、同知、通判，都匀府、镇远府、大定府知府、通判，南笼府知府，贵阳府同知，黄平州、独山州、普安州知州，贵筑县、普定县、清镇县、镇远县、永从县、毕节县知县等缺，原定为五年俸满；都匀府、镇远府、铜仁府、黎平府同知，都匀府丹江通判、都江通判，镇远府通判，永从州知州、州同、州判、吏目，荔波县知县、开泰县县丞、永从县县丞等缺，原定为三年俸满。仍照旧例，按年报满。"①

张广泗当时成功地镇压了苗疆的一系列"苗乱"，深受乾隆的宠信，所以这些请求全部被清廷批准。我们从此可以看出，"苗疆缺"分为两种类型：最艰苦的苗疆是"三年俸满升转"；条件稍好一点的苗疆是"五年俸满升转"。它们之间的界限也是可以相互转换的。一般来说，艰苦的苗疆经过长期开发，条件好转，该地的"苗疆缺"可以由"三年俸满"改为"五年俸满"升转。这种较为科学的官员轮岗轮休、转移安置措施有利于消除流官的疲惫，使其保持相应的工作热情，值得我们今天效仿和推广。

笔者根据掌握的资料，以贵州省为例，将"苗疆缺"官职、品级、官名用表格来加以说明。

---

① （清）官修：《高宗实录》卷212，乾隆九年三月初四日。

表2–1　　　　　　　　贵州"苗疆缺"简表

官职	品级	"苗疆缺或调缺"
道员	正四品	古州兵备道 贵州粮储道 贵东道、贵西道
知府	从四品	黎平府、安顺府、都匀府、镇远府、大定府、南笼府、贵阳府
同知	正五品	安顺府、贵阳府、都匀府、镇远府、铜仁府、黎平府、贵东道、古州、八寨、台拱、松桃、长寨、安顺府、郎岱、普定县、大定府
知州	从五品	定番州、威宁州、黄平州、独山州、普安州、永从州、永丰州
通判	正六品	安顺府、都匀府、镇远府、大定府、丹江、都江、清江、水城、归化
州同	从六品	册亨、永从州、独山州、三角屯
知县	正七品	贵筑县、普定县、清镇县、镇远县、永从县、毕节县、荔波县、清平县、施秉县、
州判	从七品	罗斛州、普安州、定番州、永从州
县丞	正八品	清平县、镇远县、施秉县、荔波县、天柱县、开泰县、永从县、铜仁县
经历		南笼府、黎平府、安顺府、松桃厅
主簿	正九品	镇远府四十八溪
吏目	从九品	永丰州、永从州、黎平府照磨、潭溪司、洪州司（属黎平府）
巡检		威宁州、黄平州、铜仁府磐石

资料来源：《清实录》、（民国）《贵州通志·前事志》、《清史稿》、《明清档案》以及《（乾隆）大清会典则例》卷8等。

从表2–1中可以看出，"苗疆缺"涉及的官员品级从"正四品"到"从九品"，中间仅缺"从八品"，这极有可能是笔者掌握材料疏漏造成的。所涉官职品级覆盖了清代官员品级"九品十八级"中的近2/3。"苗疆缺"的官员名称种类繁多，有道员、知府、同知、知州、通判、州同、知县、州判、县丞、经历、主簿、吏目、巡检等。从"苗疆缺"涉及的地理范围来看，大部分是今天贵州的少数民族自治州、自治县、民族乡等。值得关注的是，最近学术界热烈讨论"古苗疆走廊"①，即清代黔省"上游"、"下游"沿线区域均是"苗疆缺"流官的主要任职区域，"苗疆缺"设置区域与"古苗疆走廊"空间上有着惊人的吻合。

第三节 "苗疆缺"的嬗变

清代的官制，从清初至清末，随着疆界分合，郡邑去增，或升或降，或改或并，常有变更。乾隆继位之初就说："守令为亲民之官，最关紧要；而边疆之地，民夷杂处，抚绥化导，职任尤重，更不得不慎选其人以膺牧民之寄……嗣后遇有苗疆要缺，应令该督、抚慎选贤员以居其任，三年之后，察其汉夷相安，群情爱戴者，保题升擢，以示优奖；其有恃才贪功者，虽有才干，不得轻任以滋事端。"②

"三年俸满即升"的定例实行一段时间后，清朝又认识到官员刚刚到任熟悉苗疆情况，任职三年即调走，弊大于利。乾隆二十五年（1760），上谕军机大臣等："向来各省边缺人员，定有三年俸满即升之例，其中或因地系烟瘴，势难久留，故于体恤之中，兼寓鼓舞之意……况地方有司，专司民社，正当令其久任谙练，以资实用；若仍拘泥前例，使履任者视同传舍，新旧相沿，苟且塞责，谁肯实心整顿？……著传谕各该督、抚，嗣后如古州等处边疆要缺之员，概不得调办别项工程差务。并通饬边缺，内有地非烟瘴宜令久任者，于俸满之时，或量予优叙，或准其升衔留任，或其人实系材能出众，即于本处附近应升之缺酌量升擢，使该员等益得熟悉本地事宜，实力经理，方为允协。"③

从这则材料我们得知，苗疆缺"三年俸满即升"至少有两大弊

---

① 杨志强、赵旭东、曹端波：《重返"古苗疆走廊"——西南地区、民族研究与文化产业发展新视阈》，《中国边疆史地研究》2012年第3期。
② （清）官修：《高宗实录》卷83，乾隆三年十二月十六日。
③ 《高宗实录》卷609，乾隆二十五年三月十七日。

端：其一，许多官员刚刚熟悉当地情况，还来不及实施自己的施政理念就升职调走；其二，许多流官并不安心待在苗疆。从来到苗疆任职之日起，就把当地"视同传舍"，没有静下心来整顿地方政务。有鉴于此，清朝采取变通的办法，对于古州等处边疆要缺之员，"概不得调办别项工程差务"；对于其他地方的官员，三年一到，采取"量予优叙"、"升衔留任"、"附近应升之缺酌量升擢"等办法，原因是他们"熟悉本地事宜"，留下来继续当政，能更加有效地巩固清廷在苗疆的统治。

不久，云贵总督爱必达遵从这一上谕的精神，奏请朝廷："滇、黔两省原定苗疆，除元江府知府、通判、知县等六缺，永丰州知州一缺实系烟瘴，应仍照例三年俸满即升……黔省之贵东道、古州、八寨、台拱、松桃同知，丹江、都江、清江通判，荔波县知县九缺，应请于三年俸满后量予优叙，仍留本任。"① 清廷很快批准这一请求，并且规定："至三年、五年俸满后，留任年限及再满三年后遇缺题升之处，俱照现议湖南事例办理。"② 从材料显示，由于苗疆官员的频繁调任，不利于苗疆的长效治理。因此，对于雍正年间开辟的"新疆六厅"等地，朝廷采取"三年俸满后量予优叙，仍留本任"的办法，以保证清王朝派驻苗疆官员队伍的稳定。

乾隆二十五年（1760）十月初四日，云贵总督爱必达等再次联名奏称："黔省三年俸满之巡道、同知、通判、州县共有十缺，唯永丰州尚有烟瘴，应请循照原例报满。其余贵东道古州、八寨、台拱、松桃肆同知，都江、丹江、清江叁通判，荔波一县，皆系苗疆，均可令其久任。于三年俸满时，察其才长守洁、抚绥表率得宜者，保题量予优叙。俟再任三年政事，果无改撤、地方久宁贴者，请于加衔注册，听部准升。如本省遇有应升之缺，拣选题升各等语……贵州苗疆之贵东道等九缺，于三年俸满之时，如果抚绥得宜者，题请量予优叙，仍留本任。俟再满三年，果能才守兼优，政绩

---

① 《高宗实录》卷609，乾隆二十五年三月十七日。
② 同上。

卓著，准其保题，以升衔注册……应照湖南之例，留于本任，遇有本省附近应题、应调、应选、应请之缺，准其题保升用……苗疆边缺，未经俸满之员，如遇应升缺出，不得藉词员缺，更为紧要，奏请升用。至道员俸满并无保题升用之缺，其贵东道于三年俸满，再留任三年。之后如果才守兼优，政绩卓著者，令该督抚保题送部引见候录用。"① 爱必达显然是考虑到部分任职苗疆的官员，期限未到，却巴不得早日逃离苗疆瘴疠之地。他建议不准"苗疆边缺"流官找借口提前调离，并将任期满的"苗疆缺"流官采取升职留任原地的方法，继续服务苗疆。

乾隆二十九年（1764），兵部议准云贵总督吴达善奏称："黔省向因初辟苗疆，分设武员定以三年边俸报满即升。历今三十年，风土便安，未便拘泥成例。其古州、清江、上江、铜仁、都匀、丹江、朗洞、台拱、荔波、下江、长坝各营副、参、游、都、守、千、把总等官，改为五年甄别，人才、弓马可观者保题升用，寻常之员仍照常俸候推。至副将报满，相无甄别，总兵缺出，均开列请旨。嗣后应令该督、抚分别考语，题名注册，将保题者开列，并饬令有边缺省份一体遵照办理。"② 这显示黔省"苗疆缺"不仅文官有，武员也有，大约设置于雍正末年（文中称"历今三十年"）。随着苗疆政治环境的改善，包括古州、清江、上江、铜仁、都匀、丹江、朗洞、台拱、荔波、下江、长坝等苗疆在内，"风土便安，未便拘泥成例"，朝廷将"三年俸满即升"改为"五年甄别"，涉及的武员有"副、参、游、都、守、千、把总等官"。此外，另有史料显示，武员的"苗疆缺"还有安顺府归化营通判③、铜仁协左营

---

① 张伟仁编：《明清档案》第264册，"中央"研究院历史语言研究所现存清代内阁大库原藏，"中央"研究院历史语言研究所，1992年，第B148975—B148979页，乾隆五十七年六月十二日，陈淮，"为遵上日议奏事"。
② 《高宗实录》卷708，乾隆二十九年四月初二日。
③ 贵州总督兼管巡抚事张广泗："揭请以平越府湄潭县知县周登鳌陞补安顺府归化营通判苗疆要缺又请以试用知县胡锦委署湄潭县知县"，乾隆二年九月十六日。"中央"研究院历史语言研究所明清档案工作室，全文影像：066013。

中军守备①等。

乾隆三十五年（1770），吏部等部议复："原任贵州巡抚良卿奏称：'威宁州向因辖倮夷，为苗疆要缺，五年俸满，加衔留任，再满三年升用。今番民向化日久，抚绥较易。'应如所请，删去报满、加衔、即升之例，照内地题缺拣补。从之。"②康熙初年平西王吴三桂剿平水西安氏土司后所设的威宁州，经过流官一百多年来的悉心经营，"番民向化日久，抚绥较易"，已经由"新疆"变为"内地"，于是清廷在官制上也取消其"苗疆缺"的特殊待遇，"照内地题缺拣补"。

类似的情况在乾隆后期陆续出现，如乾隆三十八年（1773），贵阳府知府、贵筑县知县，"删去苗疆字样"，改为"冲、繁、难兼三要缺"③等。苗民向化日久，因此在官制上部分苗疆也开始遵循内地选官的标准，待遇上也"照常俸人员一例升转"。"苗疆缺"除去"苗疆"字样，按照内地官制的标准定为"冲、繁、难三要缺"，实际上形同内地了。

历史发展的趋势是"苗疆缺"逐渐减少和消失，但是在苗疆一些重要地区和部门，朝廷也会根据需要增加。④

材料一：乾隆四十四年（1779），李本疏称："裁汰平越县杨老驿丞，改为大定府水城通判照磨各事宜。查照磨专管缉捕监狱，协防仓库钱粮，应照该通判定为苗疆要缺；五年俸满，所支廉俸驿丞。"从之。⑤

---

① 云贵总督尹继善："题报请以贵州铜仁协左营左哨千总贾启奉升补铜仁协左营中军守备苗疆要缺查该员系未经引见之员可否送部引见请旨遵行"，雍正十三年三月二十六日，"中央"研究院历史语言研究所明清档案工作室，全文影像：121911。
② 《高宗实录》卷851，乾隆三十五年正月二十五日。
③ 《高宗实录》卷852，乾隆三十五年二月十二日。
④ 类似的变更和调整，清代不乏其事。例如，道光年间针对汉苗土地纠纷与冲突问题就作出过相关的政策调整，参见袁翔珠《官政与民规：清代道光时期的苗疆土地政策》，《求索》2010年第1期。
⑤ （清）官修：《高宗实录》卷1090。

材料二：嘉庆二年（1797），"定贵州松桃直隶同知隶贵东道，并定新设松桃厅经历，新改铜仁县县丞、铜仁府磐石巡检、镇远府四十八溪主簿为苗疆调缺"。①

以上两则材料刚好反映两种不同的类型：材料一表明，清朝在"苗疆缺"总数不变的情况下，将甲地的"苗疆缺"名额裁汰，转让给乙地；材料二表明，在经历乾嘉年间湘西"苗乱"和嘉庆初年南笼"苗乱"的大背景下，清朝为了苗疆的安定，保证地方流官队伍的稳定，新增了一些"苗疆缺"的名额。清朝此举既是出于安抚流官，同时也是为了让他们减轻对苗民的剥削，缓和流官与苗民之间的矛盾。

余　论

清朝为了加强边疆治理，在广西、贵州、云南、四川等省的少数民族地区，设置的"苗疆缺"，或称"苗疆调缺"，文武兼有，清朝在俸禄和提拔上均有照顾。清朝设置"苗疆缺"的目的在于安抚流官，同时也是为了让他们减轻对苗民的剥削，缓和流官与苗民之间的矛盾。从"苗疆缺"涉及的范围来看，大部分是今天西南地区的少数民族自治州、自治县、民族乡等。在清王朝将"苗疆缺"改为内地官制之间有一个过渡阶段，即把"苗疆缺"任职期限由"三年俸满"改为"五年俸满"升转，"五年俸满"的"删去报满、加衔、即升之例"，"照内地题缺拣补"。统治者根据军事、政治、经济形势的发展、苗疆地区汉化程度等因素来增加或减少"苗疆缺"流官数量，并依据任职年限酌情将官员异地任职或者升职留任当地。当前，民族问题仍是一个关系中国国家边疆和谐稳定的重要问题，清王朝边疆治理视野下的"苗疆缺"官制研究，对于我们今天制定支援边区/边疆干部的经济待遇、政治待遇、轮岗轮休、转移安置等方面有重要的政策借鉴意义。

（原载《求索》2012 年第 8 期）

---

① （清）官修：《仁宗实录》卷 24。

第三章 区域经济史研究

第一节 清代贵州苗疆农业经济的发展与苗民文化变迁

以往对于苗疆的研究关注点在政治、军事、教育等方面，注重单纯的"事件史"，围绕着苗疆发生的历史事件原因是"阶级矛盾"还是"民族矛盾"使然的二元论窠臼争论不休。笔者曾经提出在苗疆研究中要关注"小历史"中的"小历史"①，本节对清代苗疆经济的发展作深层次、全方位的研究，重视对变动相对缓慢的苗民②文化变迁等现象进行深层次的探索。

一 苗疆城镇商品经济的发展

城市的兴起是在一定历史条件下政治、经济发展的必然产物。就清代在贵州设置的"新疆六厅"而言，更多的是政治因素使然。为控制"新疆六厅"而设置的屯军，最初他们为了食盐、布帛、生产工具等日常生活用品的需要而相互交易，进而发展为汉移民之间、汉苗之间、苗苗之间的交易。

《黔南识略》载："黔人谓市为场"，称赶集为"赶场"。这种市场，施坚雅认为是"农产品和手工业品向上流动进入市场体系中

---

① 张中奎：《"小历史"中的"小历史"——历史人类学视野下的苗疆货郎担》，《贵州民族研究》2010 年第 5 期。
② 本章所指代的苗民，主要是指苗侗人民。

较高范围的起点,也是供农民消费的输入品向下流动的终点"。① 乾隆初年为了控制"新疆六厅",移入了屯军近万户。在汉移民的带动下,苗疆商品经济有了一定程度的发展。这一时期的城乡市场分为农村市场、商业城镇市场和区域中心市场三个不同层次,构成一个以厅、堡为中心,以清水江、都柳江沿岸码头城市为重点的苗疆市场网络体系。"新疆六厅"境内外省商人经营的主要商品是盐、粮食、棉花、丝绸、木材、土特产及日用百货类。地方流官对于苗疆农业、林业的发展,也采取积极引导、加强管理的做法,这在一定程度上促进了苗疆特产的商品化。乾隆六年(1741),贵州总督张广泗奏称:"黔中无地非山,尽可储种材木,但愚苗知伐而不知种,以致树木稀少,应劝谕民、苗广行种植。"张广泗批评苗民"知伐而不知种"纯属误解,但这一倡导民苗广种树木的建议出发点是好的,乾隆欣然批准这一奏请。② 在城市商业的带动下,屯军、屯民与苗民之间相互的经济交往日益频繁。

二 流官对农业新技术、新工具、新品种传播的倡导

城市商业和农村集市贸易的兴盛,逐渐为商品经济的发展开辟了道路。外来汉移民把内地先进的生产技术、新农作物品种传播到苗疆,如贵州"素不出产"的小麦、高粱、小米、黄豆等一经汉民的引进,在贵州"俱有收获"。在高度重视农业的古代社会,通过地方流官的大力倡导,高产的新农作物品种被移植苗疆。例如,雍正十年(1732),贵州古州镇(今属榕江县)总兵官韩勋奏请,对于无力耕种者,"着头人按名查报","散以籽种",并且会同文员"教以栽种杂粮之法,使平衍土地,不致荒芜"。在流官的积极倡导下,"新疆"一带"秧满绿畴、荞麦扬花,黄豆、粟、谷亦间有种者,土性所宜,发荒无异"。"不特栽种几同内地,即子弟中亦有渐

---

① [美]施坚雅:《中国农村的市场和社会结构》,史建云等译,中国社会科学出版社1998年版,第6页。

② 中国科学院民族研究所贵州少数民族社会历史调查组、中国科学院贵州分院民族研究所编:《〈清实录〉贵州资料辑要》,贵州人民出版社1964年版,第24页。

识诗书者"。① 此外，通过市场交易，许多先进的生产工具由汉地传入苗疆，20世纪五六十年代的少数民族社会历史调查显示，苗疆地区使用铁质农具的种类很多，有水犁、旱犁、水耙、踩耙、薅耙、钉耙、挖锄等。② 种类繁多的农具反映出苗疆农业种植技术的发达。

在农业社会，水利是农业生产的命脉，水利建设对于山多地少的黔省苗疆来说显得格外重要。乾隆五年（1740），清廷指示贵州地方政府："黔地多山，泉源皆由引注，必善为经理，斯沃壤不至坐弃。……凡贫民不能修渠筑堰及有渠堰而久废者，令各业主通力合作，计灌田之多寡分别奖赏。如渠堰甚大，准借司库银修筑；其水源稍远，必由邻人与邻邑地内开渠者，官为断价置买，无许掯勒。"③ 贵州地方政府自然不敢怠慢，采取有效措施整顿水利设施，奖赏兴修水利有功人员，鼓励地方制造或购买各种灌溉设施。"至请仿江、楚龙骨车灌田，并雇近教造之处，应于借给工本款内另议。……即制造龙骨水车，亦可各府州县分给一架，劝民照式仿造。"④

在清廷的政策推动和地方流官的积极鼓励下，苗疆农业得到空前的发展，从历史文献记载整个清代贵州多次出现的嘉禾⑤现象就可见一斑。据统计，清代贵州嘉禾现象出现的次数为：现康熙朝3次，雍正朝22次，乾隆朝4次，道光朝4次，咸丰朝5次，同治朝1次，光绪朝9次，宣统朝2次。⑥ 嘉禾现象出现如此之频繁，固然有流官迎合皇帝好大喜功的原因，含有夸饰虚报的成分，但由此可以推断清代贵州苗疆农业技术的大幅度提高及农业经济的发展。

---

① "国立"故宫博物院整理：《宫中档雍正朝奏折》第19卷，"国立"故宫博物院1979年印行，第758—759页。
② 全国民族代表大会民族委员会办公室编：《贵州省从江县加勉乡苗族调查资料》（贵州、湖南少数民族社会历史调查组调查资料之七），1958年，第1—5页。
③ 《〈清实录〉贵州资料辑要》，前引书，第21页。
④ 同上书，第21—22页。
⑤ 嘉禾是禾谷基因突变引起的一种异常现象，其表现形式为一茎多穗。在中国古代农业社会中被视为政通人和、国泰民安的象征。
⑥ 陈福山：《清代贵州"嘉禾"现象探析》，硕士学位论文，贵州师范大学，2012年，第16—17页。

三 屯军、屯民在农业发展上的示范效应

雍乾"苗乱"后，当时的云贵总督张广泗极力主张移入大量汉民，认为此举一则可以防范苗民的反抗。二则可以以汉化苗。他乐观地估计，苗民"既与汉民错处，朝夕观感，其性情嗜好，礼文法度之间，必渐知仿效"。[①] 屯军的意义并不限于对苗疆的军事控制，它还是一场巨大的移民运动与汉文化的移植，带动了贵州科举的兴盛。汉民多数居住在集市、屯堡以及城乡大道附近。苗民杂居其中，基本上是汉民的佃户或雇农。屯军及其家属，加上各类汉移民的文化渗透对苗疆社会的改造无疑是加速苗疆由"新疆"向"旧疆"转化的一个重要因素。从相关的历史文献记载不难发现，清代贵州苗疆的移民会馆主要有禹王庙、湖广会馆、两湖会馆、四川会馆、妈祖庙、两广会馆、万寿宫等，由此推断，清代贵州苗疆移民的来源省份主要是湖南、湖北、广东、四川、福建、江西等省。这些移民有军事性移民、商业性移民、农业性移民等，屯军、屯民的足迹踏遍苗疆，他们带来内地的新农作物品种、农耕器具与先进技术，对苗民农业改良产生积极的推动作用。例如，乾隆八年（1743），台拱厅（今台江县）榕山堡总旗李尚云从江西吉安府引进籼稻、青菜品种在榕山、老屯种植，开始改苗民长期种植的糯稻为籼稻。咸丰四年（1854），台拱厅厅署在北部、中部河谷平坝地区，第二次推行糯稻改籼稻，种植面积逾半，获得高产。[②] 古州地区，乾隆十二年（1747）任树森自河南购进木棉种令民试种，民间"谋衣艰于谋食"的状况逐年改变。光绪二年（1876），古州（今榕江县）同知余泽春购入荞麦、苞谷等农作物新品种和油桐、油茶，令民领种，油桐、油茶始有外销。[③] 初来乍到的屯军则由流官政府发给耕牛、农具、种子。先进的生产技术和农作物新品种，先在屯堡

---

① 中国第一历史档案馆、中国人民大学清史研究所、贵州省档案馆编：《清代前期苗民起义档案史料汇编》上册，光明日报出版社1987年版，第227页。

② 贵州省台江县地方志编纂委员会编：《台江县志》，贵州人民出版社1994年版，第4页。

③ 同上书，第2页。

周围的农田推广,然后逐渐扩展到更边远的苗寨。史料记载:"军、苗田亩,早晚稻丰收。向来'新疆'地方,小麦、高粱、小米、黄豆、芝麻、荍麦等种,素不出产。自安设屯军之后,地方文武设法劝种杂粮,今岁俱有收获。……于堡内及山上空地多栽茶、桐、蜡、柏等树。"①

四 汉苗文化的交流与互动

当然,汉苗之间文化的交流和传播是互动的。乾隆初年,曾经有官员指出,"黔省之苗、仲妇女皆知纺织,而惟有汉人多不纺不织……观今黔中穷民衣不蔽形者,所在多有,反不如苗、仲妇女衣锦犹新"。② 可见,乾隆初年在纺织技术上汉移民反而需要向贵州本地的苗侗民族学习。

"开辟"苗疆后,清水江、都柳江沿岸的木材逐年外销,为使林业资源长久利用,苗侗人民总结出一套行之有效的人工造林种植技术。《黔南识略》记载:"山多戴土,树宜杉。土人云:'种杉之地,必预种麦及苞谷一二年以松土,性欲其易植也。'"③ 这一史料反映乾隆年间,苗疆的苗侗林农对人工造杉的选种、整地、育苗、种植、林粮间作及施肥等环节,不但懂得采用精耕细作,而且非常具有科学性,已达到林业种植技术的较高水平。移入的汉民,在种杉技术上反而要向本地苗民请教学习,才能成为专职"栽杉"林农。由于林业的发达,贵州苗疆盛产巨木及珍稀木材,长期被作为"皇木"采办的指定区域。④

在苗汉人民的辛勤耕作下,苗疆农业得到了极大的发展,粮食和土特产为主的商品经济空前活跃。都匀"四乡村寨,跬步皆山,溪流萦绕,田颇膏腴",每年米谷除供应本地食用及支放城兵粮外,

---

① 《〈清实录〉贵州资料辑要》,前引书,第21页。
② (民国)《贵州通志》"前事志"第三册,前引书,第320页。
③ (清)爱必达:《黔南识略》,载杜文铎等点校《黔南识略·黔南职方纪略》,贵州人民出版社1992年版,卷15。
④ 周林、张法瑞:《清代的皇木采办及其特点》,《农业考古》2012年第1期。

"共挽运古州、都江、下江兵粮 3027 石"①；麻哈州，"县属之平定、宣威、养鹅等处多肥饶"，水稻种植颇多，每年余米多运往清江一带②；镇远府所属黄平州，产米除自给外，"岁拨运镇远府兵米二千六百一十三石有奇，余米供支黄平营兵粮及廪生、寒生、孤贫等米。常平仓实贮谷三万零九百二十一石有奇"。③ 黎平府古州一带，所产的橙质优，种植较多，除本地食用外，尚有部分外销，清人任志儒《古州橙诗》说："秋过橙树饱经霜，苍翠丛中点缀黄，向晓摘来舟满载，香风晴日渡榕江。"④ 此外，黎平府香菌种植颇丰，"凡菌皆自生，唯香菌系山客伐树堆积苞谷秆，取老香菌煎水洒之，以树叶盖之，既久则菌生也。味极香，常贩他省售卖"，"冬干笋，出府属西山竹林，每年八九月笋出时采之薰干，至冬发卖……下江、永从尤多，冬月售卖颇获利"。⑤

经济上的变迁也影响着苗侗人民服饰文化的变迁。新中国成立后台江县境内各个区、乡、村寨的苗族妇女各有不全相同的传统服饰，保留着各自的地域特点，这是由于族群支系、经济水平、生产生活环境的不同而造成的。各地民族服饰的质地、精美程度、银饰的多少、质量高低都有区别。据调查，沿清水江流域施洞和台拱、巴拉河一带，土壤肥沃，田地较多，这些地方的苗族生活富裕，妇女的服饰十分讲究，所佩戴的银饰品种多样，做工精细，质量很高。而在反排、覃膏等高山地区，经济不发达，生产较落后，生活水平低下，妇女的服饰就比较简单，银器佩戴的品种也比较少。⑥

驿道的开通、大道的延展、航道的整治与疏浚，打破了苗疆相对封闭的局面，尤其是清水江沿岸木材、土特产的大量外运，刺激

---

① （清）爱必达：《黔南识略》卷十"都匀县"，前引书。
② （清）爱必达：《黔南识略》卷十"麻哈州"，前引书。
③ 《黔南识略》卷 21，前引书。
④ （清）俞渭修，陈瑜纂：《（光绪）黎平府志》卷 3 下"物产"，光绪十八年（1892）刻本。
⑤ 《（光绪）黎平府志》卷 3 下"物产"，前引书。
⑥ 贵州省民族事务委员会、贵州省民族研究所编：《贵州"六山六水"民族调查资料选编》苗族卷，贵州民族出版社 2008 年版，第 438 页。

了商品经济的发展。清水江沿岸的苗侗人民可以出售木材和土特产,或者以航运为副业,多了一项丰厚的收入。经济上的快速发展,加强了汉苗人民之间的经济、文化联系,促进了文化互动。

（原载《农业考古》2012 年第 6 期）

第二节　清代苗疆土地政策的嬗变与帝国权威的下移

对于清代苗疆土地政策的研究,目前仅见有袁翔珠的《乾隆时期的苗疆土地问题治理:以奏折资料为主的研究》[①]和《官规与民规:清代道光时期的苗疆土地政策》[②]、林芊的《从清水江文书看近代贵州民族地区土地制度——清水江文书（天柱卷）简介》[③]、陈国生等著的《清代贵州土地开发的新变化》。[④]综合来看,这些研究或者缺乏长时段观察清代苗疆土地政策变化的视野,或者将当时的贵州全境笼统地看成一个静态不变的苗疆,或者从个案的视角研究某一时期苗疆的土地制度,各有其研究角度,但咸同"苗乱"之后的苗疆土地政策尚缺乏研究。究其原因,主要是史料的匮乏,笔者爬梳与晚清苗疆有关的重要史料《清实录》、《黔南识略》、《黔南职方纪略》、《苗疆闻见录》、《（民国）贵州通志》等均未见详细记载。有鉴于此,本节以长时段的历史视野,分析清代苗疆土地政策

---

① 袁翔珠:《乾隆时期的苗疆土地问题治理:以奏折资料为主的研究》,《华东政法大学学报》2009 年第 6 期。
② 袁翔珠:《官规与民规:清代道光时期的苗疆土地政策》,《求索》2010 年第 1 期。
③ 林芊:《从清水江文书看近代贵州民族地区土地制度——清水江文书（天柱卷）简介》,《贵州大学学报》（社会科学版）2012 年第 6 期。
④ 陈国生、罗文:《清代贵州土地开发的新变化》,《贵州师范大学学报》（社会科学版）1993 年第 2 期。

在各个时段的变化，发现其背后透视的是帝国权威的不断下移，直接触及苗疆乡村社会。与汉民社会不同的是，苗疆乡村社会中国家公权对民间权威的"借用"有时候是失灵的[1]，国家权威的凸显更多的是以管束汉民、保护苗民来体现。本节研究的苗疆区域主要是清水江和都柳江中下游地区，即今天的黔东南地区。研究的时段涵盖有清一代，主要采用的史料有档案、圣训、清实录、地方志、野史笔记，以及清水江文书等。

一 贯穿始终的屯田政策

早在明太祖、成祖时期，就曾经向贵州进行大规模的军事移民。整个明朝二百七十多年间，在苗疆陆续安设屯卫，修筑边墙、碉堡等，可谓是把屯田政策做到了极致。清代雍正年间"开辟"苗疆之后，清廷在苗疆"生界"设置"新疆六厅"。国家力量强制介入苗疆后，流官、胥吏肆无忌惮地盘剥苗民，引起苗民的极力反抗，发动了一场声势浩大的"苗乱"，史称雍乾"苗乱"。

（一）"新疆六厅"屯军

在镇压"苗乱"的同时，为了缓减苗民的反抗情绪，使其早日"归化"大清，乾隆即位之初即下诏"将古州等处新设钱粮尽行豁免，永不征收"。[2] 镇压雍乾"苗乱"后，贵州总督张广泗即主张将"'内地'、'新疆'逆苗叛产"，"安插汉民领种"，但是乾隆认为"苗性反复靡常，若'新疆'召集汉民耕种，万一苗民滋事蠢动，是内地之'民人'因耕种苗地而受其荼毒，此必不可行者。不得已而思及屯军"。[3] 因此，清廷在苗疆设置大量的屯军，"古州、八寨、台拱、丹江、清江等五厅，设立九卫，共一百二十堡，屯军八千九百三十户"。[4] 屯军的来源有三种途径：第一是驻防兵丁子弟；第二

---

[1] 刘志松：《中国古代基层社会权威体系及其博弈》，《吉首大学学报》（社会科学版）2013年第3期。

[2] 中国科学院民族研究所贵州少数民族社会历史调查组、中国科学院贵州分院民族研究所编：《〈清实录〉贵州资料辑要》，贵州人民出版社1964年版，第635页。

[3] 《〈清实录〉贵州资料辑要》，前引书，第14页。

[4] 同上书，第557页。

是镇压苗民起义中,清廷于贵州本地就近招募的五千名新兵;第三是"就近招募年富力强可充兵丁之人"。①

清廷的苗疆屯田政策,最初通过屯军有效地将苗民控制在苗疆,苗疆地方厅县财政也可收入一笔可观的屯租给养军队,据《清代的贵州古州屯田》一文统计,古州等九卫的屯租粮是53290石,耗银957石,余田租711石,总计为7004石②,客观上减轻了当地苗民的一些经济负担。屯军还促进了苗疆农业新技术的引进、新农作物品种的传播,开发了广袤的"千里苗疆"。

(二)"屯"与"裁"之争

乾隆二年(1737),在经历了大小不等的"苗乱"之后,乾隆提出废除苗疆屯田的倡议,他认为:"数年以来经理苗疆,原期宁辑地方,化导顽梗,并非利其一丝一粟。是以彼地应输之正供,朕旨仰体皇考圣心,永行革除,不使有输将之累,岂肯收其田亩以给内地之'民人'乎?……苗众自有之业,一旦归官,伊等目前虽惕于炳威,勉强遵奉,而非出于本心之愿,安能保其久远宁贴耶?"③但是经理苗疆的重臣张广泗坚持己见,"以身家相保"④ 要在苗疆屯田,不得已乾隆听从了他的意见,只不过由民屯改为军屯了,因为屯军"无事则尽力南亩,有警即可就近抵御"⑤,有"一石二鸟"之利。乾隆三年(1738),两广总督鄂弥达再次提出废除屯田,他认为:"现在杀戮(戮)之余,苗民稀少……数年之后,生齿日繁……地少人多,必致怨生……(苗田)屯丁不能自耕,仍须召苗耕种……久之视同奴隶,苗民既衣食无赖,又兼役使鞭笞,既不乐生,又何畏死?"⑥ 贵州总督张广泗则驳斥鄂的意见,认为:"所请设立屯军者,乃系叛苗内之绝户田产,始行入官安屯……新疆未垦

---

① 郭松义、桑士光:《清代的贵州古州屯田》,《清史研究》1991年第1期。
② 《清代的贵州古州屯田》,前引文。
③ 《〈清实录〉贵州资料辑要》,前引书,第15页。
④ (民国)《贵州通志》"前事志"第三册,前引书,第312页。
⑤ 《(光绪)黎平府志》卷2上。
⑥ 《〈清实录〉贵州资料辑要》,前引书,第552页。

之山土，未开之荒田，并各苗寨原有多余田亩，俱仍系各苗人自行管业，并未举报入官。虽此后生齿日繁，亦不致无以资生……此项逆苗绝户田产……并不许请人佃种。"① 但是，张广泗还是承认："苗疆地方，向无汉民居住，今骤安屯军至八九千户之多。况苗人经此惩创，积威之下，易于欺凌，若致稍有扰累，即非安设屯堡、以期保固地方之本意……必严定章程，庶可永远遵守。"② 这一场争论，最后还是以张广泗的意见胜出而告终。清朝君臣之间、流官之间针对苗疆屯田的争论，实质是如何有效保护苗民不受客民欺凌、控制苗疆的政治考量。

尽管乾隆默认了张广泗的屯田做法，但是，他无时无刻不在思考屯军可能会仰仗武力欺压苗民的问题。乾隆十七年（1752），大臣硕色奏："古州屯军……从前所给屯田不敷日用，查看山头地角尚不无余隙，已饬古州兵备道督劝屯军，将附近山岗畸零隙地勤加开垦。"乾隆则对这一意图扩大屯军垦荒面积的要求给予严词拒绝，他认为："此事似近理而必不可行。所补于屯军者甚微，而关系苗疆者甚大，不可因屯军一时之感激而不为苗疆久远计也。"③

（三）军屯之废

随着客民的不断迁移，他们与屯军长期相混杂居，有的屯军将屯田典卖给客民。至嘉庆二十五年（1820），苗疆屯田亩数已由最初的9.7万亩降至6.3万亩。④ 咸丰初年，屯田制度愈加走向没落，"官兵数万，已成废器……屯军九千余名……虚籍徒存，实政无补。今日之食屯田者，半是刁生、劣监，一旦绳之以法，则捏造黑白，勾煽愚苗，其祸且益速。"⑤ 以咸同年间的黄施卫黄平州境内情况为例，所属6屯堡480户屯军，已锐减到70多户，田土也多"荒

---

① 中国第一历史档案馆、中国人民大学清史研究所、贵州省档案馆编：《清代前期苗民起义档案史料汇编》上册，光明日报出版社1987年版，第249—250页。
② 《清代前期苗民起义档案史料汇编》上册，前引书，第250—251页。
③ 《〈清实录〉贵州资料辑要》，前引书，第17页。
④ 《（光绪）古州厅志》"苗寨"卷1。
⑤ 《胡文忠集》，转引自（民国）《贵州通志·前事志》第三册，前引书，第519页。

芜"、"崩塌"①,苗疆屯田制度名存实亡。同治初年,有人以"黔省建屯已久,虚名鲜实"为由,建议"去兵之名,收农之实",把军田改为民田。②同治末年,朝廷一度在黎平府开办屯田,但由于苗民陆续返回家乡耕种田土,争端渐起。光绪七年(1881),鉴于苗民的激烈反对,为避免新的"苗乱"发生,贵州巡抚岑毓英认为"前因贼氛扰攘,捐办屯田,积弊甚多。现黔省肃清……所有民田退还原捐业户",奏请裁撤屯田,得到光绪的批准。③宣统三年(1911),经清廷批准,正式"裁撤卫弁,将丁卫田归并地方管理"。④这样,苗疆屯田制度从乾隆初年开始,历经170多年,终于走到了尽头。

总之,乾隆初年在苗疆实施的屯田,属于清中央政府较早的屯田政策试验地,苗疆屯田政策贯穿有清一代,有一套完整系统的规制和经验。屯田政策的实施是清王朝权威不断下移的过程,屯田政策的最终废弃实质也是汉苗民族逐渐融合的产物。清代贵州苗疆屯田是其苗疆土地政策中最为重要的一项措施,对于后来陆续开展的新疆屯田、大小金川屯田、台湾屯田以及湘西苗疆屯田都有着非常重要的开创意义、借鉴意义。

二 乾咸时期:和平年代"抑客护苗"的政策

清王朝的统治者鉴于自身也是"夷狄",抛弃传统的华夷/夷夏之辨,认为苗民也是"赤子",要一视同仁地对待他们。⑤在治理苗疆的过程中,清中央政府出于保护苗民的经济利益、稳定苗疆的大局出发,随时调整苗疆的土地政策。日趋严重的土地问题,是清代统治者治理苗疆最为头痛的问题。同一时期,内地汉民不断向帝国周边少数民族地区渗透、迁徙,蒙古、新疆等地皆然。但清政府针

---

① (民国)陈昭令等纂修:《黄平县志》,民国十年(1921),未刊本,贵州省图书馆1965年油印本,卷18。
② 《清史稿》卷120"食货志"1,前引书。
③ 《〈清实录〉贵州资料辑要》,前引书,第19页。
④ 《清朝续文献通考》卷15"田赋"15。
⑤ 张中奎:《清帝国时期的苗疆叙事考察》,《西南民族大学学报》(人文社会科学版)2010年第3期。

对这些地区有明确的法律条文规范，《蒙古律例》《理藩院则例》《回疆则例》中都有禁止"民人"占垦土地的规定。而对于苗疆的土地问题处理，仅仅是由一些苗疆大臣制定的地方性章程和中央政府针对土地问题发布的上谕、诏令等组成，并且许多处理措施明显参照《理藩院则例》中蒙古地区的处理办法，乾咸时期的土地政策有很明显的"抑客护苗"倾向。所谓"抑客护苗"，是指清政府基于汉苗经济文化水平发展的差异，在汉苗经济交往如土地山林买卖、借贷钱粮中采取种种措施打压、限制客民，并严惩流官的渎职行为，保护苗民的经济利益，以求维护苗疆的长治久安。

（一）汉苗隔离措施

苗疆土地纠纷不断，主要还是苗汉杂处，户籍管理混乱所致。因此，清统治者采取清查苗汉户口和土地数目，加强户籍管理，明确土地所有权等办法来处理土地纠纷问题。乾隆十五年（1750），乾隆指示："归化未久与新疆一带各苗寨，令地方官稽查，不得听汉人置产，亦不许潜处其地。"①

汉民大量移居苗疆是导致土地危机的直接原因，因此严控汉民迁往苗疆也是解决问题的一种重要手段。乾隆二十八年（1763）规定："新疆苗民较淳于旧疆，治之之法，在严惩汉奸。或入苗寨唆讼，或种苗地久占，或开店诱为盗贼，似此不法，有犯悉递原籍，则蠹去而苗安矣。"②

汉苗隔离政策，主要是为了防止"民人"欺诈、蒙骗苗人的山林、土地等财产，形成大规模苗民破产的局面，导致"苗乱"。清廷规定："贵州省汉苗呈控典卖田土事件，该地方官查其卖业年份远近，是否盘剥折债，秉公定断，仍查禁汉苗不许交易田产。倘有汉民再行引诱侵欺，一经告发，田地给还苗人，追价入官，并诏以应得之罪。查禁不力之地方官，严参究办……清查之后，凡系黔省汉民，无论居黔年份久暂，相距苗寨远近，及从前曾否置有苗产，

---

① 《清高宗实录》卷363。
② 《清高宗实录》卷689。

此次曾否承领门牌,一概不准再有买当苗产之事。倘敢违禁私置苗产,许乡约禀究,地方官查明,立时驱逐,田产给还苗民,追价入官,仍照违制律治罪。其所置苗产,系土目管辖,私相授受者,应将土目一并严惩。如有客民迁移回籍,其所遗产,苗民无力收买,方准售与有业汉民。其所当苗产,许苗民呈明收赎,地方官秉公查勘。如系客民垦荒成熟,酌断工本。倘有苗民诬告,及当主勒挦情弊,照例究治。其营卫兵丁违禁赊利及邻省汉民越境私置苗产,责成地方官会同邻省该管官及营卫各弁稽查惩办。"①

清廷的汉苗隔离政策,最初执行得比较得力。时间一长,逐渐为汉移民的浪潮所湮没,被视为具文。爱必达在《黔南识略》中记载:"道光六年(1826),巡抚嵩溥钦奉谕旨,饬禁'汉奸'私入苗寨,勾引滋扰。当经委员逐细编查,各属买当苗人田土客民共三万一千四百三十七户,佃种苗人田土客民共一万三千一百九十户,贸易、手艺、佣工客民共二万四百四十四户。住居城市乡场及隔属买当苗人田土客民一千九百七十三户,并住居城市乡场买当苗民全庄田土客民及佃户共四千四百五十五户。"② 以上客民总数大约有七万一千四百九十九户,以农耕社会每户常规的五口之数计算,贵州全省约有近三十六万客民。其中居住在黔东南苗疆的客民,数量应有十余万人。在人口稀少、广种薄收的农耕社会中,这样一支移民大军,无疑会对苗民的生存环境造成压力。"苗人聚处苗疆,产业有限,耕种所入仅只此多,岁久齿繁,谋生日绌,则相率而萌狡启之心,故有'六十年一乱,百年一大乱'之谣。"③ 这一史料表明汉苗隔离政策实属因噎废食,行政实践中地方流官很难落实执行。由于汉民逐渐兼并苗民的土地,导致苗疆出现周期性的"苗乱"。

(二)汉民禁侵苗民产业

改土归流后,汉移民通过经商、定居、借贷、抵押、典当、买

---

① (清)倭仁等修:《钦定户部则例》卷4"户口",同治四年(1865)刻本。
② (清)爱必达:《黔南识略》卷1"总叙"。
③ (清)徐家干:《苗疆闻见录》,吴一文校注,贵州人民出版社1997年版,第213页。

卖等渠道，逐步渗透到苗疆社会，侵占苗民土地。汉移民侵占苗田的手段，主要通过先占、低于正常交易价格购买、典买、抵押、租种、冒认土地所有权等方式。"苗民数十年血垦之田，遂为绅衿所有"，以致"苗民失业，无以为生"。① 乾隆三年（1738），贵州总督兼管巡抚张广泗、大学士鄂尔泰等建议依照"盗耕种他人田"、"盗卖他人田"罪来惩罚越界侵占苗人田土者和非法典卖屯田者："嗣后屯户人等，如敢越界侵占苗人田土、山场，照盗耕种他人田例，计亩论罪，强者加……嗣后屯军人等，典卖屯田，照盗卖他人田：一亩以下笞五十，五亩加一等，官田加二等，私行当买者同罪。"② 乾隆采纳了他们的建议。但随着苗疆汉民兼并苗民土地问题的升级，立法者又在《大清律例·户律·田宅》"倒卖田宅"罪中增加了一条关于苗疆盗卖田地的条例："黔省汉民，如有强占苗人田产，致令失业酿命之案，俱照棍徒扰害例问拟，其未经酿命者，仍照常例科断。"③

此外，清廷还细化苗疆的佃种条例，确保苗民佃户有优先、优惠的佃种权。"客民所招佃户，本系苗民者，仍令照旧承佃，不准另招流民耕种。其租谷均照原契数目，不得额外加收。随田陆地，如系未耕平土，先尽苗佃开垦，所出租谷，照苗寨旧规酌分。至荒山菁林，仍听苗民樵收栖止，栽种杂粮，业主不得征收颗粒。如有加租逐佃等事，一经查出，立予重惩，所招新佃，概行递籍。"④ 清廷制定这些条例，目的在于保障苗民能维持最低生活水平，避免阶级矛盾、民族矛盾的激化，维护苗疆的社会稳定。

对于汉民兼并苗民土地的问题，道光尤为重视，严谕地方流官："贵州苗疆一带，外来流民租种山田，络绎不绝。愚民唯利是图，

---

① 《清代前期苗民起义档案史料汇编》上册，前引书，第229页。
② 《清高宗实录》卷78。
③ 田涛、邓秦点校：《大清律例》，"户律·田宅""93.11"，法律出版社2000年版。
④ （清）倭仁等修：《钦定户部则例》卷四"户口"，前引书。此处清廷下达的佃种条例，适用于广义的贵州苗疆，即贵州各少数民族聚居区，包括苗、侗、布依等民族聚集区，但本章讨论的狭义苗疆适用这一条例，下文亦同。

趋之若鹜，将来日聚日众，难保无狡黠之徒，始以租种为名，继且据为己有，苗民受其盘剥。目前即幸相安，日久必滋争夺，甚或占据开垦，煽惑苗民，种种弊端，均所不免，不可不严行饬禁。"① 因此，道光朝采取若干措施来解决这一问题：

第一，划清汉苗田土界限，禁止汉人购买苗民田产。道光七年（1827），贵州巡抚嵩溥奏稽核章程："一禁续增流民；一禁续置苗产；一禁盘剥准折；一禁加租逐佃；一禁棚户垦占。"道光批复："依议妥为之。"② 然而，由于道光朝汉民对苗疆的渗透已经非常深入，侵占苗产的现象也非少数，当局者不得不对既成事实予以承认，"所有汉、苗交涉田土事件，即系从前承买，相安已久，毋庸另立章程，致滋烦扰。"③

第二，对侵占苗民土地的客民加倍或按律治罪。道光年间由于汉民侵占苗疆土地问题较为严重，早期出现过"照例加倍治罪"的规定。道光六年（1826），上谕内阁曰："倘再有勾引流民擅入苗寨，续增户口及盘剥准折等事，立时驱逐，田产给还苗人，追价入官，仍照例加倍治罪。"④ 这一措施显然是为了更加强硬地阻止汉民侵占苗地的行为。道光十八年（1838），上谕军机大臣等："除客民流民已经置买田产不计外，倘有狡黠客民人等侵占苗人地土，及擅买土司田产，即将田地断还本人管业，追价入官，仍照律治罪。"⑤ 照律治罪的"律"即是《大清律例》中"盗耕种他人田"、"盗卖他人田"等罪名。从"加倍"治罪到"按律"治罪，背后体现的是道光对汉民侵占苗民土地现象屡禁不止的尴尬与无奈。

第三，将非法潜居苗地的汉民遣返原籍。道光十四年（1834），上谕军机大臣等："现在贵州地方，外来流民有无租种苗田之事，是否均系湖广土著民人？一经查出，即行设法妥为遣归原籍，交地

---

① 《道光朝圣训》卷96"辑边疆"，第24—25页。
② 《清宣宗实录》卷126，第6页。
③ 《清宣宗实录》卷49，第33页。
④ 《清宣宗实录》卷99，第40—41页。
⑤ 《道光朝圣训》卷97"辑边疆"，第35—36页。

方官管束，毋许一名逗留，致滋弊窦。"①

晚至光绪年间，古州兵备道道员易佩绅看到汉民侵占苗产已经成为司空见惯的现象。"律例有汉买苗田之禁。今苗寨中多有汉姓名、汉言语而苗装者。盖由禁令初颁时，其祖若父犹知畏禁，托苗而讳汉，以便于占苗产也。继则相忘于禁，今则公然汉占苗产而不讳，公然汉苗争产讼于官，官亦不知汉民有苗产之非也。"② 这一史料显示，从道光朝到光绪朝近50年，侵占苗民产业成为苗疆社会普遍默认的社会现实，清代前期、中期严禁汉民侵占苗民产业的相关政令已成为一纸空文。

（三）规范汉苗土地交易契约

汉移民之所以能轻而易举地从苗人手中获得大量土地，和苗民商品经济观念不发达、契约意识淡薄等因素密不可分。为此，《酌议抚苗事宜三条折》中主张，"买苗地契内，四至丈尺必载明白，呈官验明，投税盖印之后，始准管业。至借债者凭中立约，载明交利还本之期，即令借主之邻民作保。若有侵占负赖，各许苗人诉官究追，官不得庇民曲折，庶民苗各以直信相与，可杜拘衅之端也。"③ 这些措施，使苗疆原本混乱的土地、山林买卖契约得到了规范，以致今天在清水江中下游地区苗寨留下至少20万件包括田土买卖、山林买卖在内的清水江文书。④ 从留存的清水江文书可以看出，雍正朝以后的苗乡侗寨，举凡交易，无论大小，均书写契约凭证。这些清水江文书的大量出现，与地方流官为了预防汉苗经济纠纷，极力提倡书写契约文书作为交易凭证有极大的关系。

（四）严控汉民置买苗产

在加强对土地契约规范管理的同时，清中央政府还禁止汉民续

---

① 《道光朝圣训》卷96 "辑边疆"，第24—25页。
② （清）易佩绅：《贵东书牍节钞》卷2 "致裴樾岑书"，前引书。
③ 中国第一历史档案馆编：《清代档案史料丛编》第14辑，中华书局1990年版，第164页。
④ 张新民：《清水江文书的整理利用与清水江学科的建立——从〈清水江文书集成考释〉的编纂整理谈起》，《贵州民族研究》2010年第5期。

置苗产，限制新的土地买卖。《请严汉民置买苗产等事折》中提出："嗣后苗疆田地，只许本处土苗互相买卖，其从前居住年久、置有产业之汉民，仍听其相安外。此后如有汉民再买苗田与土苗贪得重价卖给汉民者，将民苗分别责惩，令苗人备价归赎。"① 从清水江文书中苗民土地买卖普遍保留着优先家族成员购买的原则来看，应该与朝廷的这一政策导向有关，所谓"先问家下无人承买，请中上门问到某某承买……"可见，当时这些治理苗疆的主张是被采纳的。

从密集出台的相关政策可见道光朝对苗产买卖一度是采取严格控制的。例如：道光元年（1821）上谕内阁："饬令各土司认真查察，如有田土、命盗及奸徒煽惑之事，立即申报地方官查办，立予严参究惩。"② 道光三年（1823）上谕曰："如呈控典卖田产之事，该管官秉公讯断，仍严禁汉民引诱侵欺。"③ 道光六年（1826）上谕内阁："至田土案件，汉人侵占苗业及夷、苗诬控平民，均有应得之罪，惟在承审官细心研究，务归平允，则民、苗自可悦服也。"④ "当经降旨，令其详细编查，造册稽核，以杜续增流民及盘剥准折等事。原系专查客民，其苗多之处，仍照旧停止稽查。"⑤ 道光十八年（1838）上谕军机大臣等："至田土案件，如有汉人霸占苗业，及夷苗诬控平民，务当公平听断，治以应得之罪。毋得任听胥役诈索，客民唆讼，以杜侵越而靖边陲。"⑥ 道光之后，苗疆土地问题见诸朝廷诏令、奏折等官方文件的数量逐渐减少，这并非意味着问题已获得解决。相反，这一时期大量的清水江文书显示汉苗之间、苗苗之间土地交易非常频繁。尽管朝廷采取一系列打击不法客民，保护苗民合法生存权的"抑客护苗"政策，仍然不能从根本上阻止汉移民对苗民田土山林的兼并。究其原因在于，苗疆与内地虽然同属

---

① 《清代档案史料丛编》第14辑，前引书，第176—177页。
② 《道光朝圣训》卷91"辑边疆"，第6—7页。
③ 《清宣宗实录》卷49，第33—34页。
④ 《清宣宗实录》卷101，第26—27页。
⑤ 《清宣宗实录》卷99，第40—41页。
⑥ 《道光朝圣训》卷97"辑边疆"，第35—36页。

一个国度，但二者在经济、文化与生产力水平上存在巨大的落差，处于封建社会早期的苗民，根本无法与来自成熟的封建社会后期的汉移民进行经济竞争。

（五）打压高息借贷

道光朝的贵州巡抚贺长龄分析："川楚粤各省穷苦之民，前赴滇黔租种苗民田地，与之贸易，诱以酒食衣饰。俾入不敷出，乃重利借与银两，将田典质，继而加价作抵，而苗人所与佃种之地，悉归客民、流民。"① 这一史料表明苗民田地实际上大多为客民、流民通过抵押借贷方式逐渐侵占，而非过去阶级斗争论时代所认为被汉族大地主所兼并。

"汉奸"盘剥苗民，黎平府知府胡林翼在咸丰初年即已察觉到其可怕的后果："耕种收入，遇青黄不接之时，借谷一石，一月之内还至二石三石不等，名为断头谷。借钱借米亦然。甚至一酒一肉，积至多时，变抵田产数十百金者，心怨之，口不敢言。其黠者，则怨憾所集，引群盗以仇之。"② 为防止苗民因受重利盘剥而出卖田产，陷入破产的困境，清政府对苗疆高利贷剥削作了严格限制："苗寨内外及肩挑贸易开店客民，将米物贷借给苗民，止许取利三分。如有重利盘剥，准折田土子女者，将田土子女还给苗民，钱债追给入官，放债之客民仍照盘剥准折例，加等治罪，家口驱逐出境。土目乡约，不行举首查出，一并严惩。"③

（六）严惩流官渎职

从杜绝地方流官在执法过程中玩忽职守或渎职、包庇客民，提升执行力的角度出发，有流官上奏建议："如地方官不行查察，滥准买卖者，将失察之地方官照黔省买人滥用印信例，量减为罚俸一年，该管知府罚俸六个月。遇有外来民人或贪图苗土，或假称买有

---

① （清）贺长龄：《查办黔省汉苗情弊疏》，转引自贵州省民族研究所编印《民国年间苗族论文集》，内部资料，1983年印，第37页。
② 《胡文忠集》，转引自（民国）《贵州通志》"前事志"第三册，前引书，第521页。
③ 《钦定户部则例》卷四"户口"，前引书。

田房，携带眷口前往者，不许地方官给照。其无照私行前往之人，凡经过塘汛不准放行，如地方官并不查明，混行给照，以致夹带无籍之徒冒入为匪者，发觉之日，除犯人治罪外，将该地方官照失察民人擅入苗地例降一级调用，该管知府罚俸一年。如该汛弁兵丁不行拦阻、私放入境省，除兵丁责革外，将该专汛武弁亦照失察民人擅入苗地例降一级调用，间辖武官罚俸一年。"① 这份奏折全面阐述了苗疆各地大小流官在管束客民、处理土地问题上玩忽职守或渎职所应承担的相应责任。从现存史料来看，这些政策和主张一度是得到执行的。

三 咸同"苗乱"之后的土地政策

遍寻史料，咸同"苗乱"后苗疆的土地治理情况很少见诸文献，档案、圣训、清实录等鲜有记载。可能的原因是咸同十八年苗乱中贵州的许多城市曾经"沦陷"，档案文书大量焚毁或丢失，以致相关研究少之又少。但从常规来看，历史上任何一场农民起义被镇压之后，朝廷的善后章程必定有整顿吏治和解决土地兼并问题等措施。现留存下来的一份由贵州通省善后总局、贵州承宣布政使司以及贵州下游②善后总局联合下放的土地执照，详细列出了清廷在咸同"苗乱"之后的善后土地政策，那就是尽快结束持续十八年之久的"苗乱"，结束"居民流散，田土荒芜"局面，"清理田业，广为开垦"③，恢复农业生产。

---

① 《清代档案史料丛编》第14辑，前引书，第176—177页。
② 湘黔驿道共设有平溪驿（今玉屏）、清浪驿（今镇远青溪）、水马驿（青溪、镇远间）、偏桥驿（今施秉）、东坡驿（今黄平东坡）、兴隆驿（今黄平县）、清平驿（今凯里）、平越驿（今福泉市）、新添驿（今贵定县城）、龙里驿（今龙里县城）、贵州驿（今贵阳市）。其间，又设有路灞站（属平溪卫）、杨老站、黄丝站（均属平越卫）、兴隆站、重安站、东坡站（均属平溪卫）、新添站（属新添卫）、龙里站（属龙里卫）、贵州站（属贵州卫）。以上共计11驿、9站，史书习惯上称之为黔省"下游"。（明）郭子章《黔记》，"驿传"，载《北京图书馆古籍珍本丛刊》第43册，北京书目文献出版社据明万历刻本影印，1998年。
③ 张新民主编：《清水江文书——天柱卷》第一辑，江苏人民出版社2014年版，第二卷，第85页。

（一）苗疆土地分类

咸同"苗乱"结束后，苗疆"（田土）荒芜犹多，间有开垦之处，或系官为安插；或系自谋生聚而恃强逞刁之徒，串通朦混影射摇惑，以致耕凿者心志不固，而本司等又无由周知其数，何以定民居而厘田赋"①，所以当局者最重要的任务是"选委妥员分赴各府州县，逐段查给"，明确田土所有权，稳定人心。有鉴于此，这份土地执照将苗疆田土分为以下五类：（1）"有主有契之田照常耕管"，姑且称之为常业；（2）"其有契遗田确者，应准作为本业"；（3）"屯亡田在者，应仍作为屯业"；（4）"更有田主远逃，在若存若亡之间者，应暂作为存业"；（5）"田主播越本支尽划及倡乱附贼被剿伏诛者，应即作为绝业/叛业"。②

（二）土地政策

对于以上五类苗疆田土，清廷的处理措施是："凡系有田有契之户，务即呈验盖用戳记。其无契者务即分别屯、存、叛/绝，将田土丘数、坐落、地名、计算谷种、应纳丁粮逐一开单报明本团本寨甲长，取具切实甘结，呈请验给执照。"③ 与清代前期苗疆大员张广泗制定的屯田政策简单称之为"逆苗叛产"相比，咸同"苗乱"善后措施对苗疆田土的分类更加细化，反映的是帝国权威的不断下移，中央政府对苗疆基层社会控制的逐渐加强。

为了切实保证该土地政策得到广大苗汉人民的积极响应，杜绝冒充、多占等情况，清廷还规定："如业主有契不呈验，无契不领照者，均不准其管业。惟该业户领照之初，自应激发天良，各认本业。如将屯、存、叛/绝各业指为己业，或冒充嫡派及以少报多，一经发觉，定即从严究办，并将团寨、甲长、出结人等及扶同朦混连环保结各户一并分别惩究。"④ 因为咸同十八年"苗乱"影响至深，许多苗汉人民并不能及时返回原籍领取官方颁发的田土执照，

---

① 《清水江文书——天柱卷》第一辑第二卷，前引书，第85页。
② 同上。
③ 同上。
④ 同上。

他们的田土有被冒占的风险，所以执照还详细规定："至各户领照管业之后，本系亡业者，限耕至乙亥（1875。——笔者注）冬季，无人告发，方准私自出卖。如业主不待限满而辄卖，买主不待限满而辄买，查出田价田土一并充公，仍治以应得之罪。其承耕屯、存、叛/绝各业者，待至乙亥年冬季无人争认，即将原照呈验加盖戳记。或令补充屯卒，或令承充官佃，分别酌定，俾资永业。如临期不呈请加戳，查出追还原照，另召妥佃，亦治以应得之罪。除出示晓谕外，为此仰该耕户等遵照承领，以资管业。再查耕种已业遗失契据者，前曾由局刊发执照，该业户等如已领有，前照亦即呈请换领，以凭截取缴验。"① 大乱之后，为防止胥吏狐假虎威借机压榨苗民，中饱私囊，执照声明："此次清查系为周知田数，厘定民居起见，并不取给照费，倘有故意需索，许各业户据实具禀，等候提究，凛遵毋违，须至执照者。"②

咸同"苗乱"之后黔省下游善后总局颁发的土地执照，应该是普遍性的。这一类型的文书在《清水江文书·天柱卷》中并非个案，仅笔者整理的第七和十一分册即有十多份，加盖有"善后局"的大印，确保文书的法理性、权威性、有效性。可见咸同"苗乱"之后地方流官政府将苗疆田产分为常业、本业、屯业、存业、绝业/叛业，属于大规模的、常规性的官方行为。

结　语

围绕苗疆土地问题的治理，清最高统治者一直处于尴尬的两难状态：一方面，清廷不愿意放弃苗疆，势必加强对苗疆社会的控制，兵农结合的军屯制度"平时为民，战时为兵"，最为节省国家的财政开支，实施军屯势在必行；另一方面，清廷对待苗民与其他少数民族一样，将之一视同仁地看作"赤子"，担心客民欺凌苗民，侵占其土地。故而清代前期、中期采取一系列"抑客护苗"的措施保护苗民，确保其基本的生存权。清廷既要鼓励汉移

---

① 《清水江文书——天柱卷》第一辑第二卷，前引书，第85页。
② 同上。

民开发苗疆，又要对其加以种种限制，预防其侵占苗民财产，导致"苗乱"。

直到咸同"苗乱"之后，苗疆已是一个汉民占据城市及交通要道、苗民遍及山高路远苗寨的分布状况。此时，军屯已逐渐失去其牵制苗民的军事功效，逐渐退出历史的舞台。从咸同"苗乱"之后的土地政策也可以看出，清廷在处理土地问题时，已不再简单区分汉苗产业，而是分为常业、本业、屯业、存业、叛业/绝业等。可见彼时，经过百余年的王朝教化及民族之间的自然融合，汉苗人民已经形成"你中有我、我中有你"的局面，在统治者的眼中，不再有很严格的苗汉之别，而更多的是"良民"与"叛匪"的区分。伴随着清中央政府苗疆土地政策的嬗变，流官们在落实一系列政令措施的同时，土地政策的变化从中体现的是清王朝权威的不断下移。

[原载《吉首大学学报》（社会科学版）2014年第4期]

第三节 "小历史"中的"小历史"：历史人类学视野下的苗疆货郎担

一 苗疆货郎担："小历史"中的"小历史"

关于"小历史"与"大历史"的概念，赵世瑜定义为：所谓"小历史"，就是那些"局部的"历史：比如，个人性的、地方性的历史，也是那些"常态的"历史：日常的、生活经历的历史，喜怒哀乐的历史，社会惯制的历史。所谓"大历史"，就是那些全局性的历史，比如，改朝换代的历史，治乱兴衰的历史，重大事件、重要人物、典章制度的历史，等等。[1] 赵世瑜提出了"小历史"与

---

[1] 赵世瑜：《小历史与大历史：区域社会史的理念、方法与实践》，上海三联书店2006年版，第10页。

"大历史"的概念,但是没有进一步阐述这两个概念是否还可以再细分。

在史学和人类学领域里,西南研究已成为区域研究的主要内容和地方性知识的自我呈现。① 就苗疆②经济史研究而论,以往学者大都注重于水系流域的贸易,如清水江、都柳江的开通③、外地汉人的涌入对苗民的文化冲击④、木材的输出与买卖⑤、苗疆城市商品经济的发展⑥等情况,这些已经属于"小历史"研究的范畴,或者确切地说,属于"小历史"中的"大历史"研究。这种宏观的历史视野固然需要,但研究视野仅限于此,就会使我们陷入中原冲击——边疆/苗疆回应的认识窠臼中去。⑦

人类学要研究乡村,但是人类学绝不仅仅是为了研究乡村,而是通过研究乡村,进而认识中国。故施坚雅对于研究中国历史上不同区域之间的差异性给予了高度重视和极高评价,他在《中华帝国晚期的城市》的中文版前言中指出:"无论是笼统的概括,还是仅着眼于各不同区域体系的发展的平均水准,都会减弱或模糊地域间的差异,从而不利于研究整合为一的中国历史。相反,如果要获得对一个文明的历史的整体认识,我们必须全面理解它的各组成部分的独特而互相作用的历史。"⑧ 有鉴于此,笔者认为,研究苗疆经济史,除关注上述经济事象之外,还需要关注与山高路远的苗寨普通

---

① 徐新建:《西南视野:地方与世界》,《思想战线》2009年第3期。
② 本书讨论的"苗疆"重点是贵州黔东南苗族聚居区。
③ 余宏模:《清代雍正时期对贵州苗疆的开辟》,《贵州民族研究》1997年第3期。
④ 孙秋云:《文明传播视野下的雍乾、乾嘉苗民起义》,《中南民族大学学报》(人文社会科学版)2007年第3期。
⑤ 张应强:《木材之流动:清代清水江下游地区的市场权力与社会》,上海三联书店2006年版。
⑥ 《贵州六百年经济史》编委会:《贵州六百年经济史》,贵州人民出版社1998年版;凌永忠:《雍正年间"开辟苗疆"对商业经济的影响》,《贵州文史丛刊》2008年第3期;何伟福:《清代贵州商品经济史研究》,中国经济出版社2007年版。
⑦ 张中奎:《清帝国时期的苗疆叙事考察》,《西南民族大学学报》(人文社会科学版)2010年第3期。
⑧ [美]施坚雅主编:《中华帝国晚期的城市》,叶光庭等译,中华书局2002年版,第4页。

苗民日常生活密切相关却长期为人们所忽视的货郎担。本节研究苗疆货郎担，并不意味着研究仅仅停留在对苗疆草根社会的关注，而是从苗民的角度和立场来重新审视国家与地方的关系，审视苗疆的政治、经济和文化发展，审视苗疆重大的历史事件与现象。

二 苗疆货郎担的生存空间

"货郎担"，辞海的解释是：也指"货郎鼓"，流动的零售商业形式之一。中国旧时巡回于村、镇或街头巷尾，从事商品销售和附带收购小土产、废品等的货担。货郎担一般以摇鼓或摇铃招徕顾客。[1] 在苗疆，"货郎担"是跨文化的传播者，即所谓的"文化掮客"，据此也可以意译为"middle man"。货郎肩挑苗民必备的若干日常生活必需品，走乡串寨，上门兜售。苗民用货币或者谷物、鸡、鸭、猪仔等自产物品与之交换，也可以采取赊欠形式进行交易。[2] 货郎担不但在苗族地区，而且在其他少数民族地区同样存在，如侗族[3]、壮族[4]、彝族[5]等民族聚居地区。

（一）经济原因

柯文认为，"中国的区域性与地方性的变异幅度很大，要想对整体有一个轮廓更加分明、特点更加突出的了解——而不满足于平淡无味地反映各组成部分间的最小公分母——就必须标出这些变异的内容和程度"。[6] 那种一厢情愿地认为清王朝"开辟"苗疆以后，苗疆社会经济马上得到大发展，全体苗民均沾"皇恩"的看法是不

---

[1] 辞海编辑委员会编：《辞海》，上海辞书出版社1989年版，第1430页。
[2] 需要说明的是，货郎担不仅仅存在于苗疆，在1949年之前货郎担广泛存在于中国广大农村地区，甚至在20世纪80年代货郎担还曾经有过短暂的复苏，只不过本节的研究范围限于苗疆而已。
[3] 吴永清：《榕江县八开公社庙友生产大队侗族社会调查》，载贵州省民族研究所编《贵州民族调查（之二）》，1984年，第48页。
[4] 覃华儒：《从江壮族调查报告》，载贵州省民族研究所编《贵州民族调查（之四）》，1986年，第382页。
[5] 赵大富：《赫章县珠市民族乡彝族社会调查》，载贵州省民族研究所编《贵州民族调查（之三）》，1985年，第152页。
[6] ［美］柯文：《在中国发现历史：中国中心观在美国的兴起》，林同奇译，中华书局1989年版，第178页。

符合历史事实的。苗疆社会经济发展是不平衡的，内部情况更是千差万别，极其复杂，不可能用一个认知模式去理解、诠释复杂的苗疆经济事象。实际上，学者论述清代雍正年间"开辟"苗疆以后，当地商贸兴旺发达主要是针对水陆交通便利的苗疆城镇、驿站、码头而言，许多山高皇帝远的苗寨长期与世隔绝，处于各自独立的封闭状态。乾隆十五年（1750），乾隆取消苗民参加科举考试录取名额上的照顾，实行"愚苗"政策①，导致苗疆文化教育长期处于停滞状态。一直到咸同苗乱平息后，苗疆文化教育才重新得到官方的倡导和支持。清王朝"开辟"苗疆与镇压雍乾苗乱的军事行动中，清军没收了苗民大量的铁制兵器乃至铁制农具。② 雍乾、咸同两次较大的苗乱中，苗民被杀戮、饿毙几十万人③，苗疆大量的良田沃土被作为"叛产"没收，由肩负围困苗民的屯军长期占领耕种，部分苗疆地区的政治、经济、文化反而出现倒退。

在苗疆木材贸易中主要是"客商"（汉商）大发横财，虽然也有苗商从中发财，但大部分苗民只是充当运输木材的苦力，很难从采伐的木材资源中受惠。"珠江上下，木排蔽江，操其运送业者，纯为苗夫。"④ 苗疆"距河远者，虽富木材，亦无所用，其民交通阻阂，言语不通之故，老死山谷，不持不知何为工商"。⑤ 据20世纪五六十年代的少数民族社会历史调查资料⑥，晚至光绪年间，台江

---

① 中国科学院民族研究所贵州少数民族社会历史调查组、中国科学院贵州分院民族研究所编：《〈清实录〉贵州资料辑要》，贵州人民出版社1964年版，第1201页。
② 贵阳甲秀楼前原立有两根铁柱，分别是为了宣扬鄂尔泰"开辟"苗疆和鄂辉镇压南笼苗乱的"旷世奇功"，铁柱为清军收缴苗民兵器和铁制农具所铸造，现藏于贵州省博物馆。
③ （民国）凌惕安编：《咸同贵州军事史》，慈惠图书馆，民国二十一年（1932）。
④ 刘锡蕃：《岭表纪蛮》，商务印书馆1934年版。
⑤ 刘锡蕃：《蛮荒小纪序引》，转引自贵州省苗学研究会编《苗学研究》（一），贵州民族出版社1989年版，第97页。
⑥ 本节中大量使用20世纪五六十年代的少数民族社会历史调查资料，因为这一时期的民族学人类学调查与民国时期的民族学人类学调查相比，"经历了从民族文化元素辨析到以生产力和生产关系为核心的阶级分析的过渡"（参见彭文斌主编《人类学的西南田野与文本实践——海内外学者访谈录》，"序"，民族出版社2008年版，第3页），故调查中收集保存有大量苗疆经济史的资料。

反排的苗族唐里荣跑去榕江搬运木材，从侗族地区带回了杉树种子，当地才开始人工造林的。唐牛抱（1965年调查时53岁）的祖父曾经栽过一片杉山，以后就没有人工造林了。主要是由于台江县反排河小水浅，放运木材十分困难，木材卖不出去，因此人工造林没有得到大力发展。在过去，反排的杉木流放至巫溜，即卖给山客，然后由巫溜的人流放下去。有时候运至巫溜后，无人收购，便堆在那里，任其腐烂。① 日常生活中，大多数苗民都是自纺、自织、自染、自缝来解决穿衣问题。部分苗民备有木工器具，自家的凳子、牛栏、猪圈及一部分农具的木质部分都是自制。鸡笼、猪笼、草鞋是自编自打，酒是自酿。建造房屋也是自己动手，或者同寨的人参与帮忙。全寨购入的商品，主要是盐巴、棉花、铁质农具、铁锅、陶器和部分竹器。② 1949年以后，官方组织的少数民族社会历史调查显示，大部分苗寨的社会、文化、经济等仍旧停留在较低的水平。贵州榕江县计划寨，"改土归流"之后开始纳入清朝的版图，但摆拉、上拉力等月亮山半山腰的苗寨，长期与世隔绝，国家力量真正进入是新中国成立以后。③

苗疆的农业生产力低下，绝大多数苗民仅能维持最小限度的经济生活，温饱都成问题，也就没有充足的条件搞其他生产和交易。贵州黔东南苗疆的工商业除清水江沿岸和厅城所在地之外，其余地方长期处于停滞状态。"苗人无论男女，都是操作农事，士工商三种职业数千百中难有一个。"④"总而言之，短裙苗是完全处在村落经济的状态中。生活的必需品，除食盐必须由汉人处购买外，其余

---

① 此外，历史上剑河县久仰乡存在由于交通不便将大量杉木当柴火烧，或者砍伐后烂在山上的情况。参见中国科学院民族研究所贵州少数民族社会历史调查组等编《贵州省剑河县久仰乡必下寨苗族社会调查资料》（贵州少数民族社会历史调查资料之二十），内部资料，1964年，第1页。
② 贵州省民族研究所编：《贵州省台江县巫脚公社反排寨社会历史调查资料》（贵州少数民族社会历史调查资料之二十七），1965年，第16—17页。
③ 贵州省民族事务委员会、贵州省民族研究所编：《贵州"六山六水"民族调查资料选编》苗族卷，贵州民族出版社2008年版，第499页。
④ 《东方杂谭》第二十卷第十四号。

的一切在他们自己的村寨中，都能供给。"①

苗疆集市分布不均匀，"各以府厅州县城为中心，结合境内各乡村居民、物产、交通条件及邻村经济交往状况而定"②，而货郎担可以填补其他偏僻苗寨的空隙市场。新中国成立前夕，黔东南各县共有农村集市167个。这些集市的规模，交易量悬殊较大。大的集市逢场天赶集人数超过万人，市场贸易额也达数万元，如镇远青溪、黄平重安江、麻江下司等。小的仅百十人，如黄平加巴、施秉牛大场、三穗台烈、台江台盘、天柱坌处等。③

苗疆集市很少，也是货郎担得以存在的经济原因之一。"新疆六厅因系新建，社会生产单一，广大苗族、侗族长期生活在自然经济环境里，缺乏商品意识，故总体来说是全省集场最为稀少之区"④，如贵州剑河县久仰乡是苗族聚居区，住户比较集中，人烟稠密，但是新中国成立前连一个小乡场也没有，苗民要到几十里外的地方去赶场。⑤那时候从榕江县的加宜到榕江县城赶场来回要四天，加之社会秩序混乱，青壮劳力不敢轻易进城，年轻妇女怕遭受欺辱，也很少出远门赶场，老年人又走不动。因此，有不少人终其一生没有到过厅城，主要在家门口购买货郎担的商品。⑥据《黔南识略》记载，苗疆各厅县大体如下：八寨厅（今丹寨县）3个，都江厅（今三都县）2个，丹江厅（今雷山县）1个，麻哈州（今麻江县）4个，清平县（今凯里市）5个，清江厅（今剑河县）4个，台拱厅（今台江县）3个，天柱县11个，古州厅（今榕江县）3个，其余不详。苗疆集市的稀少是两方面的原因：一是偏僻苗寨长

---

① 吴泽霖：《贵州短裙苗的概况》，转引自贵州省民族研究所编《民国年间苗族论文集》（《民族研究参考资料》第二十集），内部资料，1983年。
② 《贵州通史》编委会：《贵州通史》第三册，当代中国出版社2002年版，第227页。
③ 黔东南苗族侗族自治州志地方志编撰委员会编：《黔东南苗族侗族自治州志·供销合作志》，贵州人民出版社1991年版，第199页。
④ 《贵州通史》第三册，前引书，第226—227页。
⑤ 《贵州省剑河县久仰乡必下寨苗族社会调查资料》（贵州少数民族社会历史调查资料之二十），前引书，第39页。
⑥ 《贵州"六山六水"民族调查资料选编》苗族卷，前引书，第16页。

期购买力很低，地方流官认为没有设置集市的必要；二是这些偏僻苗寨的苗民害怕接触外面的世界，不愿意去赶场。

（二）政治原因

最初，清王朝为了苗疆的稳定，担心客民（汉民）把苗民教唆坏了，基本上是实行汉苗隔离的政策。清廷颁布种种禁令，"蛮不出境，汉不入峒"，把苗民封锁在苗疆，防止其危害周边"民村"。仅仅是把苗民关在苗疆还不够，清廷还担心苗民勾结外援，发展势力，因此又颁布诸多限制性的命令，约束苗民的种种行为。雍正六年（1728），岳钟琪奏请不准苗民带刀出入。乾隆十五年（1750），张允随奏："贵州苗寨应严禁'汉奸'出入煽诱……"乾隆批准这一奏议。① 禁令中以隔离民苗，防止"汉奸"勾引苗民为本，户部则例中"苗疆禁例"十五条大都属于此类。

鉴于历次"苗乱"中"汉奸"蛊惑苗民起来叛乱的历史教训，《钦定户部则例》规定："'民人'无故擅入苗地及苗人无故擅入民地，均照越渡沿关边寨律治罪，失察各官议处。'民人'有往苗地贸易者，令开明所置货物，并运往某司某寨贸易，行户姓名，自限何日回籍，取具行户邻右保结报官，给照令塘汛验放。逾期不出，报文武官弁，征查究拟。"② 这一管制货郎担的措施目的在于防止"游手无业之徒，潜居夷地，为之谋主"，避免土司"如虎傅（添）翼"，故"必应名捕，尽法惩治"。③ 这些政策导致许多苗寨长期与世隔绝，苗民不敢外出，依靠货郎担送货上门，货郎担一度成为苗民与外界沟通的主要媒介。

苗民在自己的家门口与货郎担交易，可以与货郎担讲定价钱，然后再进行实物交易，不会受到商人压价套购或暴力销售。苗民的顾虑是有历史依据的，史料记载："（苗疆）城市居民、屯堡居民于贸易之间，苛刻刁蹬，凡粮草牲畜之类，苗民有出而鬻卖者，值价

---

① 《〈清实录〉贵州资料辑要》，前引书，第223页。
② （清）倭仁等修：《钦定户部则例》卷四"户口"，同治四年（1865）刻本。
③ （民国）赵尔巽等修：《清史稿》，"何国宗传"，中华书局1977年版。

银一钱只还银四五分，有愿多出者，同类从而攻之，以故不约而同，以苗物为应贱……至苗民有所欲买者，铺户人等又高抬价值，勒揞刁难。"①"生苗"到市场上交易，被奸商经常性地缺斤短两，强买强卖，或者被土弁、屯军低价强买。因此，他们宁可在家门口与货郎高价交易，起码心理较为踏实。据民国时期的凯里炉山苗籍官员高国璋回忆：有一次，一位苗族人挑柴进城来卖，即被城里人欺负，估买估卖，并辱骂"死苗子，不讲理"，引起争吵甚至要打起来。最后在高国璋的干预下才得以解决。②

抗战后期，蒋介石提出的"一个国家、一个政党、一个领袖、一个民族"，不承认少数民族的存在，实行民族同化政策。③杨森主政贵州期间（1944年12月至1948年5月），积极响应蒋的政策，在贵州少数民族地区大力推行边胞改造运动，对少数民族妇女实行剪发改装，组织政府人员"凡遇赶场之日期，分别派遣熟悉边胞语职员前往场口普为向导，逐渐强制执行"，"不改装者，不准参加赶场……"④许多苗族妇女害怕被剪发改装，长期不敢出门赶场，只能在家门口购买货郎担送上门的商品。

此外，雍正年间"开辟"苗疆到1949年之间，黔东南地区经历了雍乾苗乱、咸同苗乱、黔东事变等大规模的军事冲突，中央政府对基层政权的控制形同虚设，土匪横行，社会长期动荡不安，也是许多苗民不敢外出赶场的原因。

（三）文化原因

梁聚五认为，苗族是由赠品的往来，发展到物物交换的。最初他们对于交换的东西，还没有"价值"，只是"投桃报李"，礼尚往来的意思。（贵州黔东南）苗语中没有"买"和"卖"的词别，通

---

① 《清代前期苗民起义档案史料汇编》上册，前引书，第229页。
② 高国璋：《回忆我在炉山时的几件事》，载中国人民政治协商会议贵州省委员会文史资料研究委员会编《贵州文史资料选辑》（民族史料专辑）第二十二辑，贵州工学院印刷厂，1986年，第193页。
③ 蒋中正：《中国之命运》，正中书局1943年版。
④ 凯里市档案馆编：《炉山县湾水乡强迫苗族妇女改装档案史料一组》，《贵州档案史料》1989年第1期。

常叫"蛮",即交换的意思。"蛮罗"是交换进来,即是"买";"蛮孟"是交换出去,即是"卖"。"商人"还没有形成,一般都叫"卡"(客人),或叫"乃挨丈"(做生意的人)。拿什么东西去交换,就叫什么"卡"。如清江、台拱苗族由清江河运木材到三江五寨(属锦屏县)换取铁器、布匹、杂货等,他们就叫"木客""上河客"……①在人类学家的视野中,这种交换——礼物的经济根本不能纳入所谓的自然经济或功利主义经济的框架。②梁聚五的论述佐证了苗疆大部分地区长期处于自给自足的自然经济社会,苗民文化观念中长期轻商的社会风气。③当然,苗族轻商观念也是一般意义上的总结,下文论述货郎担的参与者中即有苗族,由此也可见历史的复杂性。

"有酒大家喝,有肉大家吃"是不少苗族人长期奉行的道德准则。此外,苗族具有很重的轻商观念,看不起经商的,认为经商赚钱是不道德的。偶有交换,也多是以物易物,且不计较得失。即使是现在,苗疆仍旧残留有毫无商品观念的地方。④20世纪90年代的少数民族地区社会经济调查显示,贵州省惠水县摆金区摆榜的苗族长期轻工贱商,铁匠、石匠寥寥无几,全乡找不到一个经商的苗族人。⑤贵州省贵定县定东乡的苗族,把米视为"金",钱看成是"银"。他们认为粮食像金子那样贵重,钱财是次要的,要以农为本。做生意的人是游手好闲,生活浪荡,不务正业。因此,除了以自产的农副产品出售换取生产生活必需品外,当地苗族没有经商

---

① 梁聚五:《贵州苗族人民在反清斗争中跃进》,贵州省民族研究所编《民族研究参考资料》第一集,内部资料,1980年,第40页。
② [法]马赛尔·莫斯:《礼物:古式社会中交换的形式与理由》,汲喆译,陈瑞桦校,"导论",上海世纪出版集团2005年版,第165页。
③ 苗族轻商观念也是一般意义上的总结,下文论述货郎担的参与者中即有苗族,由此也可见历史的复杂性。
④ 即使是现在,苗疆仍旧残留有毫无商品观念的地方。参见杨经华《零交易费用是否可能?——以贵州方召"无人菜摊"为例》,《贵州民族研究》2009年第6期。
⑤ 袁定基、刘德昌:《试论苗族的生存空间》,载李锦平主编《苗学研究》(三),贵州人民出版社1994年版,第102页。

的，长期过着男耕女织、自给自足的自然经济。① 笔者曾经在雷山县西江镇控拜苗寨做田野调查，向导告诉我："住宿就不必给钱了，当地人还没有收钱的意识……"

"苗瑶自耕而食，自织而衣。生活简单，交通隔绝。故其工商事业，绝无发展，往往百数里之远，无一市集。"② 1949年以前，贵州黔东南地区的"生苗"很少到距离居住地几十里的县城和乡场去"赶场"购物，全靠货郎担上门提供商品给他们。货郎担在苗疆日常社会经济生活中占有很大的比重，扮演着极其重要的角色。

湘西苗疆大致如此。据民国时期的《湘西苗族调查报告》记载：苗人不知经商，从前汉人携盐、布进入苗寨易其土货，常有奸商，欺骗苗人，时起纠纷。③ 同时期石启贵的调查也表明，在苗疆经营工商各业者，多系汉人，苗人只能是个购买者，主要原因是"苗人以农为本，常年耕作，不通书文，少与汉人接近，不识商情。加之语言不通，更缺资金周转。所以，输入输出之各项货品，全为汉商垄断操持"。④

新中国成立以后，官方先后在许多苗疆地区设立供销合作社和民族贸易分销店，"对于农村私营商业的改造，起初是采取'挤'的办法，在农村市场增建合作社的零售网点，并采取严格控制货源的措施，把私商挤掉，促使他们走合作集体的道路"。⑤ 随着新政权不断发动的一系列政治运动，地方政府对"资本主义经济"的管制愈加严厉，加上社会治安得到了改善，货郎担就退出了历史的舞台。

三 苗疆货郎担的功能和影响

（一）偏僻苗寨日常经济生活中的货郎担

据调查，新中国成立前贵州从江县加勉乡加勉寨除赶场外，也

---

① 《贵州"六山六水"民族调查资料选编》苗族卷，前引书，第103页。
② 《蛮荒小纪序引》，前引书，第97页。
③ 凌纯声、芮逸夫：《湘西苗族调查报告》，民族出版社2003年版，第45页。
④ 石启贵：《湘西苗族实地调查报告》，湖南人民出版社1986年版，第113页。
⑤ 黔东南苗族侗族自治州地方志编撰委员会：《黔东南苗族侗族自治州志·供销合作志》，贵州人民出版社1991年版，第193—194页。

有不少小商贩，挑东西来此兜售。据说每年来5—10人不等。苗族人民购进的物品有盐巴、钢、铁、石灰等日用必需品；卖出的物品有鸡、鸭、猪崽、狗崽、羊等物，历年出卖的数量不多。交换时多半是先折价然后再换，只是不通过货币这一道手续而已。[1] 近30多年以来（大约在1920年以后。——笔者注），交换时的媒介物是银毫，再往前都是使用"制钱"。从民族成分上来看，从事串寨商业活动的货郎多数是水族，也有汉族和壮族。汉族、壮族的货郎贩卖的主要是日用品，而水族小商贩主要贩卖的是鸦片烟。他们都会说这里的苗话，商品价格也不比（加勉乡）宰便街上的高。因为货郎担是在广西环江县九区进货，那里物价较低。[2]

苗民与货郎担交换的商品，主要是食盐、棉花、破旧衣服和针、木梳等日用品。货郎担走乡串寨，与苗民交换是不等价的，苗民换进来的商品，比贵州台江县城的价格高，换出的商品，比台江县城的价格低。一般情况下，粮食与各种日用商品交换的比价是这样的："一两盐巴交换三斤谷；一条破裤交换二十四斤谷；一件破棉衣交换六十斤谷；一床烂棉絮交换一百斤谷；一只鸭子交换二十四斤谷（货郎担从三穗县用十斤谷的价钱买来）；一两鸦片交换一百斤谷；四根针交换一碗米（一碗米重八两四钱，十两制市秤）；二个泥烟斗交换一碗米；十支香、一小扎冥纸交换一碗米；一个大土碗或两个小土碗交换一碗米；一把木梳交换一碗米。"[3] 货郎担与这里苗民就地交易，大部分是用以粮易物方式进行的，即约70%的是用粮食直接换取各种商品，30%是通过货币买卖。粮食在一定程度上起着等价物的作用。以粮易物说明了边远苗寨苗民经济的窘迫，但是这种以粮易物与苗民之间单纯的物物交换是有根本区别的。

台江县巫脚交寨，没有"坐商"和专业商贩，也没有集市交

---

　　[1] 《贵州省剑河县久仰乡必下寨苗族社会调查资料》（贵州少数民族社会历史调查资料之二十），前引书，第34页。
　　[2] 同上书，第35页。
　　[3] 贵州省民族研究所编：《贵州省台江县巫脚公社反排寨社会历史调查资料》（贵州少数民族社会历史调查资料之二十七），1965年，第34—35页。

易。商品的交换完全依靠串寨的货郎担和本寨农闲时兼做小贩的苗民，同时每逢集日到附近集市去"赶场"。巫脚交寨也有一部分人利用农闲兼做小贩。他们筹集50—100斤的大米作为本钱，在本寨或巫梭、反排、交毗等邻近苗寨收买猪崽、糯谷、芯草等土特产到附近市场去兜售。或者从甲地买入，挑到乙地去卖，获取差价。1949年以前的交换，主要是以物易物的交换。以油盐、针线、农具等换取大米、稻谷、猪等，不论是来此的货郎或本寨苗民都是如此。也有少数是通过货币（银元、银两、铜钱）进行交易的。个别妇女也做货郎担，如张正刚的妈曾经到剑河的一些乡村去买过糯谷草来卖。有的人也赚钱了买田买地的，如万老年从前有20多挑田被水冲坏了，就做了一段时间小贩，主要是收买猪崽去卖，结果赚钱买了三四十挑田。①

　　1949年以前，榕江县加宜乡地处偏远山区，同外界几近于隔绝状态。苗族人民既拿不出多少农副产品外出交换，也无钱购买所需的商品，迄今没有产生一个小商人。② 此外，加宜乡有从江、榕江县来的货郎担，提供的商品有盐巴、糖果、针线、布、银首饰、镰刀、菜刀、烟斗、纸钱、香、织布工具等，换取鸡、鸭、蛋、药材、糯米等。有的货郎担不要实物，须用银号或制钱（即小铜钱）购买。小商贩主要是汉族、侗族、壮族等，他们与苗族之间的交换，多半是不等价的。交换比价大致如下："五十斤谷子换一斤盐；一斤鸡换一斤盐；一碗米换一根针；一个蛋换一根针；一个蛋换一盒火柴；一个蛋换一个石烟斗；三十个银毫买一斤盐；五十个制钱买一个土碗；一百个制钱买一个瓷碗；八个银毫买一个顶（鼎）锅；六个银毫买一个小顶（鼎）锅；五个银毫买一个犁铧"。③

　　某些苗寨的苗民则是既赶场购物，又在家门口与货郎担交易。例如榕江县两汪乡的苗族除了赶场以外，榕江县和邻县的商贩（据

---

　　① 全国人民代表大会民族事务委员会办公室编：《贵州省台江县巫脚交经济发展状况（贵州、湖南少数民族社会历史调查资料之一）》，1958年，第47页。
　　② 《贵州"六山六水"民族调查资料选编》苗族卷，前引书，第16页。
　　③ 同上书，第59页。

说有的还来自湖南），有时也运来菜刀、剪刀、锉子、糖果、花丝线、花边、首饰等物销售。苗族人民用鸡、鸭或蛋与之交换，有时候也用银毫、铜钱等购买。据调查，一些常用的商品1949年的价格如下：1架铁犁，5—6个银毫；1架铁耙，1元大洋；1把钉耙，4个银毫；1把薅锄，2个银毫；1把挖锄，4—5个银毫；1把砍柴刀，4个银毫；1把斧头，1元大洋；1把锉子，2个银毫；1把镰刀，2个银毫；1把菜刀，3个银毫；1把拉锯，1元大洋；1对箩筐（装50—100斤稻谷），2—4个银毫；1两花丝线，1元大洋；1根针，1个铜钱；1斤盐，2个银毫；1斗米（25斤），8个银毫；6—10斤猪肉，1元大洋；1个铁鼎锅（煮8斤米），1元大洋；1个小鼎锅（煮3斤米），4—5个银毫；1个土饭碗，0.2个银毫；1个白碗，0.5个银毫；1只银手圈，2—5元大洋；1支银项圈，5—7个大洋。[①] 两汪乡以物易物的大致比价是："一斤鸡折两个银毫，换一把镰刀；两斤鸡换一把柴刀；五十斤糯米换一斤盐；一个蛋换二三根针；二十斤糯米换一丈白布；四十斤糯米换一丈青布。"[②] 从交换的商品种类上，反映出广大苗民仍然停留在自给但不完全自足的自然经济状态下。他们购买的商品主要是盐巴、铁制农具、铁制炊具、旧衣服、旧棉絮、针、土碗、木梳等。新中国成立以前，食盐是贵州各族人民的奢侈品，苗民用粮食换取食盐比价是相当高的。从以粮易物的交易方式也可以看出苗民生计的艰难，除了粮食，没有更加值钱的东西。货郎担销售的商品种类较为单调，而且许多商品是耐用品，几年才需要买一次，反映出苗民的消费力极其低下，苗民也不愿意为了几件物品跑到遥远的集市购买。

（二）先进生产工具、农耕技术、新农作物品种的传入

通过市场交易和货郎担交易，许多先进的生产工具传入苗疆，如20世纪五六十年代的调查显示，苗疆地区使用铁质农具的种类很多，有水犁、旱犁、水耙、踩耙、薅锄、钉耙、挖锄等。当然，也

[①] 《贵州"六山六水"民族调查资料选编》苗族卷，前引书，第59页。
[②] 同上。

有少部分地区连铁质农具都没有制备。如从江县加勉乡，铁嘴木锄、木耙、石耙、木翻撬、竹刀仍旧是农业生产的主要工具。① 从江县孔明山地区，铁质农具只有富裕人家才有，贫苦苗民除了柴刀、斧头、铁锄外，普遍使用石耙、木耙、竹刀。榕江县空烈寨的苗族，有一半人使用木犁、木耙，另一半人连木犁、木耙都没有，主要靠借用。这些材料也提醒我们要多层次、多维度观察苗疆复杂的历史，才能得到较为全面的看法，那种大而化之地总结苗疆情况的"宏观"视野，是经不起检验的。

(三) 汉苗文化观念的互相传播与交流

据调查资料，苗民与走乡串寨货郎担的交易额比赶场大得多。货郎担多是由距贵州台江县反排五十余里的经济较发达的革东来。据说革东方家寨的苗族，做货郎担的最多，历史最悠久。他们应该属于"熟苗"，起着沟通汉民与"生苗"的中介作用。② "开辟"苗疆之后百余年，社会风气发生很大的变化，改变了某些苗民的经济观念，激发了他们商品经济的意识。他们成为专业货郎担，以走乡串寨收售商品为副业。苗族作为货郎担具有族别上的天然优势，从语言文化等方面来说，当地苗族都会更加信任他们，乐于与他们交易。方家寨有90户，其中就有52户曾经来台江反排做过货郎担生意。此外，番召、李子等地的货郎担也常来此。③ 货郎担出于人身安全和降低运输货物成本的考虑，会通过与当地有一定"面子"的苗族人"打伙儿"、"认干亲家"等方式，联络当地人，将货物就地存放。如万丁保修，把交换来的稻谷存放在富户张耶计家；方金九的货存在富户张岁波由家；方姥姥的货存在富户唐翁栳家。④ 新中国成立以前，货郎担在雷公山地区活动，台江的反排是他们必经的

---

① 《贵州省剑河县久仰乡必下寨苗族社会调查资料》（贵州少数民族社会历史调查资料之二十），前引书，第1—5页。

② 吴荣臻：《熟苗论》，载李锦平编《苗学研究》（三），贵州人民出版社1994年版，第26页。

③ 《贵州省台江县巫脚公社反排寨社会历史调查资料》，前引书，第34—35页。

④ 同上。

落脚点之一，所以每隔数天就有一二个或三四个货郎担来到或经过这里。当时，货郎担控制了台江县反排十分之七的商品粮食和四分之三的食盐交易。① 通过学习、模仿其他民族的货郎担做生意，一贯轻商的苗族也有一部分人做起了货郎担。

（四）消极影响

贵州剑河县久仰乡离县城仅三十六里，除了赶场之外，苗民也经常向货郎担购买或交换商品。这些货郎担来自两个地区：一是台江县的苗族小商贩，他们带些食盐来串寨换取稻谷和大米。一般的年景，约需一百斤稻谷才能换取一斤食盐。苗民由于没有钱去市场上购买，只好忍受高价；二是来自剑河卖杂货的小商贩（主要是汉族），他们带些剪刀、针线、红布（缝小孩帽用），有时还带有洋纱等来串寨。用钱买，或以米、鸡蛋换都可以，但往往货劣价高，如一碗米（重约0.8斤）只换二三根针，两个鸡蛋才能换一根针。② 交易数量一般很少，交易种类也不多，但商业利润很高。货郎担还允许赊欠交易，但是利息高得惊人，苗民无力偿还即用土地抵押，往往导致汉苗之间的冲突。《苗疆闻见录》载："苗疆向有'汉奸'，往往乘机盘剥。凡遇青黄不接之时，则以己所有者贷之，如借谷一石，议限秋收归还则二石、三石不等，名曰'断头谷'。借钱、借米亦皆准此折算。甚有一酒一肉积至多时，变抵田产数十百金者。日久恨深，则引群盗仇杀之，而乱机遂因之而起。"③

调查资料显示，贵州台江县巫脚交苗民吸食鸦片，在清末主要就是由台江或革东的商人运来，以鸦片换取本村的稻谷。也有苗民用鸡、鸭、杉木皮甚至田地来换取鸦片的。④ 本寨还有两个苗民以贩养吸，到台江或革东去买鸦片烟来换取稻谷，资金约有银币十多

---

① 《贵州省台江县巫脚公社反排寨社会历史调查资料》，前引书，第34—35页。
② 《贵州省剑河县久仰乡必下寨苗族社会调查资料》（贵州少数民族社会历史调查资料之二十），前引书，第40页。
③ （清）徐家干：《苗疆闻见录》，吴一文校注，贵州人民出版社1997年版。
④ 《贵州省台江县巫脚交经济发展状况》（贵州、湖南少数民族社会历史调查资料之一），前引书，第111页。

元，每次可买烟片一大碗（30两左右）。台江城外巫孟沟、革东以及炉山县的凯棠乡苗族，也经常拿鸦片来此地换取稻谷，获取暴利。① 由于晚清以后鸦片在贵州的广泛种植，所以苗疆出现了鸦片这种特有的"洋货"。

笔者出生于20世纪70年代末期，据自己所闻，货郎担属于外边世界的人，走乡串寨见多识广，能挣钱，职业造就的能说会道……所有的这些优点，对于日出而作、日落而息的苗疆家庭妇女有很大的诱惑力，常常有已婚妇女跟着货郎担跑了②。此外，还有的货郎担半商半匪，偷偷干着拐卖妇女儿童的勾当。

结　语

清代雍正年间"开辟"苗疆以后，所谓苗疆商贸兴旺发达主要是针对水陆交通便利的城镇、驿站、码头而言。许多山高皇帝远的苗寨长期与世隔绝，处于封闭状态，仅靠货郎担与外界沟通。研究中国历史中"小历史"——苗疆经济史，仅仅局限于中原冲击——边疆/苗疆回应的模式去研究"小历史"中的"大历史"——清水江、都柳江的开通，外地汉人的涌入对苗民的文化冲击，苗疆城市商品经济发展，木材输出与买卖……缺乏对货郎担的关照是不完整，脱离了对"小历史"中的"小历史"——货郎担的研究就不能完整地理解复杂多样、生动鲜活的苗疆经济史。

货郎担长期存在于苗疆并且成为主要贸易形式，主要原因有：

第一，经济上，苗疆经济发展不平衡，集市少且分布不均匀，偏僻苗寨需要货郎担的商品；

第二，政治上，清王朝长期实施的汉苗隔离政策和多次的"苗乱"使苗民不能也不敢出门。此外，纯朴的苗民被奸商经常性地缺斤短两，强买强卖，或者被土弁、屯军低价强买，只好在家门口与

---

① 《贵州省台江县巫脚交经济发展状况》（贵州、湖南少数民族社会历史调查资料之一），前引书，第112页。

② 关于货郎担拐跑已婚妇女的描述，文学作品中屡见不鲜。如张兆和《费家的二小》，载孙晶选编《张兆和小说·湖畔》，上海古籍出版社1999年版；蔡成：《远远的货郎担》，《西部人》2003年第12期。

货郎高价交易。

  第三，文化上，苗民重农轻商的观念更甚于汉族，广大苗疆社会长期停留在自给自足的自然经济状态。货郎担在许多偏僻苗寨起着极其重要的作用，他们在输入先进生产工具、先进农业技术、新农作物品种的同时，也输入了汉文化的观念。当然，货郎担也带来了消极的影响，如盘剥苗人土地引起苗乱、输入鸦片毒害苗人、拐卖妇女儿童等。

（原载《贵州民族研究》2010 年第 5 期）

第四章 文化教育研究

第一节 贵州古代地名蕴含的儒家教化理念研究

一 问题的由来

教化是儒家所提倡的理念，它把政教风化、教育感化、环境影响等有形和无形的手段综合起来运用，既有皇帝的宣谕，又有各级官员耳提面命的教诲和身体力行的示范，还有立功德碑、树牌坊、传播通俗读物《百家姓》、《三字经》、《千字文》、《弟子规》等形式和手段。教化既注重向人们正面灌输忠孝仁义礼智信廉耻勇的大道理，又注意结合日常活动使人们在不知不觉中明事达理，潜移默化，其效果要比单纯的学校教育更深刻、更牢固。

中国历朝历代具有远见卓识的政治家都十分重视教化的作用，把教化当作移风易俗、治理国家的重要手段。《礼记·经解》中说："故礼之教化也微，其止邪也于未形。"[1] 西汉的董仲舒把教化形象地比喻为阻止洪水的堤防，"夫万民之从利也，如水之走下，不以教化堤防之，不能止也。是故教化立而奸邪皆止者，其堤防完也；教化废而奸邪并出，刑罚不能胜者，其堤防坏也。古之王者明于此，是故南面而治天下，莫不以教化为大务。立太学以教于国，设庠序以化于邑，渐民以仁，摩民以谊，节民以礼，故其刑罚甚轻而

---

[1] 陈成国：《礼记校注》，岳麓书社2004年版，第387页。

禁不犯者，教化行而习俗美也"。①

因此，人们对历代中央王朝在边疆教化的手段通常聚焦在推行儒学教育，建立书院、义学、学宫等，但很少有学者专门注意到地名的命名也包括历代中央王朝推行儒家教化理念的殷殷之意。目前关注这一论题的仅有蓝勇《西南边疆政区名称教化功能演变研究》②一文，然蓝文所涉及贵州地名的讨论，仅限于府厅州县级地名，于里、堡等更为接近百姓日常生活的地名则鲜有涉及，且于贵州各层次的地名论述不够透彻，尚存在从教化理念层面来专题讨论贵州古代地名的学术空间。此外，蓝勇认为县级以下乡镇地名较为复杂，教化色彩的地名在其中的比例十分小。然而，清代贵州新设的许多里堡地名恰恰与这一判断相反，教化色彩极其浓厚。

贵州晚至明代永乐十一年（1413）建省，明清时期正是中央王朝日益强化专制制度的时期。蓝勇的研究认为，元明清时期政区教化色彩名称比例的大增，显示了元明清时期中原对西南边疆控制最深入的时代特征。③ 以贵州为例，考察地名中蕴含的儒家教化理念，在传统中国边疆省份中较具典型性。

二 贵州古代地名与教化理念的贯彻

统治者认识到地名是维护其统治的一种工具，所以举凡地名的更名、命名都是围绕着维护其统治的目的进行的。以古代贵州各府、厅、州、县、里、堡等为例，可以看出王朝教化的意图何以贯彻在古代贵州大大小小各种层次的地名之中。从贵州的例子可以看出，命名是王朝边疆统治策略的一部分，同时寄托着中央王朝对边疆地区的厚望，由地名的命名似乎也可以推测华夏民族何以在秦统一中国后的两千多年时间内，以滚雪球④的方式逐渐扩大、延伸其

---

① （东汉）班固：《汉书》卷五十六《董仲舒传》第二十六；浙江古籍出版社2000年版。

② 蓝勇：《西南边疆政区名称教化功能演变研究》，《中国边疆史地研究》2004年第4期。

③ 蓝勇：《西南边疆政区名称教化功能演变研究》，前引文。

④ 徐杰舜：《雪球——汉民族的人类学分析研究》，上海人民出版社1999年版，第7页。

疆域，变"新疆"为"旧疆"，变"旧疆"为"腹地"。① 清代贵州省14个州厅府中，安顺府、兴义府、大定府、遵义府、平越厅、镇远府有教化色彩，占40%以上。② 晚至民国年间，贵州有贵定、修文、清镇、安顺、长顺、镇远、黄平、都匀、平越、兴仁、兴义、安龙、镇宁、普定、威宁、大定、遵义、正安、绥阳、瓮安、仁怀等县名有教化色彩，占79个县的27%左右。③ 贵州的许多府、厅、州、县、里、堡的名称都蕴含着深刻的意义，肩负着历代中央王朝对苗疆教化的殷切期望。

（一）"府"的命名

（1）镇远府：取"镇服边远地区蛮夷"之意。

（2）新化府：取"新入王化"之意。明永乐十一年（1413）在思州宣慰司地置新化府，宣德九年（1434）废入黎平府。④ 今湖南娄底市仍有新化县。

（3）平远府：康熙三年（1664），设平远府，后改为州，民国初年改称织金县。今广东省梅州市仍有平远县。

（4）兴义府：原名南笼府，嘉庆二年（1797）闰六月初十日，谕内阁："贵州南笼系由厅改郡，本年仲苗滋事以来，该郡绅士民人等深明大义，众志成城，被困日久，固守无虞，允宜特赐嘉名，用昭劝励，南笼府着改为兴义府……俾其顾名思义，共勉敦庞，以副朕褒奖善良至意。"⑤ 可见这些地名，无不蕴含着中央王朝教化苗民的良苦用心。

（二）"厅"的命名

归化厅：清雍正八年置归化厅，取"归服而受其教化"之意，

---

① 张中奎：《改土归流与苗疆再造：清代新疆六厅的王化进程及其社会文化变迁》，中国社会科学出版社2012年版，第170页。

② 蓝勇：《西南边疆政区名称教化功能演变研究》，前引文。

③ 贵州省地方志编纂委员会编：《贵州省志·地理志》上册，贵州人民出版社1985年版，第83—105页。

④ 同上书，第43页。

⑤ 中国科学院民族研究所贵州少数民族社会历史调查组编：《〈清实录〉贵州资料辑要》，贵州人民出版社1964年版，第274页。

民国二年（1913）改为紫云县。据考证，"归化"一词最早出现在《汉书·匈奴传下》，文曰："匈奴内乱，五单于争立，日逐呼韩邪携国归化，扶伏称臣。"① 类似的地名全国各地亦有，如内蒙古呼和浩特旧称归化城，福建明溪县的旧县名为归化县。

（三）"州"的命名

（1）威宁州：取"威镇安宁"之意，即今威宁县。

（2）贞丰州：原名永丰州，嘉庆二年（1797）九月十五日，改贵州永丰州为贞丰州，"嘉其前被苗匪围攻、官民固守功也"。②

（3）永宁州：取"永远安宁"之意，今关岭县。河南省也有永宁县。类似的地名还有广顺州（今长顺县）、正安州（今正安县）、平越州（今福泉市）等。

（四）"县"的命名

（1）余庆县：县名来源于《周易》，《坤·文言》有云："积善之家，必有余庆；积不善之家，必有余殃。"

（2）永从县：明正统六年（1441），改福禄永从长官司为永从县。③ 今属贵州省黎平县永从乡。

（3）普安县：取"普天之下，芸芸众生，平安生息"之意。

（4）安南县：今晴隆县。此外，古代中国的属国也有叫安南的，即现在的越南。

（5）南笼县：民国三年（1914）二月二十日，南笼县官署呈请更名，申称："惟查兴郡原称安隆，自永明王驻驿郡城，始改'隆'为'龙'，及清兵据郡，以地属苗疆，素称难治，故以'龙'为'笼'，以示羁縻之意。现民国肇造，五族一家，既无种族之分，宜昭同等之义"，请改为安隆县。……民国二十年（1931）八月二十八日，贵州省政府以南笼之名欠雅，呈请将南笼县改为安龙县。十月二十八日，行政院5484号训令批准，改南笼县为安龙县。④

---

① 《汉书》卷九十四下"匈奴列传下"，前引书。
② 《〈清实录〉贵州资料辑要》，前引书，第274页。
③ 《贵州省志·地理志》上册，前引书，第43页。
④ 同上书，第98页。

（6）其他类似的地名还有安化县（今德江县）、定番州（今惠水县）、安平县（今平坝县）、开州（开阳县）、镇宁县、遵义县（"遵循礼仪"之意）、仁怀县、新贵（今贵阳）、修文、绥阳、清平（今凯里）、瓮安、开泰（今黎平）等。这些贵州的州县名，据蓝勇统计，含有教化色彩的明代占全部的54%，清代占全部的47%。① 秦樱认为，在明代中后期，随着政治上加强控制的需要，较多用宣传国威一类的化、平、定、隆等字来命名地名。② 这一定程度上体现了在一个朝代内政区教化色彩地名演变的一般规律。

（五）"里""堡"的命名

"里""堡"属于中国古代乡村社会基层行政单位。贵州含有教化意义的"里""堡"地名，绝大多数是属于汉民聚居区，少量是汉民当中夹杂有"熟苗""熟侗""熟夷"的村寨。这些教化地名的设置，一方面是给周边的苗民较为正面的文化示范，另一方面也警示居住其中的汉民，敦促其保持儒家文化的传统，勿被"苗化"。例如"里"设置有如下一些：

（1）广顺州将汉庄编为十里：忠顺里、太平里、维新里、来远里、从仁里、久安里、来格里、长治里、归德里、首善里。③

（2）平远州州辖向化、慕恩、怀忠、兴文、敦仁、太平六里，旧有崇信、时丰、岁稔三里。④

（3）黔西州：州辖黔兴、西城、安德、崇善、敦义、永丰、新化、新民、平定九里。⑤

（4）开州州辖十里：曰孝里、弟里、忠里、信里、礼里、义里、廉里、耻里、思里、清里。⑥

---

① 蓝勇：《西南边疆政区名称教化功能演变研究》，前引文。
② 秦樱：《略论明代地名的更命名》，《地名知识》1980年第1期。
③ 杜文铎等点校：《黔南识略·黔南职方纪略》卷三"广顺州"，贵州人民出版社1992年版。
④ 《黔南识略·黔南职方纪略》卷二十五"平远州"，前引书。
⑤ 《黔南识略·黔南职方纪略》卷二十五"黔西州"，前引书。
⑥ 《黔南识略·黔南职方纪略》卷三"开州"，前引书。

(5) 修文县境内四里：至孝里、崇义里、信顺里、仁和里。①

"堡"的设置有：

(1) 清江厅（今剑河县）：左卫有：章圣堡、上德堡、下德堡、九仪堡、柳金堡、宣号堡、绕庆堡、新柳堡、汪泽堡、天培堡、南嘉堡；右卫有：嘉年堡、万安堡、镇门堡、松乔堡、南金堡、台列堡、柳荫堡、顺安堡、王梁堡、培养堡、观摩堡。②

(2) 台拱厅（今台江县）的台拱卫有：德丰、永安、覃膏、宣教、庆溥、宝贡、来同大堡、来同小堡、怀化大堡、怀化小堡、大德大堡、大德小堡。③

(3) 丹江厅（今雷山县）：连城、震威、南屏、治安、肇泰、长丰、永定、望抚、抚远、绥宁、北键、培墉。④

(4) 凯里卫：怀恩、乐土、悦来、乐郊、惠泽、怀远、济川、永宁、威远、临江、乐登、千箱堡。⑤

(5) 古州厅（今榕江县）：左卫有：恩荣、仁育、义正、德化、兴隆、升平、增盛、安乐、忠诚、和顺、永清、锡庆、长治、修文、太平、鸣凤、怀来、玉麟、嘉会、清宁、靖远、镇安；右卫有：寿昌、太元、咸亨、富有、普安上、普安下、平定、敦仁、崇义、维新、福善上、福善下、顺宁上、顺宁下、建威、信诚上、信诚下、宣化。⑥

(6) 八寨厅（今丹寨县）：平夷堡、丰乐堡、长青堡、柔远堡、望城堡、兴仁堡、中孚堡、石桥堡、双峰堡、守望堡、咸宁堡。⑦

(7) 都江厅（今三都县）：德字13堡：福德、全德、尚德、怀德、同德、明德、寿德、兴德、天德、硕德、进德、守德、政德；

---

① 《黔南识略·黔南职方纪略》卷二"修文县"，前引书。
② 《黔南识略·黔南职方纪略》卷十三"清江通判"，前引书。
③ 《黔南识略·黔南职方纪略》卷十三"台拱同知"，前引书。
④ 《黔南识略·黔南职方纪略》卷九"丹江通判"，前引书。
⑤ 《黔南识略·黔南职方纪略》卷十一"凯里县丞"，前引书。
⑥ 《黔南识略·黔南职方纪略》卷二十二"古州同知"，前引书。
⑦ 贵州省丹寨县地方志编纂委员会编：《丹寨县志》，方志出版社1999年版，第381页。

仁字9堡：树仁、建仁、咸仁、熙仁、治仁、同仁、怀仁、里仁、庆仁。①

从上文罗列的地名可以看出，中央王朝统治者往往把他们的思想意图、政治意图、生活理想、道德标准寄寓于地名当中。贵州建省之后，历朝统治者通过各种方式来向民众灌输儒家等级、正统、尊卑观念以维系民心，稳定统治。通过对大大小小地名的命名，使百姓皆知礼仪尊卑，使苗民皆晓中原"正统"文化，使苗疆各府厅州县皆思平安昌隆，往往是潜移默化的长期过程，故历代统治者在这方面总是绞尽脑汁、费尽心机。

以贵州都江厅（今三都县）的屯堡取名为例，"顺德归仁之取意，以亘古未通声教之民，使其识顺德归仁之路，故也"。②清代贵州下辖里、堡地名多含教化理念，这与明代贵州里、堡地名多数以当地自然资源或屯堡长官的姓氏命名不同。清代贵州里、堡地名的命名应该受清初改土归流的苗疆大员鄂尔泰剿抚兼施治苗理念的影响。鄂尔泰认为："治苗之法，固应恩威并用，然恩非姑息，威非猛烈，到得用着时必须穷究到底，杀一儆百，使不敢再犯，则仍是恩，所全实多。"③

出于教化"蛮夷"的冲动，"新化""归化"一类地名不仅在贵州，在全国许多地方屡见不鲜。据华林甫研究，民国三年（1914）将重复的县名改名，多是将原来教化色彩的地名改为其他含义的地名。以贵州为例，将平远改为织金、归化改为紫云、永宁改为关岭、安化改为德江、安平改为平坝、清平改为炉山，只有极少数由其他地名改为教化色彩地名的。④如民国时，将新城县改为兴仁县。开阳地名来源于明崇祯四年（1631）设置的开州，民国一度改为紫江。1930年，为保护地名的文化传承，国民政府内政部准

---

① 贵州省三都水族自治县志编委会编：《三都水族自治县志》，贵州人民出版社1992年版，第68页。
② 《三都水族自治县志》，前引书，第780页。
③ 哈恩忠：《雍正初年镇压长寨苗民史料（上）》，《历史档案》2008年第3期。
④ 华林甫：《中国历代更改重复地名及其显示意义》，《历史研究》2000年第4期。

以奏报"开阳者益欲开阳明之学也",令改名为开阳县。①

三 贵州古代地名蕴含教化色彩的三个层面

上文所列贵州各种层次教化色彩的地名,基本上都是儒家文化的关键词,所含不外乎三层意思:

(一)忠孝仁义观念的贯彻

古代中国,宗法和专制结合,在政治上表现为儒法合流,政治大于法律,伦理大于法律,是靠建立在宗法制度上的伦理道德观念来维系社会运行的。因此,表达儒家忠孝仁义观念,宣扬、传播儒家的思想,实施礼治、德治、人治,推广儒家的核心价值观仁、义、礼、智、信、忠、恕、孝、悌的地名随处可见。贵州的地名如兴义、敦仁、敦义、从仁里、义里、礼里、孝里、弟里、忠里、信里等均有体现。

(二)文治武功的宣扬

"普天之下,莫非王土",中央王朝统治者对贵州新辟疆土的子民要体现皇权的威严,设置地名时宣扬中央王朝的文治武功,宣扬儒家"以德服人"的德治价值观,重建苗疆社会的道德伦理秩序。《孝经》里记载孔子的论说:"教民亲爱,莫善于孝;教民礼顺,莫善于悌;移民易俗,莫善于乐;安民治民,莫善于礼",较好地体现教化的理念。在中国历史上,无论华夷,大凡脱离中央王朝控制之外者,便是"化外"的蛮夷,就要受到排斥。对于主动前来归附"王化"的少数族群,则被津津乐道地称之为"慕义向化",强调自己"得其天性",然后施"仁政"。《论语·季氏第十六》说:"远人不服则修文德以来之",强调对人民进行伦理道德规范的教化。在中央王朝统治者看来,下层劳动人民尤其是边疆少数民族愚钝未化,特别需要教化。表现文治的,这类地名多以"忠"、"孝"、"仁"、"义"、"顺"、"化"为缀,如至孝、崇义、信顺、仁和、宣教、建仁、里仁、德化、怀化、柔远、抚远、绥宁、宣化、向化、归化、新化、慕恩、怀忠、怀恩、悦来、望抚等。有时候也出于对

---

① 谢红生:《民国时期贵阳地名拾遗》,《中国地名》2011年第1期。

某种具体行为的嘉奖而更名，如兴义府、贞丰县。但实际上，教化还不是维护专制统治的最有力手段，因而与教化并行的是武力镇压，展示中央王朝的"武功"，这类地名多以"绥"、"靖"、"威"、"镇"、"定"、"平"等为缀，如绥阳、威宁、镇远、镇宁、定番、平夷、建威、震威、威远等。对于统治者来说，文治武功二者相辅相成、缺一不可。

（三）祥瑞吉利的祝福

中央王朝的君主要体现自己居庙堂之高则忧其民的胸怀，希望国泰民安、祥瑞吉利，所以统治者通过安、宁、泰、康、乐、福、寿、丰、兴、昌、盛等吉祥字样命名地名，并以永、长、常、福、广、怀等字为前缀，为百姓祈求安定和平、繁荣昌盛，表示自己对边疆少数民族的关怀和安抚，如丰乐、开泰、福善、寿昌、怀来、兴隆等，这是地名中比例最大的一类。对吉祥的追求，是中国传统文化心理几千年的积淀，已为广大人民所接受。但在这类地名中，有部分是与王朝的兴亡紧密联系的，突出反映了中央王朝专制制度对地名的影响。

结　语

贵州古代地名除了体现自然环境的色彩外，还蕴含丰富的历史人文教化意义，这是中国传统文化的一个重要特色。将传统的儒教文化伦理道德融入其中，体现中国传统文化中寻求平安、安康、和睦的观念。贵州古代地名中所体现的某些美好愿望也符合广大人民的心理需求，在当时或现在都有其积极的一面。在边疆民族地区的发展过程中，中原强势文明向边疆弱势文明扩展，其中虽然有文化交流互动，但主体还是中原汉文化的渗透，"文化边疆"的贵州古代地名含义演变规律也可印证这一点。

地名的更改反映了不同时代的社会政治文化观念的不同。从贵州古代地名变化的规律来看，明清时期的地名主要是一些预示朝代和地域社会"兴"、"安"、"昌"、"义"、"乐"、"平"、"康"之类的地名和讲求和睦的儒家教化色彩地名。明清时期，贵州古代地名中的教化色彩名称比例达到历史上的最高峰，而且教化色彩地名中

"定"、"归"、"镇"、"化"、"威"、"平"等对少数民族有强烈蔑视感的地名增多。古代中国的少数民族聚居区，归附中央政府之后，这类地名比比皆是，从中体现的是儒家文化中心主义的一种自豪，也是中央王朝君主以及大大小小流官推行儒家教化理念、践行王道政治、改造"文化边疆"的历史见证。

近代民族国家形成以后，由于民族平等思想和民权主义的影响，鉴于这些地名有碍民族团结，各级政府有意识地把原来一些反映大汉族主义的地名做了更改，教化色彩的地名比例逐渐下降。

（原载《贵州社会科学》2014年第6期）

第二节 清政府治理苗疆的文教政策

民国学者佘贻泽认为清代官吏把苗民当作野夷，不屑以礼待之，不屑以教化之，清廷治苗政策不外乎防、禁、化、剿四字[①]。佘贻泽的论述，于防、禁较详细，于化、剿较略，且大而化之认为清代官吏都是不屑于教化苗民的态度，有失偏颇。中华人民共和国成立之后，学界对于封建王朝治理苗疆的研究，长期囿于地主压迫导致农民反抗的阶级斗争二元论，对于清王朝的苗疆文教政策较少涉及，或简单地认为是封建王朝的民族同化政策。"国发〔2012〕2号"对贵州的战略定位之一是建设成为"民族团结进步繁荣发展示范区"。为总结清代民族政策的一些成功经验，为当下治理民族地区的文教政策提供"贵州经验"，本节着重探讨清王朝治苗政策从战时"剿苗"到和平时期"化苗"的转变历程，厘清清王朝逐渐认识到治理苗疆的良策是"化苗"，以及在这一理念主导下清王朝各级政府采取的一系列文教措施和政策。

---

① 佘贻泽：《清代的苗民问题》，《新亚细亚》1936年第12卷第2号。

一 清王朝对儒家文化的"内外有别"态度

清朝立国之后，统治者一方面注意强化满族的民族认同意识，反复强调"满洲素习，原以演习弓马骑射为要，而清语尤为本务，断不可废"①；另一方面不断宣扬"中外一家"、"一视同仁"的民族观，促使疆域内各个民族认同于多民族的、统一的清王朝。清王朝发动过很多战争，平定"苗乱"是其中之一。清代方略记载了战争的经过，其中也反映了统治者对民族问题的相关认识。统治者通过编纂方略，借战争的胜利，宣扬清王朝威德无量，在民族问题上"无分内外，一视同仁"的态度。从方略记载中可以看到，清王朝在民族观上着力宣扬两种观念：一是爱新觉罗氏为天下共主；二是不分满汉，中外一家。他们极力树立心胸博大、容纳百川的君主形象，把清王朝当作是各民族的大家庭，而皇帝就是这个大家庭中的家长。

陈寅恪认为，胡汉之别，在北朝时代文化重于血统，"凡汉化之人即目为汉人，胡化之人即目为胡人，其血统如何，在所不论"，并且，"血统属于何种？"并不重要，关键在于其自称及同时之人怎样认为②，苗疆的情况同样符合这一结论。清统治者一方面极力使自己的文化不被儒家文化所同化，另一方面却借助儒家文化大力改造苗疆，希望苗民接受教化。诚如康熙朝的俞九成所言："吾愿产斯土者，化其弓刀荼毒之气而游于仁义之乡；牧斯土者，淡然无欲，与苗民休息于耕桑衣冠之地。则生养遂，教化行，文物明，备将以润隆平而比中土矣！"③

儒家认为，无论人性善恶，都能够通过道德教化的力量，收潜移默化之功。这种以教化改变人心的方式，是心理上的改造，使人心良善，知耻而无奸邪之心，是最彻底、最根本、最积极的办法，是严刑峻法所不能办到的。教化需要相当长的时间和足够的耐心，

---

① （清）官修：《高宗实录》卷138，乾隆六年三月己巳。
② 陈寅恪：《唐代政治史述论稿》，上海古籍出版社1977年版，第34页。
③ 俞九成：康熙《平远州志》序，序载乾隆《平远州志》卷首，参见张新民《贵州地方志考稿》，比利时根特大学出版社1993年版，第320—374页。

但一旦教化成功，人心已正，只要心术不变，便可永不为恶，一劳永逸。清王朝对于边疆的治理并不是被动的"叛←→剿"模式，而是有一套完整的化"边疆"为"腹地"的计划。正如徐新建指出，"在大一统的王朝时期，边地就是中央、中原以外的'四方'。从族群和文化的交往进程来看，边地的含义大致经历了从'边荒'到'边疆'再到'边界'的演变"。① 当然，苗疆也同样经历了从"边荒"到"边疆"再到"腹地"，从"野蛮"到"文明"的转变。对于苗民，清王朝采取"先剿后抚"的方略，所谓"剿"就是采用武力征服，"抚"就是"教化"，令其同化。

二　苗民地位从帝国"蛮夷"到"赤子"

司马迁在《史记》中建构了华夏民族中心主义的"一点四方"模式，即以中原为中心，四周为东夷西戎南蛮北狄，这一想象式的天下图景一向为历代汉人统治的中央王朝所沿用。清雍乾时期的晏斯盛在《与尹制府论绥理苗疆书》中云："滇、黔苦兵之久矣。其素既无以服之，其继皆有所以激之。文武员吏贪利而幸功，苟且一时，断未有能善其后者。彼地险隘而性犷悍，剿固已难；既剿而绥抚之，使长治久安，尤难。……夫大化之所及，必有其渐，非可以旦夕期而强驱之以就吾法。以异类之属，本俟气化；而欲以力制，是无异期豺虎之尽为驺虞。"② 晏斯盛的这番论述表明当时汉人对苗民的民族歧视是很严重的。当然，他对于教化苗民还是持积极态度的，认为只要有足够的耐心，"大化之所及，必有其渐，非可以旦夕期而强驱之以就吾法"。

尽管清王朝主张"修其教，不易其俗；齐其政，不易其宜"，但只要有苗民受抚或投降，则先令剃发，视与民齐。每次"苗乱"之后，均有大量苗民被迫剃发改装。雍正五年（1727）十月，贵州巡抚何世璂就奏报："（八万里古州）向无管辖，不隶版图，不供赋

---

① 徐新建：《边地中国：从"野蛮"到"文明"》，《西南民族大学学报》（人文社会科学版）2005年第6期。
② 《皇朝经世文编》，转引自任可澄、杨恩元等撰（民国）《贵州通志》"前事志"第三册，贵州省文史研究馆点校，贵州人民出版社1988年版，第249—250页。

役，几同化外"，要想办法"使犷悍顽野之辈，尽化为服教奉法之民，则道一风同，黔省东南可免凶苗之患矣"。① 无论是尊重苗俗，还是推行教化政策，其目的都是将"凶苗"化为"服教奉法之民"，免除"苗患"。雍正十三年（1735）正月，古州镇总兵韩勋奏报苗民剃发改装的情况，"苗民衣装甚为鄙陋，虽其习俗所由来，然苟劝导可施，亦应随时感喻"，"当有各保头人共一百四十名欣愿剃头"，"赏给衣帽穿戴，叩接钦差。并据回寨转劝各苗，如愿剃头即恳准从"，"仍著通事、头人等，由近及远逐渐宣传使知慕悦，改换衣装亦属苗人革面革心之一端"。雍正叮嘱他"此事只可劝导，听其自然，不必强迫者，久之自然合一"。② 可见，清王朝的教化政策不但包括对苗民思想的教化，还包括形式上的改造，如改穿汉装、剃发等。此外，还逐渐编定保甲，一则便于稽查户口，要苗民象征性地缴粮纳赋，完全等同于内地的普通百姓。雍乾苗乱后，尽管乾隆曾经下令新疆"永不纳赋"，但是变相的摊派仍然存在。二则便于加强对苗疆的控制，防止"苗乱"。

在治理苗疆的政策上，云贵总督兼贵州巡抚张广泗一向属主剿派，但他也不得不承认，"苗民虽属犬羊，其实具有人性，彼亦知无事为安，多事为扰。从前官吏之烦累，原不以赤子相看，而兵役之凌践，更不以人类相待，是以积忿成怒，积怒致变，其来已久"。因此，他认为，需要加强教化的力度，"今日之化诲约束，熏染渐摩，使雕题黑齿，咸改面而革心。火种刀耕，悉移风易俗，则所以祛扰累而禁需索，勤劝谕而厚拊楯者，尤应首先讲求也"。③

雍正十二年（1734），苗疆开始暴露出纷乱的迹象，雍正派遣钦差到疆宣谕："朕为天下生民主，抚御万方，凡有血气，皆吾赤子，莫不望其遂生复性，以同受朝廷之德化。"④ 乾隆继位之后也效

---

① "国立"故宫博物院整理：《宫中档雍正朝奏折》第9卷，（中国台湾）"国立"故宫博物院1979年印行，第194页。
② 《宫中档雍正朝奏折》第24卷，前引书，第77—78页。
③ 《清代前期苗民起义档案史料汇编》上册，前引书，第195页。
④ 《〈清实录〉贵州资料辑要》，前引书，第335—336页。

仿乃父，进一步发挥其"赤子"观念，认为"贵州古州等处苗众……在皇考与朕视之，则普天率土皆吾赤子……"① 乾隆在这一圣谕中强调"苗众"也是百姓中的一员。赤子观是雍正和乾隆用来替代传统华夏中国华夷观的变通办法，既回避了华夷之辨/夷夏之辨，避免把满人自身排斥在外的尴尬，又强调了清王朝的中心地位。雍正、乾隆关于将历朝历代蔑称为"蛮夷"的苗民视为"赤子"的政治表态，尽管让流官去真正落实还有难度，但在当时是一个巨大的政治进步。

三 振兴苗疆文教以弘教化

魏源认为："历代以来皆蛮患，而明始有苗患也。……（苗）绝无统属，有贫富无贵贱，有强弱无贵贱，有众寡无贵贱。"② 他认为，宋代用羁縻手段治蛮，明代用防范的办法治苗，都是失败的做法。"王者治四夷之法：太上变化之"③，应采用教化的办法治苗才是上策。清王朝实施的大治"化苗"，与其视苗民为"赤子"的态度相一致，实质是儒家一向主张的王道政治。这与以往封建王朝视苗民为"蛮夷"，采取"防""堵""剿"等措施截然不同。具体的操作方法，康熙朝的湖广学政潘宗洛在《请准苗童以民籍应试疏》中提出："抚苗之法当先使于熟，必使'熟苗'之渐驯，而后熟可化为民；必使'熟苗'之渐化为民，而后'生苗'可化为熟。"④

而"化"的中心，即为兴办苗疆义学，开科举考试，优先录取苗童。所谓义学，也称社学，是清代在乡村办学的主要方式。义学的办学方式有两种：一种由地方士绅捐资捐田或民众集资兴办；另一种是官府拨款兴办。贵州的情况大多属于后者。"朝廷为彝、洞设立之学及府州县为彝洞捐立之学，则曰义学，盖取革旧之义，引

---

① 《〈清实录〉贵州资料辑要》，前引书，第643—645页。
② （清）魏源：《苗防论》，载《小方壶斋舆地丛钞》第八帙，上海著易堂1897年刊本。
③ 《苗防论》，前引书。
④ 《靖州直隶厅志·艺文》，转引自吴荣臻《"熟苗"论》，载贵州苗学会编《苗学研究》（三），贵州人民出版社1994年版，第24页。

于一道同风耳"。① 义学的名字大多取一个训导苗民之意，如文星义学、养正义学、培基义学、振文义学、振德义学、训苗义学、苗民义学等。清初的贵州巡抚王燕在《请添设学校以弘教化疏》中称："振兴文教乐育人才乃致治之盛事……黔省虽僻处边陲，甄陶既久，亦已斐然可观。又蒙增广乡试，中式之额益加鼓舞，惟因'开辟'初年，人文廖（寥）落，学校之制尚缺……臣愚以为：'大化翔洽之时，不可不具备其制也……黔地民苗杂处，加以鼓舞作兴，则士气既奋，而蛮夷亦得观感于弦诵诗书，以柔其犷悍之心，诚渐被遐荒之要道也。'"② 雍正八年（1730），朝廷下令"每届岁科，于各府、州、县有苗童者，进取生员一二名不等，以示奖拔"，使苗民"闻风向化，稽首归诚"。③ 这是针对参加科举考试的苗生专门设置的"苗额"。乾隆五年（1740），针对"苗民多犷悍，不知诗书"的状况，贵州布政使陈悳荣于苗疆设立义学二十四所，选品学兼优的生员作为教习。于是，"生苗始知诵习"。④ 从这些史料可以看出，雍乾时期，设置大量的苗疆义学，对苗民开放科举考试，以及增加录取的"苗童"名额，清王朝的目的是通过对苗民实施文化教育政策，达到文化同化的目的。据（民国）《贵州通志》"学校志"所列《贵州各府、州、县、厅义学表》，清代贵州全省共有义学301所，其中黎平府27所、都匀府31所、镇远府13所。这些义学建立时间最早的在康熙、雍正年间，最晚的在光绪年间，时兴时废，变化很大。

兴办苗疆义学刚刚取得一些成效，便因清王朝的苗疆文教政策忽然倒退而衰败。乾隆十六年（1751）七月二十五日，贵州布政使温福奏请："苗地遍立设学，并择内地社师训教。无知愚苗，开其

---

① 任可澄、杨恩元等撰：(民国)《贵州通志》"学校志" 3—4 卷，贵阳文通书局，民国三十七年（1948），第 55 页。
② (民国)《贵州通志》"学校志" 3—4 卷，前引书，第 42 页。
③ 贵州省剑河县地方志编纂委员会编：《剑河县志》，贵州人民出版社 1994 年版，第 298 页。
④ (民国)《贵州通志》"前事志"第三册，前引书，第 323 页。

智巧，必将奸诈百出。请密饬地方官，将'新疆'各社学之社师已满三年者，徐行裁汰，未满三年者，亦以训迪无成，渐次停撤，则从学苗童，自不禁而止。并请岁、科两试，仍准苗童一体应试，但不必另设额数，则苗卷自难入彀，亦可不禁而退。"① 乾隆批准这一奏议，苗疆义学遭到大量裁汰。与学堂里的愚苗文化教育政策相配合，乾隆十六年十二月丙午（1751年1月30日），乾隆又批准了湖南布政使周人骥关于设法渐次革除苗兵的请求，"传谕苗疆督抚，令其通行密饬各营伍，嗣后招募名粮，不得仍将苗人充补"。② 由于此后清王朝对苗民教育政策持消极，甚至反对的态度，剩下的苗疆义学处于名存实亡的状态，苗生中举较少，也消解了他们下一代继续求学的热情。苗民当兵进入吃"皇粮"的体制之路也被堵死，清王朝又恢复至先前的民苗隔离政策。总体而言，从乾隆十六年至咸同苗乱结束之前，清政府在苗疆更多是强调汉苗隔离，无事为安而较少强调文化教育。

经历了咸同苗乱造成的巨大损失之后，清王朝对自身的治苗政策进行深刻反省，重新强调教化的作用。徐家干认为，"治苗之要"在于"抚安控制之中加以教化"，要"因地置馆，延时设教，牖以诗书，导以礼义，使之日染月化，则数十百年后习俗混同，斯乱机遮遏已矣"。③ 但他也不得不承认："苗人椎髻跣足，男女兼蓄发。肃清苗疆时原有责令剃发改装之禁，经营数年，卒不能一律如约。异俗惯常，积重难化，用夏变夷诚不易也。"④

同治十一年（1872）四月，清政府规定，"无论'生苗'、'熟苗'，一律薙发缴械，且变其衣饰，杂服蓝白，不得仍用纯黑"，并

---

① 《〈清实录〉贵州资料辑要》，前引书，第1201页。
② 程贤敏选编：《清〈圣训〉西南民族史料》，四川大学出版社1988年版，第75页。
③ （清）徐家干：《苗疆闻见录》，吴一文校注，贵州人民出版社1997年版，第216页。
④ 《苗疆闻见录》，前引书，第214页。

勒令区保甲长严厉执行。① 同治十二年（1873），清政府又进一步强调同化政策："要永绝苗患，必先化苗为汉。"因此，除令"薙发缴械"外，并令苗民"习礼教，读诗书，能汉语"，又以"绝逆田产，所入官租"，募能通汉苗语言，而又知书识字者数十百人为教习。一大寨或数小寨，各设一"义学"。强迫苗民子弟入学读书，习汉语。"年长者农隙时亦令学汉语"。② 光绪九年（1883），贵州巡抚林肇元奏报，镇远等处苗民向化改装者已三千余户，但"改装以革其面，犹须设学以革其心"。将所刊"训苗义学章程功课，暨纂辑族谱、婚丧礼简明仪节"，并多购小学应读各书，派员携往苗疆各属，会同地方官"实力董劝，使之读书明理"。③ 总结咸同苗乱后各级官员"变苗为汉"的主张，除强调传统的剃发、改装、苗疆义学等手段外，还希望用汉文化的"礼法"来改造苗民。

四　全方位的文化再造："生苗"→"熟苗"→"民人"

在中国历史上，不只对少数族群，即使汉人也不例外，大凡脱离中央王朝控制之外者，便是"化外"的蛮夷，就要受到排斥。对于前来归附接受"王化"的少数族群，则被认为是"慕义向化"，在史书上大书特书。改土归流之后考上科举，或者经商发财的苗民，陆续进入汉人社会生活。鉴于"苗"的族群身份常常受到官府和汉民的欺压，他们为了站稳脚跟，避免被主流社会所歧视和唾弃，往往不惜重金，买通官府脱离苗籍，或者延请文人雅士为之制造其汉人祖先流落苗地的族群记忆，形成王明珂所说的祖源"攀附"现象。④

清王朝为了尽可能地变"生苗"为"熟苗"，变"熟苗"为"民人"，对"熟苗"实行一些科考上的优待政策。雍正三年

---

① 梁聚五：《贵州苗族人民在反清斗争中跃进》，载贵州省民族研究所编《民族研究参考资料》第一集，1980年，第94页。
② 任可澄、杨恩元等撰：(民国)《贵州通志》"前事志"第四册，贵州省文史研究馆点校，贵州人民出版社1991年版，第606页。
③ 同上书，第758页。
④ 王明珂：《论攀附：近代炎黄子孙国族建构的古代基础》，载《历史语言研究所集刊》第73本第三分册，2002年，第583—624页。

（1725），贵州学政王奕仁奏请："苗人有久经归化，向在汉童中一体应考者，汉童因其另有苗额，群相排击，不许列入民籍，仍于与考，甚非化生为熟，化苗为民之义。且苗额止于一名，彼此既不希捷得是。其始虽苗，而已与秀良之民无异矣"。他主张："应许其列在民籍者一体考试，汉童不得阻抑。"① 乾隆时，曾有明文规定不允许"生苗"参加考试，通过这种区别表示对"熟苗"的优待；参加应试的"熟苗"，必须注明"新民籍"，一来与汉民考生区别，二来方便录取时"照顾"。②

从中央王朝的治苗策略来看，"生苗"、"熟苗"的分类有分化、瓦解并区别对待苗民的意图。"熟苗"可在汉民和"生苗"之间形成某种中介。清王朝对待"生苗"和"熟苗"的治理政策是不一样的。例如，乾隆元年（1736）规定："苗民风俗与别的百姓迥异，嗣后苗众一切自相争讼之事，俱照苗例完结，不必绳之官法。至有与兵民及'熟苗'关涉之案件，隶文官者仍听文员办理，隶武官者仍听武弁办理，必秉公酌理，毋得生事扰累。"③ 从这一史料可以看出，清王朝的"苗例治苗"仅适用于"生苗"。对于"熟苗"，或者苗众与兵民关涉的案件则采取与"民人"同样的办法。这也是清王朝逐渐化"熟苗"为"民人"的一个司法策略。

就是对苗疆厅府的命名上，清王朝也是经过深思熟虑的。雍正十一年（1733），台拱被清军征服，清王朝移清江同知驻其地，设台拱厅，挂府衔，称清江府。清江改设通判，挂府衔，称理苗府。以后又改为军民府、理民府。但民字写法不同，"民"一钩出头，实亦含有苗意。④ 不过，苗民也并不是清王朝的文教政策一出台，就马上变为"民人"了。清王朝认识到有的苗民是可以被教化的，

---

① "国立"故宫博物院整理：《宫中档雍正朝奏折》第18卷，前引书，第75—76页。此外，雍正十年四月一日晏斯盛"敬陈考校察核事宜"有内容类似的奏报（参见《明清档案》第51册，前引书，第B29119—B29125页），强调"化生为熟，化苗为民之义"。

② 《靖州直隶厅志·艺文》，前引书，第19—20页。

③ 《〈清实录〉贵州资料辑要》，前引书，第635页。

④ 张岳奇：《剑河屯堡的安设及其消亡》，《贵州民族研究》1980年第1期。

而有的苗民则是冥顽不化的。"群苗种类既杂，居复星散，其势弱，其力单。与居民互处，久将渐化，非若'生苗'、红苗之足虑也……不知其类，无以善其俗；不知其俗，无以敷其教；人其人格，其面明。"因此，潘文芮感慨道："先王之道，以道之将见，用夏变夷，而有苗来格，不难再见于今矣。"①

此外，清王朝还有两种化苗为民的办法，一是允许苗汉通婚，对苗民加以血缘上的同化并施加文化影响。乾隆二十六年（1761），为避免民苗通婚引起纠纷，湖南开始严禁民苗通婚。但是，贵州巡抚周人骥认为，"黔、楚情形不同，黔省民、苗错处，往来洽比，结婚以来，数十年相安无事，一旦复申禁令，转致惊疑，且恐兵役借端挟诈，更滋烦扰"，朝廷于是批准在贵州仍然允许民苗通婚②。二是某段时期内允许苗民当兵。咸同苗乱之后，经奏请："于古州、都匀、上江、黎平、朗洞、下江、清江、丹江、台拱、黄平、凯里、天柱苗疆各营遇有守兵缺出，即就各营所辖之苗民，挑选年力精壮、相貌敦厚者入营充补，以二成为率。各厅亲练兵亦如此。入营之后，营书教之识汉字，营兵教之习汉语。耳濡目染，不劳而集，因使之改汉装于无形之中，亦不令而自行。……约之于纪律，以变其嚣陵；辨之于等威，以动其敬畏；歆之以功名之路，感之以豢养之恩。"招收苗兵的好处是"自教义学之童稚事半功倍，且可与义学并行不悖，相与有成也。苗户有兵既通汉语、识汉字，则土司之权自黜，而通事之害亦除"，况且，"百兵之中，收苗兵二十，我力足以制之，亦断无尾大不掉之患"。③

五 "化苗"的"样板工程"柳利寨

清王朝针对苗民"化生为熟，化熟为民"最为成功的案例发生在清江厅柳利寨。乾隆年间张广泗"督师剿贼"时，该寨曾经"运粮馈饷，著有微劳"。雍乾"苗乱"被平定后，清王朝在"新疆六

---

① （清）潘文芮：《（乾隆）贵州志稿》卷三"全黔苗猓种类风俗考"，贵州省图书馆复制油印本1965年版。
② 《〈清实录〉贵州资料辑要》，前引书，第346页。
③ （民国）《贵州通志》"前事志"第四册，前引书，第761—762页。

厅"安堡设官，柳利寨一切大小夫役，"概蒙豁免在案"。咸丰五年（1855），台拱"苗乱"，"（柳利寨）民等又挑丁壮随同督办下游军务，前升院韩（指韩超。——笔者注）援剿并守御清江厅城，后因粮尽援绝，城陷之日，寨中五百余户死亡殆尽，仅余四五十人"。光绪六年（1880）七月十四日，柳利寨民杨义、张正方、杨老里、杨老保、刘老香、张老抱、九乌仰、九条仙、禾耶吊、九多也、我条、大老耶、条九包、条我耶香、九耶佐等，共同向当时在清江厅"查阅营伍"贵州巡抚岑毓英禀称："咸丰年间，苗匪叛乱，裹胁各寨，惟民一寨誓死不从，踞要堵御，血战毙命者七八十人。至（咸丰）六年八月十三日清城被陷，民寨五百余家，逃脱不过数十人。同治八年（1869），克复清城，民等归梓，一切夫役等与各寨一体。十年来未敢声张。……镇远、台拱、古州、天柱各处往来差事，仍派寨中充当。民等锋镝余生，实不堪命"，柳利寨希望"照旧章免应夫役"，"恳请永远免派等情"。贵州巡抚岑毓英经过调查，认为"该民等自变乱以来，实能同心守义，不甘从贼。似此明于顺逆，勇于孝忠，自应旌别嘉奖，以分良莠"。贵州巡抚岑毓英在"免夫碑"的开头称柳利寨寨民为"苗民"，在随后的历史追溯中则称之为"民"，碑文的结尾郑重其事地宣布"柳利寨'民人'等知悉，自示之后，准将该寨夫役永远裁免，其余民苗不得援以为例"。[①]

从使用"苗民"到"民""民人"的措辞变化，绝不是误用，而是流官经过精心选择后的结果。从这一"免夫役"的历史个案似乎可以推导出，清王朝划分"苗民"和"民人"的标准，不是以血缘为界限，也不完全根据文化的标准，主要看是否效忠于大清。柳利寨苗民集体向贵州巡抚岑毓英请命的名单上，有汉名"杨义、张正方、杨老里、杨老保、刘老香、张老抱"，苗名则更多，有"九乌仰、九条仙、禾耶吊、九多也、我条、大老耶、条九包、条我耶香、九耶佐"，但只要柳利寨民曾经对大清效忠的事情属实，清王

[①] 贵州省民族事务委员会、贵州省民族研究所编：《贵州"六山六水"民族调查资料选编》苗族卷"免夫碑"，贵州民族出版社2008年版，第153—154页。

朝仍旧会批准"夫役永远裁免"。清王朝希望通过对个别苗寨的格外恩赐，树立忠君爱国的典型，促使广大苗民像柳利寨苗民学习，服从清王朝的统治。

结　语

显然，清王朝对苗民从"生苗"→"熟苗"→"民人"全方位的文化再造，无论采取何种手段，目的是为了化生为熟，化熟为民，使"苗疆"变为"内地"。但是，设置义学、苗额、苗兵等政策客观上为苗民提供了一条合法向社会上层流动的途径，促进了苗疆社会经济文化的发展。与之相反，愚苗政策的推行则成为苗疆长期落后乃至动乱的根源。

（原载《安顺学院学报》2013年第6期）

第五章 社会治理研究

第一节 清政府严禁苗疆人口贩卖政策之流变

中国西南的贵州居住着苗、侗、布依、彝、瑶等少数民族，他们是中华民族大家庭中的成员，为共同开发祖国边疆做出过重大贡献。17世纪60年代以后的康熙、雍正、乾隆，从巩固清王朝的根本利益出发，顺应历史潮流，改进统治措施，推行了有利于巩固边疆和统一国家的民族政策。这些政策总体上促进了各民族的融合，为贵州少数民族地区政治、经济、文化的发展创造了条件，在历史上起到了一定的进步作用。然而，好心也会办坏事，清政府在贵州苗疆推行严禁人口贩卖政策，本意是打击人口贩卖，巩固在西南少数民族地区的统治，但最终清政府却沦为人口贩卖的主犯，导致这一政策产生流变。

一 人口贩卖"繁荣"之殇

元代以来，西南少数民族处在各大小土司的统治之下，一直都处于混乱动荡的环境之中。自顺治元年（1644）清军入关后，由于中原政局动荡不安，中央政府集中精力对付各地反清复明的势力，无暇顾及西南民族地区，土司更加疯狂地压榨土民。各土司不但"虐使"、"抄袭鬻卖"土民，而且还将其"人并家属分卖给各部为奴"。① 人口转让、买卖现象时有发生，不断危及贵州"生苗"地区人民的生命安全，导致当地苗人与过往人贩的冲突频繁发生。据记载：川贩王之奇于雍正六年（1728）九月初二日，至凯里附近之昂欧寨劫掠苗人，曾被苗目阿杠等率众堵截隘口，经凯里拿获；川贩张之臣得苗女六名，希图四川发卖，在途中被获等。还有些人贩，乘雷公山苗区向为"生界"②，实无政府管辖等因素，多次深入其地"谣言惑众"，"以激苗变"，进一步加速了苗疆社会秩序的混乱，恶化了清政府推行改土归流政策的社会环境。

故此，雍正时期的云贵总督高其倬多次上奏朝廷，请求严禁西南人口贩卖。他针对贵州苗疆地理的特殊性进行了分析，强烈要求抓捕人贩，以靖地方。高其倬认为："贵州地连川、楚，奸人掠贩贫家子女（久）为民害，请饬地方官捕治"，③并且还提出了一则量化奖励官员政绩的标准——"岁计人数为课最"④，作为严禁西南人口贩卖的新举措。雍正四年（1726）十月，鄂尔泰接任云贵总督后，也深知人口贩卖实为地方祸患，主张把改土归流与严禁人口贩卖视为同等大事来对待。他认为："黔省大害，阳莫甚于苗倮，阴莫甚于汉奸、川贩"⑤，又语："苗患甚于土司……欲治夷，必改土归流。"⑥同时对贵州人口贩卖的严重情况做了详细的汇报，他说："川贩，既（即）汉奸之属，窜（串）通苗倮，专以捆掠男女为事，缘本地不便贩卖，且不能得价，故贩之他省。而川省人贵，故卖至川省居多。其往来歇宿，半潜匿苗寨，沿途皆有窝家，既可免官府之擒拿，又可通汉夷之声援，无从盘诘，莫可稽查，及其路径既熟，呼吸皆通，不独掠之丁口，亦复拐苗人之男女，而苗人既坠其中，遂为其所用。臣入境以来，深知二者之患，留心访查，时欲

---

① （清）官修：《世宗实录》卷20，雍正二年五月辛酉。
② 吴荣臻：《乾嘉苗民起义史稿》，贵州民族出版社1985年版，第1页。
③ （民国）赵尔巽等：《清史稿》第34册，中华书局1977年版，第10302页。
④ 《清史稿》第34册，前引书，第10302页。
⑤ 中国社会科学院历史研究所清史研究室编：《清史资料》第二辑，中华书局1981年版，第78页。
⑥ 《清史资料》第二辑，前引书，第77—78页。

穷其根株，猝难寻其巢穴。"① 由于流官多次陈奏人口贩卖对地方政府统治稳定性的危害，贵州人口贩卖一事也引起了中央政府的高度重视。雍正帝曾多次督促鄂尔泰一定要做好苗疆的安抚工作，对于人贩要"尽法处置"，必使"此风尽息方可"。故此，雍正四年（1726），鄂尔泰以征剿长寨（今属长顺县）为名，暗中实施抓捕人贩的军事行动，在征剿中"合前后所获男妇（人贩）大小数百口"，并将其所捕要犯"阿捣、杨世臣、王有余等十二名，详加审讯"，以明心迹，而针对"已逃诸贩，（凡）隶黔属者，通行捕拿"。鄂尔泰认为抓捕人贩一事是关系到贵州及邻省政治稳定的共同事务，因而屡次上奏朝廷，"令川省抚提诸臣，按姓名住址，同心密缉"。② 中央政府也多次谕令地方官员，要求"云南、贵州、四川、广西的督抚提镇……凡贩棍往来要路，设立营汛，委拔游守等官，带领弁兵驻防，稽查"，特对于"劫掠之事，即时擒拿，不使漏网"③，并且还督促各级流官针对西南人口贩卖一事配合鄂尔泰，"筹划久远之计"。

在这一政治背景下，大大小小的边地流官也加大了对西南交通要道的检查力度。例如，湖广巡抚总督迈柱在湘黔边界对进入苗区的商人进行了严格的检查，还发放了相关的通行证件，包括商人的姓名、住址、生意类型等都做详细的登记。四川总督岳钟琪也加强对入黔边界的戒严等，对于人贩行踪，以及潜往的山洞石窟，密箐浮林处，令官兵"砍伐林箐堵塞窑洞，（以）严加防范"④ 等。

对人口贩卖打击最严的时期是在雍正六年至七年，据《朱批谕旨》载鄂尔泰奏折：

> 黔贩陈金保：查陈金保于雍正六年十二月诱骗苗人阿讲，卖于高地方夏家，又有苗人阿五（即系阿讲之弟）与伊妹夫阿

---

① 《清史资料》第二辑，前引书，第77—78页。
② 同上书，第78页。
③ 同上。
④ 《朱批谕旨》，乾隆三年（1738）续刻本，雍正七年鄂尔泰奏折。

往商谋，将阿讲子女也卖送与夏老五，经都匀府孥获详报。

黔贩刘之汉：查刘之汉同子刘正及保党戎师兵，戎师兵并未获之戎老二，川贩熊佩武贩卖苗男女，于雍正六年十二月二十九日潜往四川转卖，经平越营，防兵跟踪孥获官讯，究明详报。

川贩梅廷现：查梅廷现与戴志善并未获之梅两素于雍正六年十一月初三来黔卖马，路遇夏老五，邀同贩之。各买得男女往川转卖，复回买马，有窝犯黄灿知情容隐，经麻哈州，差役等孥获解官讯，究明详报。

黔贩李老满：查李老满与骆天正、胡思学并未获之万显云共谋兴贩齐至镇远，住之王腾蛟家，歃血为盟。于雍正七年二月初一日，遇买牛苗人二人，遂取其银两，诱往岩洞捆带往川路，经塘讯，被石阡防兵盘获，解官讯供具报。

黔贩杜焕如：查杜焕如与周世藩于雍正七年二月十六日，同遇窝家陈老二等勾引，贩卖苗男女经麻哈州，（被）土官孥解该州详报。

川贩黎尚文：查黎尚文与张明仪到黔卖花，于雍正七年二月十六日未获之关子招引卖苗妇男女，被麻哈州差役孥解讯供详报。①

据以上案例分析，贩卖人口的情况各有不同：有屡次贩卖人口的；有借经商为名而进行拐骗拐卖人口的；有勾结当地人贩卖人口的；有的甚至还勾结窝家，相互歃血为盟，认"同年"，共同贩卖人口。

《平苗纪略》记载方显开辟贵州苗疆一事，当时鸡摆尾苗人对方显说："我未就抚时，军士获我妇女，公必令帏置别室，遣谨厚者视之。就抚后，悉以赐还，感公厚恩，铭心刻骨，亦不忍复反"等语，说明清政府在推行改土归流政策的初期还是深得人心的。

---

① 《朱批谕旨》，雍正七年鄂尔泰奏折。

从总体上说，雍正朝在贵州严禁贩卖人口，有利于整个西南民族地区社会治安环境的稳定，有利于巩固改土归流的成果，保证苗疆政治的稳定，保证社会生产生活的正常进行。严禁人口贩卖政策还对雍正朝以后的政治都产生了深远的影响。例如，乾隆六年（1741）九月二十九日，署贵州总督云南巡抚张允随疏："嗣后除外省流棍勾串本地玩法之徒，将民间女子拐去川广贩卖，或强行绑去贩卖者，仍照例分别首、从，定拟斩决。"[①] 而对于"本省者绑架本地子女，在本地售卖者，为首者照抢夺伤人例以拟斩监候，为从者分发边卫充军"。[②] 乾隆十二年（1747）七月八日，刑部议复："查贵州穷民子女，止当官契买至邻省地方，不许买苗民于川贩之手，律无明禁。应如所奏行，令四川并云南、湖南、广西等各督抚，转饬所属州县，出示严禁。嗣后贵州苗民子女不许买，盗买者除四川按例治罪外，将买主照违例治罪；所买卖苗民，令原籍亲属领回。"[③]

二 人口贩卖政策之流变

由于清朝自身保留有奴隶制残余，改土归流时间过长，俘虏众多，以及善后事宜的处理不当等因素，最终使得清政府严禁西南人口贩卖这一政策发生了流变，更加深了当地少数民族的痛苦。据鄂尔泰记载："向来文武各官，惟利无事，并不实力挈惩，差役兵丁遂而得钱，纵放（人贩），互相容隐，以致毫无顾忌"，[④] 同时各地方官员"多草率了事"，使得"奸恶之徒"，"仍踵旧习"。[⑤] 甚至有的人贩将苗民杀害，虏其子女贩往邻省，有的用威力强绑或用计诱往四川等省贩卖，人口贩卖活动更加猖狂。

清政府在贵州苗疆严禁人口贩卖政策的流变，主要原因是他们

[①] （清）官修：《高宗实录》卷151，乾隆六年九月二十九日，署贵州总督云南巡抚张允随。

[②] 同上。

[③] （清）官修：《高宗实录》卷294，乾隆十二年七月初八日，调任贵州按察使黄岳奏请严禁川贩买贵州苗民子女折。

[④] 《朱批谕旨》，雍正七年鄂尔泰奏折。

[⑤] 同上。

实行的严禁人口贩卖政策都是一些治标而不治本的措施。

  清代初期，广泛地存在着蓄奴制，奴隶的主要来源就是战俘。在开辟贵州苗疆的过程中，所耗费的时间前后达七年之久，战俘不计其数。仅乾隆元年（1736），在牛皮大箐一战中就有"充赏为奴者达一万三千六百余名"。① 据《朱批谕旨》记载，如按照清政府以前的做法"俱行解部，长途跋涉，必致多有损毙"，"携带既属艰难，口粮不敷兼赡"，牵涉众多俘虏的吃饭问题。但是如果都留在营中（其中"多为妇女"），张广泗认为"士气必为之不扬"，不利于保持军队的战斗力。此外，在贵州苗疆，中原军队一般很难适应严酷的自然地理环境，患病死亡现象不断发生，故在这场战争中多调用四川、云南一带的土兵。鄂尔泰、张广泗在西南改土归流前后五六载，用兵十数万，皆就近征调，其兵费达上百万两银子，中央政府没有充足的军饷补给，部分军饷必须就地筹措。以"变卖得价即以分赏有功兵丁"成了此时清政府的无奈之举，这样导致了军队、地方政府加入到人口贩卖的行列中去。军中贩卖人口的现象时有发生，不断地危及苗民的生命安全。据《朱批谕旨》记载，"川贩棍徒，成群出入营伍"，使得"军营严肃之地"，一下子"竟为市廛兴贩之场"，清政府的军政官员与人贩勾结，贩卖苗民俘虏，违背了改土归流"以靖地方"的初衷。② 并且，苗疆大员张广泗也表态说"至于逆属家口，仍照例分发各州县变价充赏"。

  同时，变卖苗民形成了一定的官方价格。据湖南巡抚许容的奏折称："至变买（卖）价值，亦照黔省之例：苗女孩三岁至五岁者，价银一两；六岁至十一岁者，价银二两；十二岁至十六岁者，价银三两；十七岁至三十岁者，价银五两；三十岁以上至四十岁者，价银二两；四十岁以上老弱，及一二岁乳哺者，价银五钱。"③ 可见，当时人口贩卖现象在地方流官的眼中已经合法化和正常化，已经形

---

  ① 《朱批谕旨》，雍正七年鄂尔泰奏折。
  ② 《朱批谕旨》，乾隆五年杨名时奏折。
  ③ 《朱批谕旨》，乾隆五年十月十二日，许容奏变卖滋事苗众家口折。

成大家认可的"市场价",清政府已演变成人口贩卖的主犯。

此外,由于"改土归流"善后事宜处理不当,不断地引起苗民的激烈抵抗。据记载:苗人见其"妻女被卖","人怀必死,多手刃妻女","然后抗拒官兵,以至锋不可挡",这样又使得"百姓流离失所,不可胜计"。① 雍乾"苗乱"加速了黔省社会环境的恶化,使贵州苗疆进一步陷入混乱动荡之中,创造了有利于人口贩卖的条件,使得人口贩卖现象进一步泛滥。乾隆三年(1738)四月二十八日,贵州按察使陈德荣奏报外省人贩在贵州的活动情况时说:"此等川贩俱假贸易为名,来至黔省,沟通本地奸民,共谋捆拐。既有一种窝户,依山为屋,屋后俱有石洞深林,可藏一二十人,专意窝寓川贩,将难口藏匿其中,积至成群,则纠伙护送,递卖分赃。如平越县之马场坪,湄潭县之永兴场,荔波县之高黑寨等处人家,皆以窝贩生……近因下游苗变之后,此风愈炽,竟有杀其夫而捆其妻者,杀其父母而捆其子女者,种种案情可骇怪……窃思外来流棍,无此辈为之通线引路,亦何知有可捆可拐之苗口,寻踪于蛮嶂之乡。是窝家倚川贩为生涯,川贩恃窝家为巢穴,虽屡被查拿惩究而未能止息"。② 由于清政府默许军政官员贩卖俘虏,加之改土归流后短期内社会失序,川贩趁机大肆掠卖人口,使人口贩卖活动更加猖狂。

其次,在改土归流后,为数不少的流官贪婪成性,到苗疆任职想趁机大捞一把。他们认为,"土民昔在水火,今既内服,已脱从前之暴虐,即略有需索亦属无伤"。③ 因此,强占民妇、强抢民女的现象时有发生。例如,陈君德在贵州苗疆强占苗妇阿乌,并殴打当地苗民的事例就是明证。④ 此类事件不断恶化了苗民与流官的关系,导致他们之间缺乏互信,为人口贩卖创造了有利的环境。同时,清

---

① 《朱批谕旨》,乾隆三年四月二十八日,贵州按察使陈德荣奏。
② 同上。
③ (清)官修:《世宗实录》卷64,雍正五年十二月乙亥。
④ 程贤敏选编:《清〈圣训〉西南民族史料》,四川大学出版社1988年版,第75页。

政府严禁西南人口贩卖，只是为了一时政治上的需要，加强对西南少数民族地区的统治，而此时中原地区仍然有"合法"的人口买卖存在。

　　查看当时的中原地区，人口贩卖现象比比皆是。为了适应贵族、官僚、地主和富商"价买"奴婢的需要，国内某些大城市还专门设立了人口交易的"人市"，从而衍生了一批从事人口贩卖的"人牙子"（即人贩子）。当时的北京顺承门内大街，除有骡市、牛市、羊市之外，还设有"人市"。在这个"人市"里，许多待售的人口被牵押而来，由"人牙子"带领到买家，以供查看挑选。有的省份，在一般的集市里也进行人口交易。据记载，当时的北方地区，每逢集期"大至骡马牛羊奴婢，小至斗粟尺布"均可购买。河南的集市"竟有孩童插标出卖"①者。

　　清初，仍然承袭奴婢买卖陋俗。有些地方官员为了增加赋税，在人口贩卖的过程中还规定必须由官方订立契约，由买方、卖方、牙人三方签字画押，经报官府用印立案后，才正式生效，为人口买卖提供了法律上的保障，实际上是承认了人口贩卖的合法化。一些以专门倒卖人口为业的歹徒趁机大肆地进行人口贩卖活动，他们利用贫苦人民因为灾荒、战争等导致走投无路的处境，和地主互相勾结，极力压低价格买入贫民子女，然后再高价转售，获取暴利。大量的人口需求催生了人口拐卖，使得清代前期的社会秩序进一步恶化。据记载，雍正三年（1725）九月六日，"武昌、汉阳等处有做私媒哄卖民间女子；又有湖南拐子，潜匿城市，诱拐人家子女，贩卖远方，使人骨肉分离，最为可恶"。② 甚至还有用药物迷拐幼童的。乾隆十一年（1746）安徽凤阳的人贩子马占文，用川乌、草乌、人脑等物配成迷药，"置之手巾，路遇卫二子，将手巾绕于脸上，即时昏迷"。乾隆四十一年（1776），北京有一个叫王刘氏的人

---

① 《朱批谕旨》，雍正九年二月九日，河南河道总督沈廷正奏。
② 《朱批谕旨》，雍正三年九月六日，湖北巡抚法敏奏。

用药"迷拐幼女至十六名之多"。①浙江,"有一种奸匪迷拐幼孩,肆行残害,惨毒难言"。②

最后,中国西南的某些少数民族地区,还有奴隶制度的存在,便利了人口贩卖活动。特别是在贵州邻省四川西南一带的彝族地区,竟然还形成一些有组织性的人口贩卖集团,他们或公开抢掠妇女,或威迫利诱人口,甚至还勾结官吏辗转贩卖。例如,在四川:"有一种棍徒,名为土豹,聚数十人,抢掠妇女,用棉塞口,装入口袋,背负而逃,号为开堂子。由川江用船满载,掠往湖北贩卖。所过关口,长随胥役得钱私放,路人目击不敢过问,州县虽知亦缄默。"③可见,在这样一个社会大环境下,清政府无法根治西南的人口贩卖问题,导致严禁人口贩卖政策产生流变,人口贩卖现象泛滥成灾。

就是到了清朝末期,人口贩卖还一直影响着苗民的生命安全。据《德宗实录》记载,光绪十二年(1886)十一月十二日,谕"有人奏:贵州近有匪徒拐卖人口,参将刁士枢、候补道颜培给发护票,籍索银两,并有局绅道员冷超儒、同知杨训章同恶相济,以致拐案迭出,该匪益无儆畏"。④

结　论

郑昌淦认为:"满清贵族统治者采取的政策是:在维护他们统治的前提下,尽量拉拢各族的上层分子,给予程度不同的政治地位和经济权益,保持各族的旧有剥削关系——不管其多么落后,绝不加以改革和改变——共同压迫和统治各族人民,坚决镇压各种反抗力量和分裂势力。"⑤清代,封建社会走向没落时期,阶级压迫和剥削日益严酷,贫富分化更趋激烈。同时,商品经济不断繁荣的刺

---

① (清)官修:《高宗实录》卷1005,乾隆四十一年三月。
② (清)官修:《高宗实录》卷245,乾隆十年七月。
③ (清)官修:《仁宗实录》卷97,嘉庆七年四月。
④ (清)官修:《德宗实录》卷235,光绪十二年十一月。
⑤ 郑昌淦:《明清之际的历史潮流和清王朝的统治政策》,《民族研究》1980年第4期。

激,满汉贵族、官僚、地主、富豪都愈加追求纸醉金迷的享乐生活,这些因素都促使养奴之风更加恶性发展,购买贫家子女作为家奴使用成为权贵们的时尚。清政府在贵州严禁人口贩卖政策的最终流变也是意料之中的事情。

清政府在贵州严禁人口贩卖政策中的最终流变,除在改土归流中时间过长、俘虏众多、军饷缺乏、军纪败坏、流官贪婪成性等因素外,还与其继续保留历代封建统治阶级养奴的恶习密切相关。清政府代表的是地主阶级的利益,他们制定严禁人口贩卖政策的根本目的,是为了巩固封建地主的苗疆统治。而苗疆的封建统治本质是地主阶级对广大苗民群众的压迫剥削,那么这种阶级的本质就必然反映到他们的民族政策中去。他们笼络的只是各少数民族的上层贵族,为了适应贵族、官僚、地主和富商"价买"奴婢的需要,清统治者一直保留着奴隶制的残余。清政府在贵州严禁人口贩卖政策产生流变,从严禁人口贩卖到放任乃至参与人口贩卖,反过来恶化了流官与少数民族之间的关系,导致民族冲突不断升级。

(原载《贵州文史丛刊》2005 年第 3 期)

第二节　清前期贵州苗疆人口贩卖屡禁不止的原因

清代前期[①],朝廷从巩固封建王朝统治的角度出发,在贵州推行严禁人口贩卖的政策。目前学界对该问题的研究不多,仅见有《略论满清严禁人口贩卖政策之流变——以"改土归流"前后的贵州为例》和《略论雍正年间清政府对贵州贩卖人口的整饬——以鄂

---

① 《清代前期苗民起义档案史料汇编》(中国第一历史档案馆、中国人民大学清史研究所、贵州省档案馆编,光明日报出版社 1987 年版)把清前期苗民起义的档案史料汇编时间下限止于道光,属于广义的清代前期。本书中使用的"清代前期"也是这一时间段。

尔泰打击川贩为中心》两篇文章。前文关注清政府的严禁贵州人口贩卖政策在改土归流前后的变化，后文着眼于对鄂尔泰打击川贩一系列措施的分析①，本书则试图分析清代前期贵州苗疆人口贩卖屡禁不止的诸多原因。

一 滋生贵州人口贩卖的外部环境

明末清初，经历了张献忠农民起义军洗礼以及清军铁骑南下蹂躏的四川，一度到了"弥望千里，绝无人烟"的地步。据史书记载，明万历六年（1578），四川省的总户数是262694户，人口总数是3102073人②，而到清顺治末期，四川人口仅16000丁户③，四川的人口由明代晚期的310余万骤然降至清初的几十万人。清代前期，朝廷陆续推行"湖广填四川"等移民措施来充实四川人口。同时，四川地广人稀也促使和加剧了邻省的人口贩卖活动。尤其是贵州，地方偏僻，加之有长期处于无官府管辖的千里苗疆，成为人贩子理想的"货源地"。雍正年间，云贵总督高其倬就明确指出："贵州接壤四川，四川人价颇高，川贩往往嘱托贵州土棍，土棍复又勾串诸苗，俾捆掠人口，互相授受。诸苗每得一人卖与地棍可得四五两，地棍卖与川贩每一人可得十余两，川贩贩入川中每一人可得二十余两。"④四川巨大的人口市场需求导致黔川之间的人口差价极高，转卖一人价格从"出产地"的"四五两"暴涨到"目的地"的"二十余两"，这必然驱使一批亡命之徒铤而走险，从事这一暴利的不法营生。

在贵州正常的人口市场买不到大量人口，况且正常的购买渠道成本也较高。因此，人贩子一般"议定男口年十岁以上者价若干，十岁以下者若干，女口亦如此计算。议定之后，即纠约党羽，伏草

---

① 张中奎：《略论满清严禁人口贩卖政策之流变——以"改土归流"前后的贵州为例》，《贵州文史丛刊》2005年第3期；哈恩忠：《略论雍正年间清政府对贵州贩卖人口的整饬——以鄂尔泰打击川贩为中心》，《贵州文史丛刊》2006年第2期。
② （清）张廷玉等修：《明史志》第十九第四册，中华书局1974年版，第1022页。
③ 蔡毓荣、龚懋熙修：《四川总志》卷三十，康熙十二年（1673）刻本。
④ 中国第一历史档案馆编：《雍正朝汉文朱批奏折汇编》第三册，江苏古籍出版社1991年版，第82—83页。

茅之内，遇有过往人民或各处樵牧童男妇女，辄出捆缚回家，按名交与川贩，即从苗径深林密菁，昼伏夜行护送出境"。① 鄂尔泰继任云贵总督后也发现："川贩，即汉奸之属，窜通苗倮，专以捆掠男女为事。缘本地既不便贩卖，且不能得价，故贩之他省。而川中人贵，故卖至川者居多。"② 可见，由于清初四川人口稀缺，人口贩卖供不应求，利润丰厚，贵州苗疆③被贩卖的人口主要目的地是四川。

乾隆三年（1738）四月二十八日，贵州按察使陈德荣奏报川贩在贵州的活动情况时说："此等川贩俱假贸易为名，来至黔省，沟通本地奸民，共谋捆拐。既有一种窝户，依山为屋，屋后俱有石洞深林，可藏一二十人，专意窝寓川贩……窝家倚川贩为生涯，川贩恃窝家为巢穴，虽屡被查拿惩究而未能止息。"④ 以上材料表明，在贵州人口贩卖的市场中，已经形成了一条川贩与贵州本地窝家共同分工、共同分赃、组织严密的人口贩卖交易链，形成大小不等的拐骗、绑架人口的贩卖团伙。

对川贩的人口贩卖活动打击最严的行动在雍正六年至七年，据雍正七年（1729）五月十八日鄂尔泰奏报："川贩王之奇：于雍正六年九月初二日同伙黄兆戎、黄兆策至贵州凯里附近之昂欧寨……经凯里兵丁拿获。川贩张之臣：同弟张之相贩骡来黔卖得价银，路遇未获之卢世臣商为人贩，于雍正六年十二月十五日至世臣兄卢现正家买得苗女，又未获之贩棍陈老三等与卢现正亦各贩苗女，希图同往四川发卖，在途被获等。川贩梅廷现：查梅廷现与戴志善，并未获之梅两素于雍正六年十一月初三来黔卖马，路遇夏老五，邀同贩之，各买得男女往川转卖，复回买马，有窝犯黄灿知情容隐，经麻哈州，差役等孥获解官讯，究明详报。川贩黎尚文：查黎尚文与

---

① 《雍正朝汉文朱批奏折汇编》第三册，前引书，第82—83页。
② 同上书，第35页。
③ 本节的"苗疆"，泛指苗族、布依族、侗族、彝族等民族聚集的地区。"苗民"，也泛指上述少数民族。
④ 任可澄、杨恩元等撰：(民国)《贵州通志》"前事志"第三册，贵州省文史研究馆点校，贵州人民出版社1988年版，第315页。

张明仪到黔卖花,于雍正七年二月十六日未获之关子招引卖苗妇男女,被麻哈州差役拏解讯供详报。"①

据以上案例,捕获的人贩情况各有不同:有商人见利忘义而改行贩卖人口的;有惯犯屡次贩卖人口的;有借经商为名而进行拐卖人口的;有勾结苗民贩卖人口的;还有人贩子与窝家共同勾结起来贩卖人口。此后,又陆续擒获了多名川贩,在贵筑县(今贵阳市)擒获川贩方申伯、陈占先、陈朝先、李有元、黎崇德、黄河清等;在贵定县擒获川贩徐金、董文、连总印、黄焕、王一龙等;在绥阳县擒获川贩王仲来、董相卿、彭从先、孔宪章、邱绳古、叶之恒、陈圣先等。

《大清律例》"略人略卖人"条例六规定:"凡窝隐川贩,果有指引捆拐藏匿递卖确据者,审实照开窑为首例,同川贩首犯皆斩立决,在犯事地方正法。其无指引捆拐递卖情事,但窝隐护送分赃者,不论赃数,不分首从,俱发近边充军。其止知情窝留未经分赃者,无论人数多寡,为首者杖一百流三千里,为从杖一百徒三年。其邻佑知而不首者杖一百。"②

从这一法律条文可知,一方面,由于川贩过于猖獗,乾隆年间对于川贩的打击已经有章可循,详细规定了各种人口贩卖犯罪情节的惩治办法。另一方面,也说明清代四川人口需求量之大,导致川贩四处活动,贩卖人口获取暴利,活动地点还不仅仅限于贵州一省。众多的四川人贩子参与人口贩卖活动,使"川贩"在当时成为一个专指四川籍进行人口贩卖犯罪活动者的专有名词被写入法律条文中。

二 人口贩卖"禁"与"纵"之间的矛盾

清初,全国各地仍然承袭奴婢买卖陋俗。据学者分析,清代奴婢的正常来源主要有四种:俘虏、"罪犯"及其家属、被迫卖身者、

---

① (清)世宗胤禛、允禄、鄂尔泰等:《朱批谕旨》,雍正七年五月十八日,鄂尔泰奏折,乾隆三年(1738)续刻本。
② (清)官修:《(乾隆)大清律例》第47卷,嘉庆殿本。

奴婢的后代。① 为了适应贵族、官僚、地主和富商"价买"奴婢的需要，在一些地方还专门建立了进行人口交易的"人市"，从而衍生了一批从事人口贩卖交易的中介人——"牙人"。据谈迁《北游录·纪闻下》记载："（北京）顺承门内大街骡马市、牛市、羊市；又有人市，旗下妇女欲售者丛焉，牙人或引至其家递阅。"② 北方地区，每逢集期，"大至骡马牛羊奴婢，小至斗粟尺布"③，均可购买。河南的集市"竟有孩童插标出卖"④ 者。

雍正二年（1724）十一月，云贵总督高其倬的奏折中，专门谈到贵州的人口贩卖问题："黔省境连川楚，奸人勾结，掠贩人口为害。……客民有买贫民子女者，报官用印不得至四五人，违者照典贩例科断。"⑤ 这一奏议随即得到雍正皇帝的批准。这表明贵州正常的人口买卖仍然为官方允许，并且要经官方"用印"。清政府允许正常的人口买卖，"令报明地方官用印准买"，"凡买卖男妇人口，凭官媒询明来历、定价，立契开载姓名、住址、男女、年庚，送官钤印。该地方官预给循环印簿，将经手买卖之人登簿，按月缴换稽查（档）契"⑥，这为非法的人口贩卖留下了一个政策上的缺口，成为贵州人口贩卖屡禁不止的重要原因之一。

清军在镇压雍乾苗民起义中，俘获的"战俘"不计其数。乾隆元年（1736），杨名时专门谈到"改土归流"后，"就抚熟苗，又被武臣惨戮，甚至卖其妻女，以入私囊。其脱逃者，归告徒党，贼志益坚，人怀必死，多手刃妻女，然后抗拒官兵，以致锋不可当，败衄屡告，百姓流离死徙，不可胜计"。⑦ 清军对苗民大开杀戒，遭

---

① 中国人民大学清史研究所等编：《康雍乾时期城乡人民反抗斗争资料》上册，中华书局1979年版，第359—389页。
② 《康雍乾时期城乡人民反抗斗争资料》上册，前引书，第368页。
③ 张心泰：《粤游小识》第三卷，开雕梦碟仙馆藏版，光绪二十六年（1900）刻本。
④ 《朱批谕旨》，雍正九年二月九日河南河道总督沈廷正奏折，前引书。
⑤ （民国）《贵州通志·前事志》第三册，前引书，第177页。
⑥ （清）官修：《（乾隆）大清律例》第47卷，前引书。
⑦ 中国第一历史档案馆等编：《清代前期苗民起义档案史料汇编》上册，光明日报出版社1987年版，第164页。

致更激烈的反抗，贵州苗疆社会秩序进一步陷入混乱动荡之中，从而创造了有利于人口贩卖的环境，人口贩卖问题日益恶化。据张广泗奏报，在搜剿牛皮大箐中，俘获"逆犯家属，例应充赏为奴者，共一万三千六百余口"，"附从叛逆之家属，为数众多"①，如按照清政府以前的做法，"俱行解部，长途跋涉，必致多有损毙"。因此他认为，通过地方官售卖"逆属"，"使奋勇官兵，既有实济，而逆苗家属，又得生全之为便利也"，似乎不失为一种"人道主义"的做法。张广泗承认，"川贩棍徒，成群出入营伍"，使得"军营严肃之地"，"竟为市廛兴贩之场"。②清军将为数众多的"战俘"，售卖给"川贩"，交易之频繁竟然像赶集一样。张广泗这种变卖"逆苗家属"获利的做法，连乾隆也觉得"朕心殊觉不忍……如此办理，亦出于无可如何而已"。③

此外，变卖苗民还形成了较为固定的官方价格。据许容奏称："至变买（卖）价值，亦照黔省之例：苗女孩三岁至五岁者，价银一两；六岁至十一岁者，价银二两；十二岁至十六岁者，价银三两；十七岁至三十岁者，价银五两；三十岁以上至四十岁者，价银二两；四十岁以上老弱，及一二岁乳哺者，价银五钱。"④可见，变卖作为"战俘"的苗民在当时地方官员的眼中已经合法化和正常化，连堂堂的湖南巡抚大人许容也在奏折中公开声称，变卖价值"照黔省之例"，清政府已衍变成人口贩卖的主犯。

由于气候和环境的恶劣，北方人一般很难适应贵州苗疆恶劣的气候和严酷的地理环境。故清政府在贵州改土归流中大多就近调用四川、云南一带的"土兵"。鄂尔泰在贵州改土归流以及张广泗镇压黔东南的雍乾"苗乱"，两次用兵数十万，皆于邻省就近征调"土兵"居多。"开辟"苗疆的外省军队（包括"土兵"）在长达六年的战争中，逐渐养成骄兵悍将的风气。他们自认为有功于朝廷，

---

① 《清代前期苗民起义档案史料汇编》上册，前引书，第210页。
② 同上书，第182页。
③ 同上书，第184页。
④ 同上书，第430页。

变卖被俘苗民及其家属捞取外快是天经地义的事情。在特殊的情况下，清朝政府对贵州人口贩卖从"禁"到"纵"的转变，除了长期以来对奴婢的需求外，主要是"改土归流时间过长、俘虏众多、军饷缺乏、军纪败坏、流官贪婪成性"①等原因造成的。

三 贵州流官吏治的腐败

早在改土归流之初，雍正皇帝就察觉到："（官弁等）以为土民昔在水火，今既内服，已脱从前之暴虐，即略有需索亦属无伤。"②乾隆元年（1736），贵州学政邹一桂奏报："向闻黔省积习，无论军民人等，素以欺压苗民为事……贵州之人以犬马待苗，又从而鱼肉之，且以为理之当然，群不为怪，揆之天道，亦有不得其平者矣。"③几千年来"华夷之别"，汉苗民族之间的隔阂，风俗文化的差异，使任职黔省苗疆的大多数流官很难把苗民当作清王朝的子民来平等对待。主流社会的舆论也不会谴责地方流官以及汉民对苗民的欺压盘剥，这导致苗疆流官贪污成风。晚至嘉庆初年，张澍在贵州所看到的情况仍然是："宦斯土者往往夷之，愿旦夕即去，若陋者不可居也。"④到贵州来任职的官员大多觉得自己被发配苗疆，无心久留。因此，许多流官抱着捞一把就走的想法，此类想法严重恶化了苗民与周边汉民，以及地方流官政府的关系，加深了民族隔阂和积怨，为人贩活动提供了有利的环境。贵州省内各关卡的大小官员，大肆收受贿赂，为人贩子的顺利通关大开方便之门。鄂尔泰认识道："向来文武各员，惟利无事，并不实力惩惩，而差役兵丁遂尔得钱纵放（人贩），互相容隐，以致毫无顾忌，汉夷并遭其毒，且窜入苗寨勾结为非，靡恶不作，同时地方官员'多草率了事'，使得'奸恶之徒'嗜利忘身，不无仍蹈旧习。"⑤

---

① 《略论满清严禁人口贩卖政策之流变——以"改土归流"前后的贵州为例》，前引文。
② （清）官修：《世宗实录》卷64，雍正五年十二月己亥。
③ 《清代前期苗民起义档案史料汇编》上册，前引书，第229—230页。
④ 罗书勤等点校：《黔书·续黔书·黔记·黔语》，贵州人民出版社1992年版，第137页。
⑤ 《雍正朝汉文朱批奏折汇编》第十五册，前引书，第333页。

雍正四年（1726），鄂尔泰以征剿长寨为名，暗中实施抓捕人贩的军事行动。在征剿中"合前后所获男妇（人贩）大小数百口"，并将其所捕要犯"阿捞、阿捣、杨世臣、王有余等共十二名，详加审讯"，而针对"已逃诸贩，隶黔属者，通行捕拿"。鄂尔泰认为，抓捕人贩一事是关系到贵州及周边省份稳定的共同事务，请求雍正皇帝"谕令川省抚提诸臣，按姓名居址，同心密缉，务期擒获"。①有鉴于此，清政府多次下令云南、贵州、四川、广西的督抚提镇："凡贩棍往来要路，设立营汛，委拨游守等官，带领弁兵驻防稽查"，特对于"劫掠之事，即时擒拿，不使漏网"，并且还督促各位边官针对西南人口贩卖一事与鄂尔泰进行商议，以"筹划久远之计"。②

《大清律例》"略人略卖人"第五条明确规定："凡外省民人有买贵州穷民子女者，令报明地方官用印准买。但一人不许买至四五人带往外省。……至印卖苗口以后，给予路照，填注姓名年貌。关汛员弁验明放行，如有兵役留难勒索及受贿纵放者，俱照律治罪，该管员弁分别议处。"③清王朝的法律对贵州正常人口买卖的管理有详细的规定，需要有官方的许可，在人数上也有限制。但由于清代贵州苗疆流官吏治的腐败，严禁人口贩卖的许多有效措施得不到执行，成为一纸空文。

为什么贵州绑架、掠夺人口贩卖的事情大多出现在苗疆呢？"开辟"苗疆以前，"生苗"基本不与外界往来，有事不告官，自己按"苗例"处理。由于风俗文化语言迥异，周边汉民的歧视，"生界"苗民基本上也不敢到汉人聚居的地方去。"开辟"苗疆后，战争使苗疆社会一度处于失序状态。连军队都在贩卖战俘，遑论其他。乾隆三年（1738）四月二十八日，贵州按察使陈德荣奏报："近因下游苗变之后，此风（贩卖人口）愈炽，竟有杀其夫而捆其

---

① 《清史资料》第二辑，中华书局1981年版，第78页。
② 《雍正圣训》第一卷，雍正五年二月庚申。
③ 《（乾隆）大清律例》卷47，前引书。

妻者，杀其父母而捆其子女者，种种案情可骇怪。"① "开辟"苗疆后相当长时期内，由于清廷在苗疆大屠杀带来的敌视和疑惧，苗民更是不会相信清政府委派的流官、土官会保护他们，只有自己小心提防人贩。诸多因素，使人贩子常常把苗民作为掳掠的对象，贩往他乡获取暴利。

四 "诸苗"抢杀捆卖之风

雍正二年（1724），云贵总督高其倬奏报："（贵州苗疆）多抢杀之事，多云由于苗性记仇嗜杀而然。后臣细察之，实皆起于图利，其复仇亦借端实利……若能止捆卖之风，则诸苗抢杀之事可十减其五，但其中弊窦尚自多端。贵州各土司地小人穷，多以窝贩窝盗为事，而劣衿亦把持隐蔽共为，桩主兵丁坐讯亦复卖放，是以治捆贩之法未尝不严，然不将各种弊窦详酌整顿，奸棍玩顽苗冒险趋利，此风终不能息。"②

根据高其倬的分析，贵州人口贩卖和苗民仇杀之间有互为因果的关系。一方面，人口贩卖的巨额利润，促使无以为业的苗民发现这是一个发财致富的"捷径"。另一方面，苗民经常性地械斗仇杀捉到的"战俘"，将之转卖获利，又保证了"货源"的充足供应，促使人口贩卖行业的兴盛。

由于西南人口贩卖活动的猖獗，高其倬多次上奏朝廷。他针对贵州苗疆的地理特殊性和"捉白放黑"习俗进行了分析："贵州地连川、楚，奸人掠贩贫家子女为民害，请饬地方官捕治，岁计人数为课最。贵州民间陋俗，被人劫杀，力不能报，则掠质他家人畜，令转为报仇；不应则索赎，谓之'挐白放黑'。请加等治罪。"③ 高其倬希望对地方官实行抓捕人贩"岁计人数为课最"的奖励措施，同时对贵州民间仇杀掠卖人口的行为严加惩罚，以作为严禁西南人口贩卖的新举措，这些措施很快被清政府批准。

---

① （民国）《贵州通志》"前事志"第三册，前引书，第315页。
② 《雍正朝汉文朱批奏折汇编》第三册，前引书，第82—83页。
③ （民国）赵尔巽等：《清史稿》第三十四册，卷二百九十二列传七十九，中华书局1977年版，第10302页。

雍正四年（1726）十月，鄂尔泰接任云贵总督后，也深知人口贩卖实为黔省之祸患。他认为："黔省大害，阳莫甚于苗倮，阴莫甚于汉奸、川贩"，同时对贵州人口贩卖的情况作了分析："盖夷人愚蠢，虽性好劫掠，而于内地之事不能熟悉，权谋巧诈，非其所有。惟一等汉奸潜住野寨，互相依附，响道（向导）引诱，指使横行，始则以百姓为利，劫杀捆掳，以便其私；继复以苗倮为利，佯首阴底（庇），以佐其财。是虐百姓者苗倮，而助苗倮者汉奸，虐苗倮亦汉奸也。……其往来歇宿，半潜匿苗寨，沿途皆有窝家，既可免官府之擒拿，又可通汉夷之消息。居则有歇家为之防卫，行则有党羽为之声援，无从盘诘，莫可稽查。及其路径既熟，呼吸皆通，不独掠汉人之丁口，亦复拐苗人之男妇，而苗人既堕其中，遂其所用。"①

鄂尔泰认为，由于苗民的愚昧无知，他们既是人口贩卖过程中被裹胁的帮凶，同时也是人口贩卖的受害者。据此，雍正皇帝多次督促鄂尔泰一定要做好苗区的安定工作，对于人贩要"尽法处置"，必使"此风尽息方可"。

清政府为了苗疆的政治稳定，确实也下了大力气来打击人口贩卖活动。例如，乾隆六年（1741）九月二十九日，署贵州总督云南巡抚张允随疏："嗣后除外省流棍勾串本地玩法之徒，将民间女子拐去川广贩卖，或强行绑去贩卖者，仍照例分别首、从，定拟斩决、绞候"。而对于"本省民人诱拐本地子女，在本地售卖者，审无勾通川贩情事，仍照诱去妇人子女本例：被诱之人若不知情，为首者拟绞监候，为从及和诱知情之人发遣。如系本省人捆绑本地子女，在本地售卖者，虽未经伤人，但即捆其人复卖其省，即与伤人无异，为首者照抢夺伤人例以拟斩监候，为从者分发边卫充军"。②乾隆十二年（1747）七月，乾隆发布了"禁商民贩苗民子女"的上

---

① 《清史资料》第二辑，前引书，第77—78页。
② （清）官修：《高宗实录》卷151，乾隆六年九月二十九日。

谕。① 这一看似普通的上谕，恰恰说明之前朝廷对于贩卖苗民子女没有明文规定是非法的。在地方官的观念中，人口贩卖的禁令是针对贵州的汉民，而苗民属于"蛮夷"，不在此禁令之列。清政府为了苗疆的安定，所以才专门出台这一特殊的禁令。

清政府出台的一系列打击人口贩卖的措施，有力地打击了川贩在贵州的猖獗活动，取得了一定成效。然而少数民族地区的械斗仇杀积弊甚深，因此诸苗抢杀捆卖之风也非短期内能够禁绝的。

结 论

清政府在贵州实施严禁贩卖人口政策，有利于整个西南地区社会环境的稳定，有利于巩固"改土归流"的成果，保证苗疆的社会稳定，保证贵州社会生产力的正常发展。清政府所采取的具体政策和措施，也确实在一定程度上打击了人口贩卖活动。但是，"贩卖人口具有长期性、持续性、隐蔽性和形式多样的特点"②，由于清朝前期四川等省份对人口长期的、巨大的需求所导致的人口贩卖暴利，清廷无法处理人口贩卖"禁"与"纵"之间的矛盾，贵州流官吏治的腐败，"诸苗"抢杀捆卖之风盛行等原因，以致人口贩卖一度猖獗，发展到川贩绑架人口贩卖、军队转卖"战俘"、官匪勾结贩卖、"诸苗"勾结川贩共同贩卖的严重程度，清代前期乃至整个清代贵州苗疆的人口贩卖活动一直没有禁绝。

[原载《中南民族大学学报》（人文社会科学版）2009年第2期]

---

① （民国）《贵州通志》"前事志"第三册，前引书，第330页。
② 《略论雍正年间清政府对贵州贩卖人口的整饬——以鄂尔泰打击川贩为中心》，前引文。

第六章　苗民信仰世界研究

第一节　侗歌蕴含的人观研究

一　问题的缘起

法国人类学家莫斯最早提出"人观"这一概念,他认为必须从生物、社会、心灵三个层面入手,了解一定社会关系中的人,进而理解人所处的社会。① 人类学视野下的人观,指的是一个相对固定的族群所共同持有的生命价值观念。简单来说,就是对于"人是什么"的认识以及相应的社会行为模式,即"我是谁？我从哪里来？我为什么活着？我到哪里去？"的看法。

爬梳国内相关研究文献,较早从人类学视角关注人观的是中国台湾"中央"研究院黄应贵的《人观、意义与社会》一文,他指出人类学对研究对象"人观"的分析应从"个体"、"自我"及"社会人"三者在社会文化中不同的结合表现出来,将人观与社会的交换方式结合,进而探讨其形成、发展与变迁。② 随后,陆续有若干研究成果探讨人观问题,主要集中在两个维度:一是宏观研究,如《论人类学人观研究的物、人、心之维》③、《人类学"人观"命题

---

① [法]莫斯:《一种人的精神范畴:人的概念,"我"的概念》,余碧平译,载《社会学与人类学》,上海世纪出版社2003年版,第271—279页。
② 黄应贵:《人观、意义与社会》,《广西民族学院学报》(哲学社会科学版)2002年第1期。
③ 李笑频:《论人类学人观研究的物、人、心之维》,《思想战线》2010年第6期。

的追索与反思》①等,对人类学人观中的物、人、心等基本问题进行研究。二是微观研究,又细分为两类。第一,某一文化系统的人观研究。如《道教与基督教人观之比较》②、《儒家"人观"的当代启示——以〈礼记〉为中心的考察》③等,针对儒家、道家及基督教的人观进行研究。第二,某一民族或特定地域的人观研究。如《藏族民间人观及其意义解析》④、《人观与秩序:布努瑶送魂仪式分析》⑤、《勒俄特依的人观表述》⑥、《空间、家屋与人观——以关中邓村为例》⑦等,对藏族、瑶族、彝族的人观进行研究,或者对某个田野点的建筑形制与人观的关系进行追溯。

当然,其他学者的研究尽管没有系统全面地从人观的角度进行研究,也集中探讨了某个民族的图腾、祖先祭祀、宗教信仰、宇宙观、思想信仰世界等。总体而言,重点集中在对汉人社会的"天人观""天地人观"的探索,对中国这样一个统一的多民族国家中少数民族的人观研究远远不够,尚有很大的研究空间。

侗族一向有"饭养身,歌养心,酒养神"之谚,2009年侗族大歌入选"联合国人类非物质文化遗产代表作名录"后,侗歌更是广为世人所知。过去对侗歌的研究主要集中在搜集整理⑧、分类⑨、社

---

① 王立杰:《人类学"人观"命题的追索与反思》,《湖北社会科学》2013年第4期。
② 丁常春:《道教与基督教人观之比较》,《社会科学研究》2005年第1期。
③ 唐启翠:《儒家"人观"的当代启示——以〈礼记〉为中心的考察》,《社会科学家》2011年第7期。
④ 还格吉:《藏族民间人观及其意义解析》,《西藏大学学报》(社会科学版)2014年第1期。
⑤ 叶建芳:《人观与秩序:布努瑶送魂仪式分析》,《广西民族研究》2014年第6期。
⑥ 刘亚玲:《勒俄特依的人观表述》,《民族文学研究》2009年第1期。
⑦ 董敬畏:《空间、家屋与人观——以关中邓村为例》,《北方民族大学学报》(哲学社会科学版)2011年第2期。
⑧ 这方面的相关成果在本节中会充分展开讨论,此处不再赘言。
⑨ 杨英慧:《侗歌的分类及传承特点》,《贵州日报》2005年9月9日第11版。

会文化功能①、音乐特质②、传承与保护③、学术史回顾④等方面，取得了相当多的成就。本节梳理已经出版的各种侗歌⑤辑录，主要从文学人类学视角出发，深入探讨这些与侗族人民日常生活息息相关的侗歌背后蕴含的人观。

二 侗歌经典介绍

侗歌的经典主要有《侗族大歌·琵琶歌》、《侗族民歌选》、《侗族祖先从哪里来（侗族古歌）》、《侗款》、《侗垒》、《侗族琵琶歌》、《琵琶歌选》、《侗耶》等。

侗族人民把唱歌看得十分重要。唱歌是他们生活中不可或缺的部分。他们认为，语言不能充分地表达情感，唱歌可以充分传达出来。他们用歌声叙述人类的起源、民族的繁衍、祖先的迁徙，记录侗族历史上发生的重大事件，描述重要风俗习惯的沿革以及赞颂青年男女追求幸福爱情，争取婚姻自由的事迹等。《侗族大歌·琵琶歌》主要收录侗族大歌和琵琶歌，这两种在侗歌中的音乐性都很强，特别是侗族大歌，更以其动人心弦的曲调和多声部自然和声的演唱方式，为海内外音乐界人士所称道。从音乐的角度，编者把贵州南部侗族地区的民歌作如下分类⑥（见图6-1）。

---

① 龙昭宝、龙耀宏：《试论南方少数民族叙事歌的生成——以黔湘边区汉族古典文学题材侗歌为例》，《贵州社会科学》2014年第10期；杨经华、吴媛姣：《生态文明建设的新契机——"侗歌入世"的经济反思》，《贵州民族研究》2010年第4期。

② 赵晓楠：《对三种新型民歌演唱形式及其背景的初步探讨——以贵州省小黄寨侗歌为例》，《中央音乐学院学报》2005年第1期。

③ 杨晓：《乡间与校园：侗歌传承的两种形态》，《音乐探索》2000年第4期；徐新建：《无字传承"歌"与"唱"：关于侗歌的音乐人类学研究》，《民族艺术研究》2006年第3期。

④ 徐新建：《"侗歌研究"五十年（上、下）》，《民族艺术》2001年第2—3期。

⑤ 本节所讨论的是一切可以歌唱的广泛意义上的侗歌，包含大歌、情歌、侗款、侗耶、侗垒、琵琶歌、古歌等。

⑥ 龙耀宏、龙宇晓编：《侗族大歌·琵琶歌》，贵州人民出版社1997年版，第3页。下图为笔者据该书分类的意旨绘制。

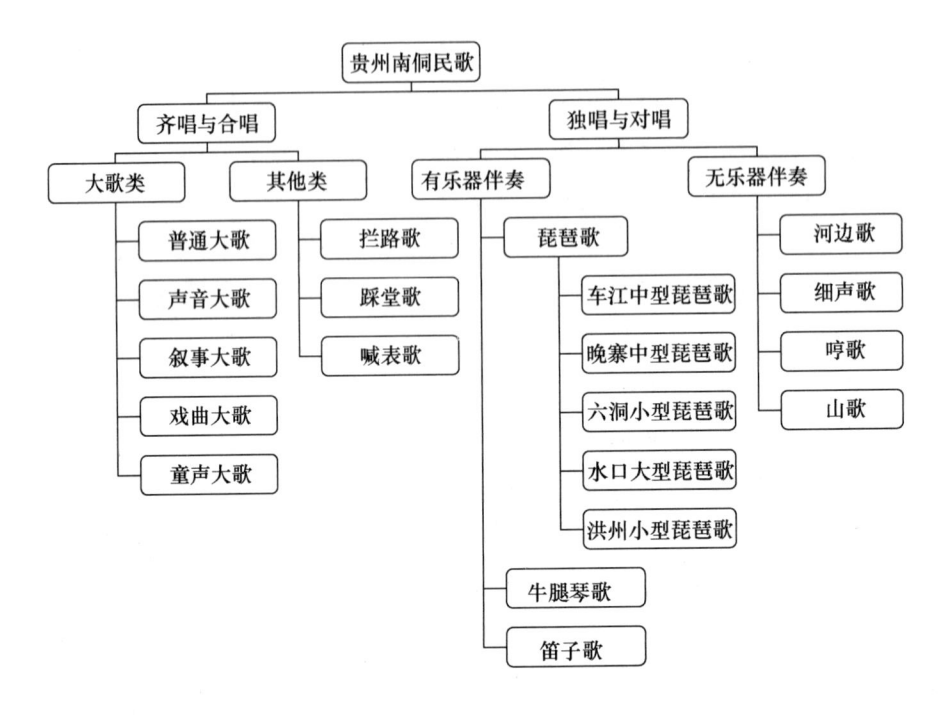

```
                          贵州南侗民歌
                  ┌──────────┴──────────┐
              齐唱与合唱              独唱与对唱
            ┌─────┴─────┐         ┌─────┴─────┐
          大歌类      其他类     有乐器伴奏    无乐器伴奏
          ├ 普通大歌   ├ 拦路歌    ├ 琵琶歌      ├ 河边歌
          ├ 声音大歌   ├ 踩堂歌    │ ├ 车江中型琵琶歌  ├ 细声歌
          ├ 叙事大歌   └ 喊表歌    │ ├ 晚寨中型琵琶歌  ├ 哼歌
          ├ 戏曲大歌              │ ├ 六洞小型琵琶歌  └ 山歌
          └ 童声大歌              │ ├ 水口大型琵琶歌
                                 │ └ 洪州小型琵琶歌
                                 ├ 牛腿琴歌
                                 └ 笛子歌
```

图 6-1 南侗民歌分类

《侗族民歌选》从内容上，大致可以分为以下五个大类[①]：

第一类叙事长歌。流传于侗族地区的叙事歌，题材广泛，形式多种。从内容分有：（1）侗家神话传说，如《棉婆孵蛋》、《洪水滔天》、《开天辟地》、《张良张妹》等。（2）侗家重大历史事件，如《勉王起兵重又来》、《金银王之歌》、《咸丰五年天下乱》等。（3）男女爱情和世态人情，如《娘梅歌》、《秀银和吉妹》、《刘梅与莽子》等。（4）移植的汉族故事，如《梁山伯与祝英台》、《孟姜女》、《陈世美》等。

第二类大歌。大歌从内容上分为叙事大歌、抒情大歌、嘎所（即谐声大歌）、童声大歌等。大歌主要流传在今贵州黎平、榕江、

---

① 杨通山等编：《侗族民歌选》，上海文艺出版社 1980 年版。《侗族民歌选》包括《侗款》、《侗垒》、《侗族大歌·琵琶歌》、《琵琶歌选》、《侗耶》的部分内容，因其收录的内容丰富，体例上虽与后几部经典不一样，但一并纳入讨论。

从江以及广西三江的侗族地区。

第三类坐夜歌（gal nyaoh nyaemv）。也称走寨歌（gal qamt xaih）或青年男女歌（gal banl miegs），是侗族情歌中的一种，也是数量最多、流传最广的一种。侗族南部方言地区有男女青年行歌坐夜的风俗，这是侗族青年的社交方式，坐夜时男女对唱的歌就叫坐夜歌。传统的坐夜歌以流传最广的"情人歌"（gal nyenc singc）最为著称。

第四类琵琶歌。侗语俗称"嘎琵琶"，是一种自弹自唱的说歌艺术。可以分为短歌、长歌两种。短歌大都是抒情歌。长歌大都是歌师们在鼓楼当众弹唱，内容有苦歌、劝歌、抒情长歌等。苦歌反映旧社会侗家人的苦难，有《卖女歌》、《放排歌》、《挑担歌》等。劝世歌是侗族民歌中的一种"特产"，它的主要社会功能是劝教诫世，劝夫妻和睦、劝懒汉回头、劝孝敬父母、劝戒烟酒嫖赌等，反映侗族人民的伦理道德观念。劝世歌的作品很多，如《十二月劳动歌》等。抒情长歌《银情歌》，是琵琶长歌中富有艺术特色的一种。抒情长歌中，比较优美的有《银情美》、《银情柱》、《银情十四》等"十大银情"。

第五类礼俗歌。人们把民间在人生礼仪活动中所唱的歌称为礼俗歌。礼俗歌包括的范围十分广泛，种类繁多。主要有拦路歌（gal sagl kuenp）、酒歌（gal kuaot）、踩堂歌（gal qot）、哭歌（gal nees）等。此外，《侗族民歌选》中还收录有牛腿情歌、笛子歌、木叶歌、开路歌、口头歌、细声歌、花歌、赖油歌、走寨歌、祝福歌、儿歌、谜歌、款词等。

《侗族祖先从哪里来（侗族古歌）》是侗族叙述人类起源、民族繁衍和各处侗寨描述祖先迁徙的叙事古歌和念词。[①] 这一类古歌，侗家叫作"祖源歌""忆祖歌""祭祖歌""祖公上河"，统称为"祖先迁徙歌"或"祖先落寨歌"（即"公补夺顺"）。尽管名称各

[①] 念词：一种节奏性较强，易于背诵，内容是纪念祖先或对当事人进行祝福的吉利词。

异,但内容叙述的都是有关侗族祖先从远道迁徙而来的经过。在没有文字记载的漫长历史过程中,侗族人民就是主要通过歌谣的方式流传和保存祖先的史实。传唱这类古歌,既表明侗家人对祖先的尊敬与怀念,又为了让子孙后代记住祖先的历史及渊源,勿忘根本,时刻保持自己的民族认同。关于侗族祖先的来源,在《侗族祖先从哪里来》里主要有两种说法:第一种叙说侗族祖先系由广西梧州一带迁徙而来的。① 如《侗族祖先从哪里来》、《祖源歌》、《忆祖歌》、《祖公上河》以及古邦、九洞、岩洞、四十八寨、天府等处的《侗族祖先迁徙歌》。"我们侗族祖先/落在什么地方/就在梧州那里/就在浔江河旁/从那胆村一带走出/来自名叫胆的村庄。"② 第二种叙述侗族祖先从江西吉安、太和一带迁来的。③ 如《我们祖先怎样落在这个寨子上》、《茅贡忆祖来源歌》、《丈良丈美歌》、《祖公落寨歌》、《我们祖先江西来》。"我们祖先生在高坎岩/住在白沙井内珠子街/那里属于江西吉安府/十有九年遭荒灾/兵荒马乱住不下/祖先爬山走上来……/走到梧州打一仗/战死的人树下埋/捉得强人捆树上/活活饿死丢骨骸……"④ 另一种"江西说"唱道:"我们祖先本姓杨/住在江西太和县/地名叫作朱始巷/那里原来很安静/绿竹满坡笋子壮/可是地理先生说/那里地势不兴旺/我们祖先去算命/也说搬迁才吉祥/还说搬迁要出千里外/子孙才兴旺。"⑤

  侗款是侗族社会历史发展的产物。据记载,侗族地区"古无大豪长",其社会状况是"千人团哗、百人合款、纷纷籍籍不相兼统、

---

① 这一带原来就有侗族居住,单家独户或者某个姓氏迁来,是很自然的。
② 杨国仁、吴定国等整理:《侗族祖先从哪里来》,贵州人民出版社1981年版,第31页。
③ 20世纪80年代末黎平修县志,专门派人前往江西省吉安、太和等地考察,查证两处历史上根本没有侗族的先人居住过。参见贵州省黎平县志编纂委员会编《黎平县志》"民族篇",巴蜀书社1989年版,第121—122页。笔者认为,江西说有可能是明朝洪武年间镇压吴勉起义的汉族后人"侗化"的祖先残存记忆或部分侗族知识分子为了免遭歧视,希望进入汉文化的主流社会而根据某一特殊的历史事实附会改造而成的族源历史记忆。
④ 《侗族祖先从哪里来》,前引书,第156—157页。
⑤ 同上书,第135—136页。

徒以盟诅要约、终无法度相縻"。① 这些民间组织邀集各村寨头人族众"彼此相结、歃血誓约","缓急为援、名曰款门"②,以处理本民族和村寨内外的重大事务,侗语称为"款"(Kuant)、"合款"(Huos Kuant)或"团款"(Donc Kuant)。款有款规款约,通过共同协商议定,盟誓执行;由款众当众发布,付诸实施。这种款规款约称为款词(Leix Kuant)。由于侗族人民居住区域广,款坪众多,因而款词也多种多样。虽然内容大致相似,但风格迥然不同。款词作为侗族人民的习惯法,兼具道德教化的作用。款词内容涉及社会规约(法律)、历史、文学、艺术、民俗、宗教等领域。款在侗族社会精神文明和侗族人民的世界观、人生观中的地位都非常崇高。千百年来,侗族地区社会秩序能够有序运行,人民之间能够团结一致、和平共处,其中一个重要因素就是款的约束性。当然,这与长期以来款组织的存在和款词的长期发展、世代相传是分不开的。在漫长的历史发展过程中,侗款在组织生产,反抗封建王朝和本地土司压迫等方面起了不可替代的作用。《侗款》一书根据内容分,大体有11个方面③:

(1)款坪款是记述各个款组织的区划地域和村寨范围的款词,很像侗乡的"地理志"与"款区略图"。如《十二款坪·十三款场款》记载:"寨老四汤公,有古书一本,记载侗家村和寨,集众合款各款坪……大众合意合心;就这样约定、这样讲成;立约威力比地大,立约威力大如天。(众合)是呀!"④ 它记述了分布于湘、黔、桂边界相连接的款坪、款场和款组织的地域区划范围。

(2)约法款指侗族社会的习惯法及其实施组织款(侗语Kuant),它是侗族社会有组织、有秩序、长期稳定发展的保障,也

---

① (明)刘欣:《渠阳边防考》,转引自(清)巴哈布、翁元圻等修,王煦、罗廷彦纂《湖南通志》,嘉庆二十五年(1820)刻本。
② 符太浩:《溪蛮丛笑研究》,贵州民族出版社2003年版,第45页。
③ 侗款分类参考了《侗族文学史》(《侗族文学史》编写组编,贵州民族出版社1988年版)和《侗款》(杨锡光等整理译释,岳麓书社1988年版)两书。
④ 《侗款》,前引书,第12—13页。

是侗族人民心理素质、伦理道德、社会行为、生活方式的最高价值标准。各款组织制定规章约法的款词来维护各款区的社会秩序。"古时人间无规矩，父不知怎样教育子女，兄不知如何引导弟妹，晚辈不知敬长者，村寨之间少礼仪……祖训如何？俗规如何？如何嘱咐，如何遵循。少讲多知，重在力行，表说清楚，带上青龙款坪。"① 此记述表明立款的必要性和款的权威性必须得到遵从。从内容来看，约法款大都是规范人们行为的，对违法者严惩不贷，如"不许杀人、放火、行凶逞蛮，人命关天，罪情重大，哪人敢犯，把他沉塘、火烧"。② 约法款在所有的款词当中最具有现实意义，通过口耳相传的记诵，进行道德教化和行为规训，使侗族人民在现实世界中能够具有和平共处的法律保障。

（3）出征款是款组织集结款众抗击外来强暴，出征战斗前宣誓用的款词。内容主要是鼓舞士气，号召大家团结互助、保护村寨、英勇抗敌。如流传于贵州黎平、榕江一带的《我胜他》："十支合成捆，九根拧一把③……誓死战斗，不胜不回。"④ 在《出征款》中，既有对勇敢者的赞扬，又有对怯懦者的谴责。款词说："青年人拿刀，壮年人拿枪。要像雷婆施法击精怪，要像老虎咬妖婆。勇猛地杀，勇猛地打，打得敌人纷纷逃亡。"对那些临战怯懦、胆小怕死者则称为"像鸡怕老鹰，像鸟怕鹞鹰。这样的人要拖进树林去杀，应抓在脚底任人踩。"⑤ 从出征款对勇敢者和怯懦者截然相反的评价，可以看出它维护侗族人民利益，歌颂勇者、鄙视懦夫的价值观。

（4）英雄款是歌颂、缅怀侗族历代英雄人物的款词。这样的款词有《莎岁款》、《吴勉王》等。如歌颂贵州黎平的侗族农民起义领袖吴勉王是"人中英雄，族中豪杰。兹兹议事到天黑，兢兢办事到

---

① 《侗款》，前引书，第42—43页。
② 同上书，第111页。
③ 意思是大家团结起来，才有力量。
④ 同上书，第244页。
⑤ 《侗款》，前引书，第241—242页。

天明……白天招得人七千，夜晚招得人八万"。① 通过对本民族英雄人物的歌颂和缅怀，侗家人的共同文化心理认同不断得到加强，侗家人热爱本族的文化心理意识不断得到强化。

（5）族源款是讲述侗族历史和迁徙经过的款词。其中包括人的根源，如《姜良姜妹》、《宗支款》、《祖宗落寨》等。"洪水退到地，人类已绝迹；女无人娶，男无人配。姜良姜妹打破铜钱起誓，结为夫妻。生下儿子，白饭不吃，甜奶不要；他俩无计，束手无策，便将婴儿砍肉入篮，砍骨入筐。肠子做汉子，骨头做苗人，肌肉做侗人……世上又发无数人，六国地下均太平。"②《姜良姜妹》反映出早期侗家人与其他族群一样，存在血缘婚制的现象，也反映侗家人愿意与各族人民友好相处的愿望。族源款通过反复地歌唱祖先的历史和来历，强化侗家人的文化认同、族群认同。

（6）请神款主要是讲述款的来历，邀请诸神都来参加合款活动，并作佐证以增加款的权威性。所请的神，一般有侗族最大的祖母神。如姜良姜妹（Jangl liangc Jangl muih）、莎岁（Sax sis），还有天神、土地神以及飞山神、祖先神等。"请你上元众祖先，中元众祖宗，下元众祖公。③ 土地老神、地藏菩萨④，上坛香火（神龛），下坛土地……我讲不了的人名，说不完的鬼姓，都来这里享受酒肴。吃完为此，神乐人安。"⑤

（7）悼念款是族人逝世时进行丧葬仪式念诵的款词，其内容主要是表示对死者的悼念和对亲属的安慰，祝愿死者在"天堂"里得到幸福。

（8）公祭款（送神款）是讲款活动结束时讲述的最后一条款词，内容是宣布讲款活动已告结束，请各位神灵回到自己的神位上

---

① 《侗款》，前引书，第 254 页。
② 同上书，第 270—271 页。
③ 上元祖先——侗家以三个六十甲子，一百八十年为世间周转期，第一甲子为上元，依次为中元、下元；祖先神也以此为序。
④ 地藏菩萨——侗家传说，人死归土，即为地藏王所管，人们要祈求他，祖先方能早升天界。
⑤ 《侗款》，前引书，第 472 页。

去,并祈求保佑。同时也忠告各寨款众要牢记祖先传下来的规章约法、道德风尚,以求子孙繁荣昌盛。如流传在贵州黎平等地的《睹煞①款·神灵吃酒》,"神灵都来吃酒,世人祈求保佑。保你什么?保佑田中禾谷……保佑禾秧同丘同长,郎娘偕老同堂,家业兴旺……保佑这家老人,像黄岩直立,整世在家保儿孙"。②

(9)创世款是叙述世间万事万物来源的款词,如《天地、山河的来历》、《牛的来由》、《猪的来由》、《鱼的来由》和《芦笙的来由》等。

(10)习俗款是介绍侗族各种风俗习惯来历的款词,如《破姓结亲》、《行年根由款》等。

(11)祝赞款是侗族人民在交往活动中用来互相祝福、赞颂的款词。这类款词较多,如《赞老人》、《赞青年》、《赞妇人》、《赞姑娘》、《赞村寨风水》等。

当然,这些分类也不是百分之百的恰当,因为侗族人民在创造这些款词的时候,根本就没有想过分为多少类,他们只是针对生活中的具体事象制定一系列的款词而已,分类是后来的人为了方便理解及研究侗款之用而建构出来的。因此,我们可以发现《侗款》中有些人物和史实是重复地记载在不同类型的款词里,内容大同小异。例如关于侗族英雄吴勉王的事迹和姜良姜妹兄妹通婚的款词。

《侗垒》又称《垒词》,是侗族古代流传至今的"垒金垒玉"的吉祥雅语。它是古代侗家人祭祀神灵、祈祷祝福的吟诵词。由于在讲诵时彬彬有礼、有条不紊、娓娓道来,因此又被称为祭祀垒词或条理话。在古代,侗家民间流传着"讲垒兮又歌,神安兮常乐"的常言,可见垒词在侗族人民心目中的地位之高。侗语"Angsliix"可以翻译为"客气话"。据《侗垒》③一书,主要分为"创世垒"、"祭祀垒"、"迁徙叙词"、"寨规垒"、"英雄颂词"、"劝诫词"、

---

① 睹煞——侗语 douv sac 的音译,即祭祀之意。
② 《侗款》,前引书,第510—513页。
③ 杨锡光等整理注校:《侗垒》,岳麓书社1989年版。

"祝贺吉语"、"情话垒"等。

侗族琵琶歌,是在侗族民间诗歌、念词以及民间传奇故事的基础上发展起来的新艺术形式,因为用侗族琵琶伴奏而得名。侗语叫al bic pic "嘎琵琶",是一种自弹自唱的说唱诗歌艺术,主要收集在《侗族琵琶歌》[①]和《琵琶歌选》[②]里。侗族琵琶歌从演唱形式看可以分为两类:一是由歌师自弹自唱,不加说词的长篇传奇叙事歌,称 alxangc "嘎长"。如广泛流传于侗乡村寨的《朱郎娘美》,就是《长歌》中的典范。《侗族琵琶歌》中认为,"大歌"的歌名冠以人名的就是叙事歌,冠以地名的就是情歌。二是由歌师弹唱一段,又说白一段。谈谈唱唱,讲讲说说,并且每首歌都有《开头歌》和《结尾歌》的称 valjengh "嘎锦"。如《焦僚格女》(又名《采桑之歌》。——笔者注)。根据乐器的大小不同,分为三类:其一是使用大琵琶伴奏的琵琶歌,主要流行于湖南通道、靖州,贵州黎平、榕江、从江,广西三江等地的侗乡。其二是使用中型琵琶伴奏的琵琶歌,以贵州榕江县车江、晚寨,黎平县顺寨、孟彦一带的代表性最强,其中尤其以车江的琵琶歌历史最悠久、最负盛名。其三是使用小琵琶伴奏的琵琶歌,主要流行于贵州从江、黎平地区,东抵湖南通道县境,南达广西三江富禄一带。

"侗耶",又称"哆耶",是集侗族诗歌、音乐和舞蹈三者为一体的民间文学艺术形式,主要收集在《侗耶》里。其耶词浪漫传奇,丰富多彩;曲谱节奏明快,高亢激越;舞姿纯朴风趣,洒脱大方;富有浓郁的生活气息和独特的民族特点,深受侗家人的喜爱。"侗耶"是侗族祖先在集体劳动过程中产生和发展起来的。随着社会的发展和历史的演进,侗耶除了作为一般的民间文娱活动外,人们还赋予它一些特殊功能,如迎送尊贵的客人、祝颂地方政绩、缅

[①] 黔东南苗族侗族自治州文艺研究室、贵州民间文艺研究室编,棠棣华、王冶新整理:《侗族琵琶歌》,贵州人民出版社1981年版。收集的侗族琵琶歌主要流行在榕江车江、黎平双江及从江贯洞一带。该书的缺憾是没有把原汁原味的侗语言歌与汉译本一并出版,导致懂侗语的读者无从查对。

[②] 杨锡光等编译:《琵琶歌选》,岳麓书社1993年版。

怀祖先功德、祭祀天地神等。"耶舞"和"祭萨"的群众活动有着密切的关系。①《侗耶》这一民间文艺充分反映了侗族人民的风俗习惯，寄寓着侗族人民的哲学思维、生活理想、伦理观念和美学追求。

侗族是一个文化灿烂的民族，已经介绍的经典，由于编者身份各异，其中有许多重复和翻译不妥的问题。② 侗歌的经典还有许多，限于篇幅，不逐一介绍。

三　侗歌中的人类观

侗族的宗教和神话，互相影响、互相渗透，多数是互为因果的，同时也与侗族的风俗习惯分不开。由于长时期与各民族交往，受其他民族文化的影响，其宗教与神话也融合着外来的文化成分。侗族的宗教和神话，主要是通过歌谣的形式传唱。在《侗族大歌·琵琶歌》、《侗族民歌选》、《侗族祖先从哪里来（侗族古歌）》、《侗款》、《侗垒》、《侗族琵琶歌》、《琵琶歌选》、《侗耶》以及大量的民间谚语、侗戏、神话故事中，蕴含着许多哲学内容。这些创作充分反映出侗族的宗教信仰和哲学意识。笔者仅以侗歌而论，其蕴含的内容已足以全面系统地呈现侗族的人类观。

"我从哪里来？"《起源之歌》回答了这一问题。在古歌里，侗族先民认为，世界起源于"雾"和"风"。他们认为，远古时代混沌沌沌，天地不分，大雾笼罩，世界无上下。这些雾又是怎样分开

---

① 杨锡光等采录译注：《侗耶》，岳麓书社1995年版。
② 龙增琪的《侗歌的翻译整理要重视原貌》（载《贵州日报》1982年3月13日第13版）一文对《侗族民歌选》、《侗族琵琶歌》和《侗族祖先从哪里来（侗族古歌）》提出了批评，认为这些经过翻译整理的侗歌"有相当部分变成了'自由诗'、'散文诗'"，而"侗歌具有的抑扬顿挫、节奏鲜明的民间风格无影无踪了"。他认为，"这不能不说是一大缺憾"，并且"其影响是不好的"。陈懿的《也谈侗歌的翻译整理》（载《贵州日报》1982年4月24日第16版）则认为，侗歌汉译要照顾侗汉两个方面，既要保持侗歌原来的面貌，又要符合汉语的语法音韵；而所谓侗歌"原貌"，指的主要是内容而非形式，因为"形式必须服务于内容"。详细论述可参见徐新建《侗歌研究五十年（上）》，载《民族艺术》2001年第2期。介绍的侗族经典中，岳麓书社出版的号称中国少数民族古籍侗族系列，除《侗款》收录的资料较为全面外，《侗垒》、《琵琶歌选》、《侗耶》主要采用湖南省侗族的材料，贵州等省侗族的材料少用乃至不用，研究者需慎用。

才产生万物的呢？这是由于"风"的作用。"当初风公住天上，坤岁上天请他来。风公下地四季分，春夏秋冬巧安排。"风公又是怎样区分四季的呢？"当初风公力无比，脑壳尖像黄牛角；春天出气天下暖，夏天出气雨降落；秋天出气地打霜，冬天出气大雪落。"①这种把宇宙来源、形成归之为"雾"和"风"的思想，是与把宇宙看成是超自然的"神"的主宰之说相对立的。他们从有形的自然物质本身去寻找和解释宇宙的起源，这是一种直观的、朴素的自然生成说，并在此基础上建立了朴素的唯物主义宇宙观。

"我是谁？"这一问题，侗歌中认为是姜良、姜妹的后代。在侗族原始宗教中，姜良、姜妹两兄妹被作为人类的始祖予以崇拜和供奉，常供奉他们为主神，祈求他们保佑儿孙幸福安康，这在《侗款·族源款》"人的根源"里有详细的记载。②"萨岁"是侗族普遍供奉的老祖母。"萨"系侗语祖母，"岁"乃地支中的第一个数"子"之意。"萨岁"即老祖母或最大的祖母。侗族关于她的传说，多神话化。③黎平、榕江、从江一带的传说中，萨岁原名俾奔，她带领侗家人抗敌，被打败后无路可走，带领两个女儿索佩、索美跳崖（弄堂凯）而亡。俾奔死后，化作神女，仍率领侗家人继续抗敌。后来，俾奔成为侗家人的保护神。除三江、龙胜的传说中萨岁与俾奔无关外，在黎平、榕江、从江、三江、通道等地，均建有"堂萨"，供奉萨岁神。侗族信奉多神，除了敬奉自己的老祖母"萨岁"之外，还信奉各种各样的神，如萨玛、雷神、火神、寨神、五圣神、五猖神、山神、地脉龙神、土地神、瘟神、三容神、郎家神、外家神、杏妮、草鞋菩萨、灵魂、鬼魂和邪家等。

关于侗族来源的各种神话传说，在侗乡广为流传。人从哪里来？

---

① 贵州省民委、贵州省文联民研会编印：《侗族文学资料》第5集，1985年，第150页。

② 关于洪水后兄妹繁衍人类的神话在西南少数民族乃至世界上的许多民族中大量存在。可以参见钟敬文《洪水后兄妹再殖人类神话》，载《钟敬文民族学论集》，上海文艺出版社1998年版，第78—100页。

③ 详见《萨岁之歌》，黎平龙图歌师梁普安口述，未刊，记录稿存放在中国社会科学院民族文学研究所。

这是全人类长期以来不断追问、探索的问题。在侗族神话和史诗中，他们对人类起源是这样叙述的："四个龟婆在坡脚/它们各孵蛋一个/三个寡蛋丢去了/剩个好蛋孵出壳/孵出一个男孩叫松恩/聪明又灵活/四个龟婆在寨脚/它们又孵蛋四个/三个寡蛋丢去了/剩个好蛋孵出壳/孵出一个姑娘叫松桑/美丽如花朵/就从那时起/人才世上落。"① 侗族先民认为，人是"卵"生的，是由龟婆孵出来的。龟婆在这里应该不是专指"龟"，而是泛指一种神圣的动物，意指人类的先祖。有的地方称"棉婆"，"棉"也是指一种稀有而珍贵的动物，意指侗族崇拜的"萨婆""萨神"，加上"棉"字表示是人类的先祖。这一神话史诗反映侗族先民关于人类起源的观念不是凭空产生的，而是侗族先民从当时自然和生命变化的实践中总结出来的。关于人类的起源，另一首侗族古歌更能体现其辩证的进化意识："起初天地混沌/世上没有人/遍地是树苑/树苑生白菌/白菌生蘑菇/蘑菇化成河水/河水生虾子/虾子生额荣/额荣生七节/七节生松恩……"② 从中可以看出，侗族祖先认为人的个体生命是通过漫长的过程，由低等生物逐渐进化而形成的。

　　侗歌也涉及"我到哪里去？"这一问题，在侗民的生死观念中，人有"灵魂不死"之说，还认为"灵魂"是一种不灭的东西，在阴阳两界游弋。人死以后，其魂魄要返回故乡，到所谓"高正鹅安"（gaos senl nyoc nyanh）或"岑阳抗蛮"（jenc yangc kangp manc）、"半边河水浊，半边河水清"等地去寻其祖先，或升天界。人之死为"灵魂"离开身躯去往阴间；人的出生乃是"灵魂"由阴间返回阳世。因此，有阴阳两界之说。阳间是人活动的场所；阴间是鬼魂居住之地。人死了要请道士来"开路"、把死者的"灵魂"送到阴间与祖先为伴。祖先的阴魂若要与阳人相见则多在睡梦之中。若人生病，则认为是失魂落魄，要请法师来赎魂或取魂。认为人间之外

---

　　① 杨国仁、吴定国等整理：《侗族祖先从哪里来》，贵州人民出版社1981年版，第3页。
　　② 王胜先主编：《侗族文化史料》（第1—10卷），黔东南苗族侗族自治州民委民族研究所内部印刷，第189页。

还有一个"世界"与"阳界"无异。死者能够在"阴间"保佑"阳间"的人，让阳间的子孙繁荣昌盛、富贵绵延。死后能投胎还阳，重返人间。相信某些现象能对人产生不可捉摸的影响，给人明辨是非，预测祸福。碰到难以调解的事情，则采取"捞油锅""砍鸡""煮米饭""煮粽子"等方式进行神明裁判。欲知未来吉凶，便用卦卜、鸡卜、蛋卜、草卜等进行卜测。同时，他们还认为自己的"年庚八字"能决定自己的命运。

侗族由于信仰人鬼相通，丧葬仪式尽管有地区差异，但死了人都要进行各种祭祀活动。人死了在安葬前，要给死者"开路"，引导死者的灵魂到祖先们居住的地方去，不让其成为孤魂野鬼。要给死者"印七"念经超度。"隔魂"是由祭师将死者的灵魂与家人隔开，让生者免受鬼魂侵扰；"出丧"的仪式里，有许多禁忌。《葬礼款》明显地表达人鬼世界相通的观念："搭起冥桥，上去抽签，下来问卦。大鬼三飨，小鬼两谢……过了三度桥头、两岔路口，行走不过，落下生死桥……阎王勾了薄，魂魄离了身……大丧之后，立坛超度；前门立起金鼓大殿，后门竖起斩鬼堂场。亡魂安位、活人安康，斩断鬼路、全家吉祥。"[①]

结　语

不同的民族从不同的文化视角对人观的看法各不相同，人类都只能从自己所在的位置来认识自我。侗族的人观主要保存在侗歌以及大量的民间谚语、侗戏、神话故事中。作为与侗族人民日常生活息息相关的侗歌，总体上回答了"我是谁？我从哪里来？我为什么活着？我到哪里去？"的问题。在《侗族大歌·琵琶歌》、《侗族民歌选》、《侗族祖先从哪里来（侗族古歌）》、《侗款》、《侗垒》、《侗族琵琶歌》、《琵琶歌选》、《侗耶》等已经整理出版的侗族经典中，蕴含着侗族复杂的人观，表达了他们对祖源、生命起源、男女爱情、日常生活礼俗、婚丧嫁娶、英雄人物、人鬼世界等的看法和态度。

---

① 《侗款》，前引书，第 487—490 页。

(原载《中外文化与文论》第31辑，四川大学出版社2015年版）

第二节　仡佬族经典及其思想信仰世界

仡佬族是中国西南地区古老的民族，主要分布在贵州省的普定、平坝、安顺、镇宁、关岭、晴隆、六枝、水城、织金、黔西、大方、金沙、遵义、仁怀、务川、道真、正安、石阡、凤岗等地，还有一部分分布在云南、广西、四川的一些县。根据2010年第六次全国人口普查统计，仡佬族人口总数为550746人。

一　仡佬族经典介绍

仡佬族语言属汉藏语系，语族、语支未定，没有文字，目前普遍使用汉文。仡佬族许多优秀的民间创作全靠世代口耳相传保存下来。现在流传在各地仡佬族民间的有口传古歌、故事传说、寓言和谚语等。仡佬族的主要经典有《叙根由》、《哭嫁歌》、《仡佬族古歌》、《仡佬族文学资料汇编·传说集》、《仡佬族文学资料汇编·劳动歌集》等。

仡佬族历史和文学作品中，具有神话色彩，目前规模较大、收集得比较完整的是用本民族语言风格咏诵的经典性神话史诗《叙根由》。《叙根由》是仡佬族民间流传的创世古歌，主要流传在贵州境内鸭池河上游（他们自称为"仡家雅伊支系"）。全歌共4000余行，除去祈祷性质的部分，约有2500行属于创世史诗和训诲歌，分为十二段，故民间又称为《十二段经》。[①] 它由祭师在丧葬仪式上吟唱，歌词音韵节奏明快，风格古朴，内容丰富。全歌分为十二章，即《十二段经》:《寻祭师》、《找草果》、《砍树造房》、《打虎·擒獐·射羊》、《婆媳不和》、《挖矿炼铁》、《铁牛精"那约"》、《阿利捉

[①] 贵州仡佬族学会编：《仡佬族文化百科全书》，贵州民族出版社2002年版，第97页。

风》、《阿仰兄妹制人烟》、《巨人由禄》、《毛呼呼（猫头鹰）借窝》和《"由海"的浪荡儿》。这十二章分别叙述了仡佬人反复寻找祭师的迫切与虔诚，仡佬族人十分喜爱的草果的发现与种植，营建住房，集体狩猎，婆媳不和的社会现象，采矿炼铁，铁人"那约"的传说，战胜风怪，兄妹再传人类，巨人神话，猫头鹰借窝，浪荡儿由海的经历等故事。其中，《婆媳不和》是仡佬族古歌《叙根由》中的训诲歌，古歌将常见的各种婆媳不和的社会生活现象，用"箭垛式"的堆砌和夸张手法加以展示，并给予鞭挞，充分显示仡佬族人民的是非观和伦理道德观，警示后人引以为戒。《阿仰兄妹制人烟》是仡佬族古歌《叙根由》中的一章，属于散文体神话，主要流传在贵州省的黔西、织金、水城一带。故事大意是古老的时候有一家兄妹四人，在洪水朝天时，大哥、二哥和世上所有的人都被洪水淹死了，只剩下阿仰兄妹二人。后来阿仰兄妹在天神彻格的帮助下，经过滚磨下山重合的考验，结为夫妇，生了九个儿子，所讲的话互相听不懂，形成了仡佬族、苗族、彝族、布依族等九种"苗夷"，繁衍了后代。① 《毛呼呼（猫头鹰）借窝》《"由海"的浪荡儿》等章，生动、形象、艺术地采用夸张的手法叙写猫头鹰不架窝、浪子由海不务正业、成天到处游逛、好吃懒做的故事，用以鞭挞社会上好逸恶劳、游手好闲的不良现象，讽喻人们要自强自立，反映了仡佬族人民勤劳勇敢的道德观。②

仡佬族、土家族等民族均有哭嫁的习俗，仡佬族的《哭嫁歌》长达3000多行，九万余言，是编者在贵州道真仡佬族自治县境内长达十余年收集整理的仡佬族古籍之一。内容上，《开声歌》以"人间对女好无情"开始，"一张花帕新又新，开声先叫爹娘亲；穿衣喂饭抚养我，爹娘抚我好费心"。③ 随后出嫁女几乎和娘家直系和旁

---

① 中国民间文艺研究会贵州分会、贵州民族学院合编：《民间文学资料》第49集《仡佬族民间故事》，第18—26页中有情节大致相同的故事。
② 参见罗懿群、吴启禄《古朴雄浑的仡佬族古歌——〈叙根由〉评介》，载李晋有等主编《中国少数民族古籍论》第壹辑，巴蜀书社1997年版，第321—328页。
③ 王其珍整理：《哭嫁歌》，"开声歌"，贵州民族出版社1993年版，第1页。

系血亲都逐一哭泣泪别,哭娘(爹、哥哥、嫂嫂、姐姐、弟弟、妹妹、娘娘、伯父、伯母、大娘、舅舅)等,这些告别的对象也有相应的唱词回敬出嫁的姑娘,主要是祝福她出嫁后过上幸福的日子。同时,还有哭木匠(打造陪嫁家具的木匠。——笔者注)、哭先生、骂媒歌等。《哭嫁歌》中尤以哭娘歌最为动情,令听者不由自主地心酸落泪:"娘把冤家生下地,一把尿来一把屎;把儿洗得干又净,怀抱女儿穿新衣;只要女儿一声叫,急忙解衣喂奶吃;红裤红裙捂得好,生怕女儿打喷嚏。"[①] 不足的是,该书没有注明采录每一首哭嫁歌的人物、传唱具体地点、传唱语言等,但其搜集记录整理的开山之功仍不可抹杀。

《仡佬族古歌》,主要分为《祭山歌》、《沧筒歌》和《丧葬歌》三部分。由于是口头创作,在时间上可以追溯到遥远的古代,在空间上却只能局限在仡佬族聚居的地区。由于仡佬族居住地域的分散性,各地流传的古歌内容都具有明显的差异。《仡佬族古歌》是一部用文字记录整理保存下来的较为真实的仡佬族口传古籍。它向人们展示了仡佬族的古代历史传说、社会状况、文化习俗、信仰崇拜等,涉及范围广泛,气势宏伟,既是仡佬族古代文化的经典,也是我国文化宝库中的珍品。这些古歌在仡佬族人民中传诵不绝,对旧时代生活在苦难中的仡佬族人民来说,起到了不可估量的精神鼓舞作用。

《祭山歌》是普定一带仡佬族在每年农历三月初二或初三祭山时的唱词。歌词分为《三月三》和《祭山神》两个部分,由普定县窝子寨仡佬果珠(即祭师)王云峰流传下来。唱词描绘了远古时期洪水泛滥,淹没土地,仅存阿伏、阿兮兄妹两人。在荒无人烟的大地上,兄妹配为夫妻,延续了人类。在《沧筒歌》里也有同样的描述,但情节更为曲折生动。联系《叙根由》中《阿仰兄妹制人烟》的传说可知,兄妹开亲重造人烟的传说,在仡佬族民间流传甚广,其内容与汉族神话伏羲、女娲兄妹通婚再造人类,侗族神话中姜

[①] 《哭嫁歌》,"一哭娘",前引书,第3页。

良、姜妹兄妹通婚繁衍人类的故事类似。

《仡佬族古歌》多处记载了仡佬族先民最早开拓祖国西南疆土的历史。例如在《祭山歌》中唱道："'当抱'原本无人烟，开荒辟草是告佬。"①《沧筒歌》里也有类似的叙述："勤劳勇敢多智慧，机灵能干有作为。忍哈瓦见他本事大，把他封为古佬人，要他开辟郎喜地，就在郎喜繁衍后代人。并赐仙女来相配，从此郎喜人烟盛。古佬仙人是祖先，传下郎喜忍勒人。"② 这些歌谣是仡佬族作为西南地区最古老土著民族之一的有力证据。

仡佬族用汉文书写的古歌，记载了其先民建立牂牁国、夜郎国的历史。这虽然是民间流传的手抄本，但其中记述的仡佬族历史发展轮廓，与当前民族学、历史学界研究形成的共识基本一致。古歌描述了仡佬族的悠久历史："牂牁国，夜郎国，两个同是一家国。牂牁建在春秋时，战国才建夜郎国。牂牁先建起，夜郎后建百十年。都是建在西南地，本是仡佬自己建。楚国襄王抗秦时，大派兵力进西南。军过沅水地，就把夜郎灭。"③ "三月三（二）是供山，（告）劳受害真惨然。楚国争锋（遭）战（帆），他国之仇报父冤。楚国争锋战火起，派庄蹻来西南。领兵沅水且兰地，来到西南（攻）且兰。一心要把夜郎（歼），（告）劳由此便遭惨。……害死仡佬万万千。幸亏老天开龙眼，逃脱仡佬九（汉）在，仡佬九（汉）又发誓，立志同心保江山。好好守住西南地，保住仡佬夜郎在。"④ 这些记载表明了仡佬族是建立牂牁国和夜郎国的古老民族之

---

① 贵州省安顺地区民族事务委员会编：《仡佬族古歌》，贵州民族出版社1991年版，第5页。当抱：仡佬族音译，当，意为西；抱，意为南。当抱，即西南地方。告佬：仡佬语音译，贵州普定一带仡佬族的自称。

② 《仡佬族古歌》，"第四朝人"，前引书，第38页。忍哈瓦：镇宁仡佬语方言音译，意为天神，相当于《祭山歌》中的敖伟。郎喜：镇宁仡佬族方言音译，郎，意为西；喜，意为南。郎喜即西南地方。忍勒：镇宁仡佬语方言音译，该县仡佬族的自称。

③ 《仡佬族古歌》，"三月三用书"，前引书，第27—28页。沅水即沅江，在湖南境内，其上游为贵州清水江和潕阳河。

④ 《仡佬族古歌》，"三月三用书"，前引书，第28—30页。告劳：仡佬语音译，普定县仡佬族自称为告劳。且兰：古国名，在今贵州黄平、福泉一带。九汉：指赶山的九兄弟。

一。虽然牂牁国和夜郎国统治者的族属问题学界颇有争议，但仡佬族作为其主要臣民之一是毋庸置疑的。

《仡佬族古歌》还描写了古代仡佬族对自然现象、天文地理和耕耘畜牧的认识。古代仡佬族传说中，天是保海开的，地是保因辟的，保海、保因是开天辟地的人物。关于日、月的产生，山坡的来源以及牲畜、粮食的由来等，《仡佬族古歌》都做了相当生动的描绘。虽然使之人格化或神灵化了，但它却显示了仡佬族先民丰富的想象力和勇敢的探索精神。尤其值得一提的是，《古歌》记载了保海创制了古老历法，后来才改用一年十二个月三百六十天的历法，反映了古代仡佬族对推算岁时节令有了一定的认识。"是谁开头兴年月？是保海开头兴年月。开始一年十五个月，一年五百七十天。种的粮食不够吃，砍的柴禾不够烧。年太长日太多，以后改成十二个月，一年三百六十天。"①

仡佬族节日文化丰富多彩，具有浓郁的民族特色。《祭山歌》描写了"三月三"的来历：阿把九兄弟为赶山而献身的精神感动了天神敖伟，于是在三月三日这天，追封他们为"山神"。每年这一天，仡佬族村寨男女老少都要上山举行隆重的祭祀山神活动。"吃新节"一般没有固定的日子，只有《泡筒歌》中明确记载为："七月龙日八月蛇，是我忍勒吃新节"②，即每年农历七月的第一辰（龙）日或八月的第一巳（蛇）日为仡佬族吃新节。古代仡佬族过吃新节时，要吹奏传统乐器泡筒和敲击铜鼓。《泡筒歌》唱道："仙女（仡佬族祖先古佬之妻的姐）在前造泡筒，古佬后把铜鼓造……泡铜腰间两个孔，铜鼓周身古老钱。泡筒下端削扁口，铜鼓周身有龙盘……吹起泡筒擂铜鼓，吹吹打打乐融融。"③ 铜鼓已经失传④，泡筒至今仍留存于镇宁一带的仡佬族人民当中。

唱诵丧葬古歌是仡佬族葬礼的重要组成部分，《丧葬歌》篇幅

---

① 《仡佬族古歌》，"开路歌"，前引书，第152页。
② 《仡佬族古歌》，"三月三用书"，前引书，第47页。
③ 《仡佬族古歌》，"三月三用书"，前引书，第48页。
④ 《仡佬族古歌》，"序"，前引书，第4页。

较大，共收集了四部不同方言的丧葬歌，即"关岭简嫩丧葬歌""贵州平坝大狗场丧葬歌""普定窝子开路歌""安顺弯子寨、黑寨丧葬歌"。不同地区流传的仡佬族丧葬歌不尽相同，各有特色，但一般都包含追溯天地初开、兄妹开亲、引种稻谷的神话传说，描述亡者灵魂跟随雄鸡指路、与祖先相聚的情形，以及生者为亡者祷祝、祭祀的内容。丧葬古歌有较固定的格式、长度和韵调，描写风格有的根据现实生活注重写实，有的带有强烈的戏剧色彩，如描述亡者灵魂与祖先相会的过程，形象生动，是极具价值的仡佬族文化遗产。歌词较多地保持了仡佬族原始宗教信仰和祖先崇拜的史料。

《丧葬歌》除对死者安慰、超度的内容外，还有对生者进行规劝、教育的内容。歌词寓意深刻，富有人生哲理。其中的某些内容非常具有教育意义。如"安顺弯子寨、黑寨丧葬歌"唱道："不嫌粗茶和淡饭／只求经常不断炊／休想海味与山珍／但愿年年有充饥／……／不要只想穿好的／旧衣裳能遮身／今时有了好衣裳／要防露体无衣穿／……／茅草房子也能住／不想雕楼画栋壁／……／只要挡风又避雨／住下就能得安静／……／人生一世配夫妻／不因容貌才联姻／只求夫妻能持家／恩爱贤孝敬老人。"①"贵州平坝大狗场丧葬歌"中专门有"规劝词"，借丧礼这个庄严的时刻，由祭师念诵，起到当场教化孝子及亲友寨邻的作用："对父母／不要骂／不要吼／父母有病／要找药送吃／要在堂屋前／烧香化纸求祖先保佑／……／父母想吃哪样／你们要做给吃／父母无穿的／你们要制给穿／你们虽然穷／也要奉养父母／让父母活一百年／……／父母在世时／做儿女的／对父母态度要好／父母不对的地方／不能生气／要笑起解说／出门做事情／要让父母知道。"②

少数民族的口头传说既是历史又是文学。在民间文学中，口头传说是历史性最强的一种文学样式。在仡佬族民间文学中，传说占有重要的地位。《仡佬族文学资料汇编·传说集》③从内容上看，既

---

① 《仡佬族古歌》，"散花"，前引书，第187—188页。
② 《仡佬族古歌》，"规劝词"，前引书，第141—142页。
③ 潘定智、罗懿群、唐文新编：《仡佬族文学资料汇编》，"传说集"，贵州民族学院印，1986年。

包罗万象而又在地域上各自有别，同一传说因地区不同而略有差异；有的作品则仅仅在特定地域内流传。大致可以分为七类：

（1）人物传说，如《竹王》、《竹王的传说》、《赛竹三郎》、《仡佬王巧计退官兵》、《蛮王的传说》等。

（2）山川名胜传说，如《石印披云——真州八景之一》、《石柱凌霄——真州八景之一》、《春池跃鱼——真州八景之一》等。

（3）风俗传说，如《祭神树节的来历》、《敬秧苗老爷》、《清明节的来历》、《结婚带伞的来历》、《围腰的来历》、《花围腰的来历》、《穿桶裙的来历》等。

（4）物产传说，如《天麻的传说》、《南布政》、《山烟的由来》、《枚哦》、《马桑弯弯》、《白果花》、《油酥凝豆渣》等。

（5）宗教传说，如《张天师斩蛇精》、《张果老搬石笋》、《张古老担山遮太阳》、《观音岩的传说》、《杨道灵和许道官》、《洞房方丈人命案》等。

（6）名人轶事，如《落水先王——关于仡家解元韩之显的传说》、《郑大人的传说》、《田兴恕斗洋人》、《杨幺哥抗丁》等。

（7）地理传说，如《牛掉尾的来历》、《洛龙的传说》、《何甩甩和蔡龙旺》、《黑龙》、《夫妻山》、《常年洞》、《白马山》等。①

《仡佬族文学资料汇编·劳动歌集》主要是有关劳动的歌谣，分为"打闹歌""劳动号子""其他劳动歌"。② 虽然不可能囊括仡佬族民间歌谣的全貌，但是我们可以从这些作品中了解仡佬族人民的劳动态度、生活情趣、心理状态、风情习俗等。从格调上看，似乎较为"俚俗"，但是，这些却是仡佬族人民喜闻乐见的歌谣。"打闹歌"中的"开场白""安五方""说要来，就要来""饭歌""茶歌""唱叶子烟"等，见什么唱什么，使劳动的人们在不知不觉中

---

① 参见《仡佬族文学资料汇编》"传说集"部分和《仡佬族文化百科全书》"民间传说"条。

② 参见《仡佬族文学资料汇编》，"劳动歌集"，前引书。遗憾的是，编者在该书出版前言中就说明"过分地方方言化，使人不易理解的地方，做必要的修饰或技术处理"（第16页），这一做法明显有违民俗学调查忠实记录的原则。

忘记疲劳，完成繁重的劳动。"劳动号子"和"其他劳动歌"中，有的调节劳逸，鼓舞劳动情绪，减轻劳动强度。如"开石号子""扨石号子""拖石号子"等。有的传授劳动技术，生产经验，农事时令。如"四季节令歌""季节农活歌""栽秧歌""二十四节气歌"等。有的则在描述劳动生活时倾诉自己的际遇，抒发思想感情，无不是感其事，歌其情。如"帮人歌""长年歌"等。

二 仡佬族思想信仰世界

在漫长的社会生活中，仡佬族先民对人类赖以生存的大自然——天地、日月、星辰、山川、草木、鸟兽以及人类生存的问题，进行不断的思考和探索，力求对周围的种种事物、自然和社会现象做出解释。关于日、月的来历，仡佬族传说《公鸡叫太阳》记载：很早很早以前，天上有七个太阳、七个月亮。它们一起出来照着人间，晒得天下成了灾。后来，有个聪明能干的汉子阿膺，找了一根很长很长的通天竹，爬上一座很高很高的大山，又爬到一棵很高很高的大树上，把六个太阳、六个月亮打落到大海里。剩下的一个太阳、一个月亮也不敢出来了。顿时，天下漆黑一片，人们生产、生活都很不方便。于是，人们先后牵了牛、羊、猪去请，太阳和月亮还是不肯出来。后来，阿膺和大家带了大红公鸡去请，公鸡一叫，遍山回响，太阳和月亮躲不住了，只好出来，人间才重见了光明。[①]这个传说，生动地阐明了仡佬族和自然界的密切关系，形象描绘了人们同大自然作斗争的情景，热情地歌颂了仡佬族青年阿膺不畏艰险，解除人民苦难的英勇行为。

仡佬族跟许多其他民族一样，试图对世界的本原进行探究，但他们不是诉诸神灵，而是从自然界本身去寻找，这是非常值得肯定的。《第四朝人》中，记录了洪水淹没人间，兄妹婚配的历史。"风吹已换头朝人，二朝又被火烧毁，眼看三朝也难保，要被洪水来淹没。"洪水过后，为了检验通婚兄妹是否符合天意，妹妹建议："我们隔河来滚磨，隔河丢簸箕，丢针来穿线，三件相合了，我们成夫

[①]《仡佬族民间故事》，前引书，第10—12页。

妻。"结果天遂人愿，结为夫妻，生下的孩子："勤劳勇敢多智慧，机灵能干有作为。忍哈瓦见他本事大，把他封为古佬人，要他开辟郎喜地，就在郎喜繁衍后代人。并赐仙女来相配，从此郎喜人烟盛。古佬仙人是祖先，传下郎喜忍勒人。"①《阿仰兄妹制人烟》是仡佬族的又一个兄妹通婚的故事，可见血缘婚制在仡佬族神话传说中的广泛性。关于大地的形成，在长期的实践中，仡佬族先民有两种解释。仡佬族人民凭自己的观察和认识，认为天、地是由布什喀和布比密按照人的基本特征制造的，泥土是大地的肉，山坡是大地的头颅，树木杂草是大地的毛发，大小水坑是大地的眼睛，弯曲的山脉是大地的手脚，江河是大地的肚肠，石头是大地的骨骼……②这些独特奇妙的想象，说明在仡佬族先民的思想意识中，并没有把天地视为神秘莫测的事物，而是按照人体的生理结构，去理解和认识天地万物之间的关系。在传说《巨人——由禄》中，仡佬族把大地的山川、草木等都看作是巨人由禄身体的各个部分变化而成。他的头变成山坡，头发变成了茅草，耳朵变成了树木，眼睛变成了湖海，鼻子变成了水坑，嘴变成了岩洞，牙齿变成了荆棘，肌肉变成了泥土，肠子变成了江河，脚腿变成了大路等。③仡佬族人民以自己丰富的想象力，按人体各个器官的特征，进一步形象地解释了大地万物间的现象，歌颂了巨人由禄作为人类化身舍己为人的崇高精神。

仡佬族一年之中要过两个年：一是春节；二是仡佬年，仡佬年为农历三月初三。春节的时间和习俗大致与汉族相同，但有"喂树"的特殊习俗。"喂树"又称为"祭树"或"拜树"，起源于仡佬族信仰万物有灵的古树（大树）崇拜。在农历正月十四日中午，各家各户备好米酒、猪肉、鲜鱼、糯米饭等供品，带着红纸鞭炮，

---

① 《仡佬族古歌》，"第四朝人"，前引书，第34—38页。
② 《仡佬族民间故事》，前引书，第1页。布什喀是仡佬族古老神话中的人物。据说，承载万物的大地和山川、江河、湖海等，都是由他所造。布比密在仡佬人的心目中是智者的化身，是人类得以再传的恩神和善神。
③ 《仡佬族民间故事》，前引书，第4页。

以亲友关系相约上山拜树。见树后先鸣鞭炮,然后选择高大粗壮的古树烧纸焚香跪拜。拜毕给树"喂"祭品:一人执刀在树皮上砍三个口子,另一个"喂"些肉饭酒于口子中,最后用红纸把口子封住,给树除草培土。"喂"饭时针对不同的树,要对答不同的词。针对果树,要说:"喂你饭,结串串;喂你肉,结坨坨",表示预祝来年果实累累。"喂"树之后,人们欢聚宴饮。有些地区在农历八月十五也捧着牛心和新米饭祭拜村寨旁的神树——"菩提树",祈祝丰年。

祖先崇拜和鬼魂崇拜是仡佬族极为普遍的宗教信仰。除丧葬祭祀中要追祭列祖列宗外,所有节日祭祀和各种祈福禳灾的祭祀还包含着对祖先的祭献与祈祷。《哭嫁歌》里也有拜祖宗的仪式,按照习俗,嫁出去的姑娘死了以后就是夫家的鬼,与娘家没有关系了。因此,在这一成人仪式中,需要向娘家阴间的祖宗告别。"香烛点起一点红,冤家跪下拜祖宗。祖宗高坐在阴台,冤家出门来离拜"。①

仡佬族的祭献包括一种功利性的互惠意识在里面。"米天公,米天婆/你们为人间造新谷/你们使禾苗成箐林/又让风调雨顺好年景/儿子儿孙听分明/地盘业主是忍勒/万古千秋要牢记/……/古老前人山神们/今天供敬你们了/保佑来年好丰收/保佑谷穗吊子大/吊吊饱满像黄金/保佑高粱吊子大/吊吊饱满大又肥/保佑黄豆满地坝/棵棵长像扫帚形/保佑无虫又无灾/风调雨顺年景好/今年吃新敬供了/明年丰收接你们。"②

仡佬族人认为,人是由躯体和灵魂两部分组成。躯体是有形的,看得见,摸得着,只能生存在一定的时间和空间里。灵魂无形,但有意志,它永恒地存在,活动于广阔的空间。人死以后,灵魂与躯体分离,躯体可以消亡,灵魂则永远存在,仍然有思想感情,要衣、食、住、行和劳动。从躯体里分离出来的灵魂像世人一样有喜

---

① 《哭嫁歌》,"拜祖宗",前引书,第126页。
② 《仡佬族古歌》,"祭祖",前引书,第52—53页。

怒哀乐，需要物质生活与精神生活的享受。灵魂既可荫庇，造福子孙后代，也能遗祸于子孙后代，其威力和能量远远超过活着的时候。因此，仡佬族劝诫新亡人不要担心活人的事情，并许愿三年期满以后："买猪来祭你/买鸡来祭你/保佑子孙发达/保佑儿子会耕耘/保佑姑娘会织布/保佑牛耕千亩田/保佑马能千里行/保佑猪肥千斤重/保佑鸡鸭长成群/保佑粮食装满仓/保佑生活得安宁/保佑阴阳要分明/平安无事过光阴。"① 值得注意的是，仡佬族并没有生死轮回之说，而是希望亡人"保佑阴阳要分明"。"在生是人，死后是神"，在仡佬人看来，后辈的趋吉避凶，都需要得到祖先的庇护。因此，需要对先辈敬重与缅怀。葬亡人后三天，其家族亲友要去看坟，因怕他抓住其家族亲友的魂，所以纳汗（即祭师）要为生者喊魂。他们希望亡人："保佑儿孙旺盛/保佑钱财盈余/保佑粮食满仓/保佑牛马肥壮/保佑猪羊满圈。"② 仡佬人祭祀祖先，因时令和祭献的名目不同，有的在堂屋正上方设祭，有的要在当家人卧室门头或者大门门头上用特制的竹架或竹簸设祭，有的要在献山树下设祭等。明清以来，受汉文化影响，仡佬族人也在堂屋正上方壁上设神龛，或只写一个"神"贴上，或写"某氏堂上历代昭穆之神位"、"某某郡某氏堂上历代祖先之神位"、"天地君亲师之神位"、"天地国亲师之神位"。两旁另将儒、佛、道各教所敬之神灵暨祖先昭穆之神名称详列其间。有的则兴建宗祠，以作为专门的宗族祭祀之用③。清代以来的仡佬族坟墓，也实行汉族立碑的风俗，"仡佬葬亲之礼概效汉人，惟除灵用夷制"。④

虽然仡佬族先民对死亡的原因疑惑不解，但是现实生活让他们认识到死亡是自然界的必然规律，这在古歌中有所体现。"水流归

---

① 《仡佬族古歌》，"许愿"，前引书，第189—190页。
② 《仡佬族古歌》，"叫魂"，前引书，第145—146页。
③ 《仡佬族文化百科全书》，前引书，第34页。
④ 《仁怀访册》，转引自李艳梅《贵州仡佬族宗教信仰初探》，载李晋有等主编《中国少数民族古籍论》第贰辑，巴蜀书社1998年版，第198页。

大海，太阳出东落西边，花有谢时重开时，人无老年转少年"。① 当病者不治而亡后，仡佬人对死亡的态度由初时的恐惧、疑惑转向了坦然接受，因为仡佬人认为死亡是病者痛苦最终的解脱，是"祖公"与"祖太"的召唤，亡者将要去和祖先相聚，在另一个世界过家庭团聚的生活。对于仡佬人来说，死亡不是痛苦的延续，而是解脱，是另一种新生活的开始。仡佬族不主张生命轮回说，丧葬古歌中唱道："今天过世去，再也不复生，勿念在生的，勿挂在世的。"② 仡佬族认为生命是不可重复的，死亡是生命肉体的终结，人的生命体在死后变为永恒不灭的灵魂，生活于另一世界，即"你去得清去得明，三魂飘飘归天庭"。③

仡佬族有多种信仰，古代仡佬族认为天庭由天神忍哈瓦主宰，大地由山神、土地神掌管，万物有灵，人死后灵魂升天去和祖先在一起。因此逢年过节要祭神祭祖："一敬天神忍哈瓦，二敬土地神，三敬老祖先，四敬米天神。"

老人死后，要请德高望重的果珠为死者举行祭祀活动。祭品以猪为主，还有鸡、鱼等。祭祀活动有一定的仪式，由果珠主持。一般分为开光、开路、做好事、绕棺、发丧等程序，每道程序有固定的唱词，唱时庄严、肃穆。果珠用一只鸡（男人用公鸡，女人用母鸡）为死者引路。仡佬族丧葬仪式中，在鸡鸣开路后随即封棺。果珠将棺盖打开，让亲友见死者最后一面，并且念道："今年是好年，今月是好月，今日是好日好时，你得高寿了，得好去路了，你就去。我吩咐你和老祖宗们在一起，正月间你来，七月间你来，其余时间不要来。拿鸡引你的路，你不要调头看人间。"④ 念完后将棺盖盖上。仡佬族实行木棺土葬，出丧不择日期，下葬不择地。⑤ 根据

---

① 《仡佬族古歌》，"散花"，前引书，第187页。
② 《仡佬族古歌》，"开路"，前引书，第181页。
③ 同上书，第185页。
④ 《仡佬族古歌》，"普定窝子开路歌"，前引书，第149页。
⑤ 在普定，民间普遍认为仡佬族是贵州的原住民。因此，墓地无论选中哪个民族哪一家的土地，户主不但不拒绝，还要设席一桌招待表示慰问。《仡佬族古歌》，"普定窝子开路歌"，前引书，第148页。

"三月三用书"记载，仡佬族是建立牂牁、夜郎古国的原始民族。[①] 仡佬族认为他们自古以来就生活在贵州这一带，因此，抬死人上山不丢买路钱（纸钱），其他民族要丢买路钱，这是与其他民族丧葬习俗不同之处。

贵州境内多有黑神庙，在郭子章《青螺集·黔草》、王士桢《居易录》、田雯《黔书》、《（乾隆）贵州通志》、《（道光）贵阳府志》、《（道光）遵义府志》等文人著述和官修方志中，均记载有：祀唐，南霁云。宗力、刘群合著《中国民间诸神》案："张巡诸部将，以南霁云、雷万春最为著名。据新、旧唐书所载，南实属为千古血性奇男儿。故除配祀于张巡庙外，贵阳又立专祠，可见民间对其喜爱推崇之笃。惟名为黑神，则不知所本也。"在黔北，"冲傩"和演出"傩戏"以娱神，是较为普遍的一种宗教活动。在仡佬族举行的"傩祭"活动中，除要迎请"三清尊神"、川主、土主、药王等神降临神坛之外，还特别迎请在"贵州显化的蛮王天子荣禄大夫——黑神"（也称"黑神天子荣禄大夫"）到坛领祭。据说，他们祭祀的黑神是三国时的孟获。在仡佬族讲述或演出"傩戏""地戏""阳戏""高台戏"中，从来不讲也不演"七擒孟获"[②]，由此推测可能仡佬族是为了避讳自己的祖先孟获兵败被擒之事。

仡佬族有竹王崇拜的习俗，《华阳国志·南中志》："有竹王者，兴于豚水，有一女子浣于水滨，有三节大竹流入女子足间，推之不肯去，闻有儿声，取持归，破之，得一男儿，长养有才武，遂雄夷濮，氏以竹为姓，捐所破竹于野，成竹林。"《后汉书·南蛮西南夷列传·夜郎》也有故事情节类似的记载。北魏郦道元作《水经注》又再次引竹王传说为"豚水"条作注。关于竹王的传说，以及崇拜竹子的习俗，至今仍广泛留存在各地的仡佬族人民中。如《竹王》、《竹王的传说》、《赛竹三郎》等民间故事。[③] 有的仡佬族聚居区，

[①] 《仡佬族古歌》，"三月三用书"，前引书，第27—28页。
[②] 《仡佬族文化百科全书》，前引书，第37—38页。
[③] 《仡佬族文学资料汇编》，"传说集"，前引书，第5—18页。

仍有将竹筒置于神龛上供奉的习惯。据《黔游记》、《寰宇记》、《御览》、《蜀中名胜记》、《苍梧县志》、《搜神记》等文献记载，川、黔、云、桂、鄂等省境内，凡历史上有僚人活动过的地区，大多曾经立有竹王祠、竹王庙，可见竹王在仡佬族宗教信仰中的重要地位。

仡佬族还保留着扫寨的古老习俗。在吃新节过后第二年正月或二月举行的扫寨习俗里，仡佬族人民希望扫除邪恶、虫灾病害或一切不干净的东西。"吃新祭祖要扫寨/妖魔鬼怪全扫尽/不干不净的扫出去/丧生害命的扫出村/这里不是安身处/打到岔路去藏身/三灾八难扫出去/清净平安扫进村/虫灾病害扫出去/五谷丰登扫进村/牛瘟马病扫出去/六畜兴旺扫进村/摆子百病扫出去/安居乐业扫进村/天瘟扫到天上去/地瘟扫到地埃尘/要是哪样扫不到/神灵带去九霄云/自从今天扫过后/寨邻老幼得安宁。"[①]

作为一个世居在贵州一带的少数民族，仡佬族还保存有许多在我们看来难以理解的信仰崇拜、占卜等。信仰崇拜里还有鬼怪崇拜、火星崇拜、宝王崇拜、风怪崇拜、山王庙崇拜、石保爷崇拜、山神信仰等；占卜在仡佬族中较为流行，他们以之作为预测事物因果关系、吉凶祸福的主要手段，有动物卜、植物卜、鸡蛋卜、衣食卜、卦卜等。此外，过去风水学在仡佬族地区也颇为盛行。总之，仡佬族的宗教信仰和神话，作为这一古老民族长期形成的文化传统中的有机组成部分，广泛表现在精神、艺术、器物等方面，并随着时代的发展而不断发生变化。

（本节系贵州省哲学社会科学项目"贵州经济社会发展六百年研究·贵州建省600年学术思想研究"的前期成果之一，该课题已结项）

---

① 《仡佬族古歌》，"扫寨"，第58—59页。

第七章　清水江学

第一节　清水江流域蓝田、瓮洞地区文书的考释与研究

一　历史沿革和地理环境

天柱于明万历二十五年（1597）建县，原属湖广靖州直隶州管辖，清雍正四年（1726）改隶贵州省黎平府，后又改属镇远府。1992年天柱县建镇并乡撤区之前，蓝田镇和瓮洞镇均属蓝田区，两镇地理位置紧密相连，故作为同一文书调查搜访文化区。

蓝田镇位于天柱县城的东北部，辖25个行政村，1个居委会，416个村民小组，7335户。总人口3.28万，侗族占70%，另有30%的苗族和汉族。蓝田镇自然条件优越，环境优美，属温和的亚热带气候。依山傍水，交通便利。有耕地面积24160亩（田18117亩、土6043亩），属农业区。农作物以稻谷、小麦、玉米、红薯为主，经济作物主要有烤烟、油菜、花生。有森林面积33896亩，主产杉、松、油桐、油茶等经济林木。蓝田镇有东出湖南的捷径天芷（天柱—芷江）公路穿境而过，还有邦瓮公路、邦大公路、天三（天柱—三合）公路、天大（天柱—大段）公路过境。

今天的瓮洞镇包括原瓮洞镇、大段乡，位于贵州省天柱县最东部，地处清水江下游，与湖南省会同县、芷江县、新晃县接壤，总面积134.1平方公里。下辖22个行政村和1个居委会，总人口2.2万，苗、侗族占总数的99%，其中大段乡主要为苗族聚居区。自古

以来，瓮洞镇便是由湘入黔的门户，清水江流出省境的最后一个重镇。地处西南门户，是中原地区经贵州入云南的军事要冲，湘黔水道的必经之路，水上交通十分便利。两湖、两广及浙江等省商人皆云集于此，从事商业活动。因此，瓮洞镇一直是贵州省重要的商品集散地之一。这里又是"蛮夷腹心"之地，历史地位十分重要，几乎每一次社会变革的新趋势、新思想都从这一走廊进入苗侗地区，从而推动苗侗地区经济社会文化的发展。清朝及民国时期均在瓮洞镇的关上村设立关卡，对进出清水江的货物征收过境税，故有"黔东第一关"之称。瓮洞镇耕地面积14900亩（田10728亩、土4172亩），主要物产有水稻、小麦、油菜籽、土豆、烤烟等。森林面积达23070亩，主要产杉、松、油桐、油茶等经济林木。

天柱县境内河流属长江流域沅江水系，主干河为清水江，其余为支流。流经瓮洞和蓝田者主要为清水江和汶溪河。清水江发源于黔南贵定县的斗篷山，蜿蜒穿过黔东南大部分地区，经天柱县境内坌处、远口、兴隆、白市等地，于瓮洞镇下紫金村出境，注入沅江。县境内全长77公里，流域面积1945平方公里。汶溪河又名蓝田河，发源于邦洞镇干高，向东过永安、公福村后进入蓝田镇，转入白市镇汶溪河、纳渡马河后于白市镇盘塘注入清水江。全长34公里，流域面积262平方公里。清雍正八年（1730），贵东道方显"招抚"清水江沿岸"生苗"，疏浚水路，舟楫通行，木材放流入湘。当时清水江航运，远者可达武汉、上海。

二 蓝田、瓮洞文书现状

明清以来，由于清水江流域频繁的林业、土地交易，形成类型各异、种类繁多的契约文书，统称为"清水江文书"。除山林土地契约外，尚有账簿、税单、纳粮执照、诉状、判词、官府告示、算命书、休书、碑铭、日记、教材稿本等乡土文献。

瓮洞和蓝田两镇是以苗、侗为主的多民族聚居区，当地发现的民间契约文书，无论从传统史料学或现代多学科交叉研究的视域看，都具有极为重要的史料价值和整理利用价值。当前，子课题组成员配合天柱县档案馆，已从蓝田镇征集到文书400余份，从瓮洞镇征集到文书500余份。作为清水江的最下游，目前征集到的文书数量应该只是藏世文书的冰山一角。征集到的文书中，清代和民国契约文书数量最多，清代主要集中在道光、咸丰、同治、光绪、宣统五朝。文书以年代分类：康熙2份、雍正1份、乾隆4份、嘉庆9份、道光46份、咸丰43份、同治151份、光绪170份、宣统158份、民国310份，1949年的文书以后也有少量发现。就文书类型而言，不仅有地契，更有大量的林契。该区域内文书所涉及的自然村落有：瓮洞镇黄巡村、岑板村、克寨村、瓮洞村、大段村；蓝田镇地锁村等。举凡征集到的文书，均可查明其出处来源、原收藏地点，避免缺乏归户性带来的文化信息损失，有利于学术研究的正常开展。

自2009年以来，子课题组成员先后5次到天柱县瓮洞镇和蓝田镇，针对清水江文书的相关问题进行调查。据课题组2011年4月初在瓮洞镇的田野调查，仅原大段乡一蒋姓老人，就收藏有100余份清水江文书，因种种原因尚未交给政府。黄巡村的党支书蒋某曾经作为天柱县档案馆特聘的"锦屏文书"征集员，已征集到1000余份文书。据其分析，文书征集困难的原因主要有三：一是地方政府缺乏经费奖励上交文书者；二是地方档案馆和文保系统的宣传工作做得不够全面；三是收藏者在发生山林纠纷时，旧有契约文书仍可以作为解决纠纷的依据。故征集工作并不理想，散落民间者数量尚多。

三 文书的收集、整理与抢救

目前，大量的清水江文书仍保留在民间，缺乏应有的保护条件。火灾、虫蛀、自然风化等原因，导致文书逐渐消失。据了解，清水江流域的部分乡村，甚至出现了商人秘密收购和倒卖的现象。锦屏县城古旧市场，已出现零星买卖现象。目前子课题组已与蓝田、瓮洞两镇政府签订合作协议，组成联合调查整理小组，展开普查、抢救、征集和编目工作。课题组成员根据工作需要，曾多次到天柱县瓮洞、蓝田等地田野调查，并与天柱县档案馆合作，严格按照学术规范，区分源流，部居类次，排比考订，进行了初步的整理工作。尽管瓮洞、蓝田两地的契约文书抢救征集已初见成效，但估计尚有1000余份散落民间，需要以重大课题的方式，扩大抢救征集的范围，强化抢救征集的力量。当前，计划做好四方面的工作：

其一，课题组与当地乡镇干部、知识精英合作，对老百姓进行说服工作，使其认识到将文书交由政府保管，通过整理研究公诸社会，乃是对当地文化的最好保护。

其二，课题组不但要搜集文书，还要结合文书所属村落，运用田野调查方法，收集与文书相关的口传史料。

其三，注重与当地政府合作，动用法律手段打击贩卖和制假活动。同时寻求政府专项资金，既照顾收藏人一定的经济利益，又要说服收藏人发扬奉献精神，将文书自愿上交政府档案部门。

其四，鉴于苗、侗文化系统的特殊性，可以考虑动用寨老、族长的权威力量，承诺文书整理出版后，给予每个村落文书印刷样本。在文书收藏人的个人价值得到体现的情况下，促进文书征集工作的顺利开展。

文书整理工作思路，也可归纳为四个方面：

第一，文书整理队伍由科研人员、当地学者、村落长老联合组成，避免学院化的一维倾向。

第二，将文书按照村落分布和归户性原则进行分类、归档，使研究者可以从中还原地方社会的微观历史。

第三，所收文书的裱糊工作务必精细，翻拍照片必须清晰，绝不留下任何人为遗憾。

第四，文书收集工作必须加快，文书散落民间时间越长，消亡的可能性越大。即使是那些不愿意将文书交给政府的收藏人，也要尽量做好收藏人的思想工作，尽快以拍照影印的方式加以保存。

[原载《贵州大学学报》（社会科学版）2012年第2期]

第二节 一份清水江文书的年代考论

近年来，在贵州省东南部清水江流域台江、三穗、剑河、锦屏、黎平、天柱等县，陆续发现了大批山林土地买卖契约及其他相关碑刻族谱文献，总数达 20 万件以上。有学者认为，清水江文书涵盖地域之广，归户性特征之突出，史料价值之珍贵，甚至可与敦煌文书、徽州文书媲美。① 清水江文书经贵州省内学者张新民教授等人多次呼吁，引起学界的高度重视。2010 年 10 月，中国社会科学院历史研究所阿风研究员等人，针对清水江文书的价值和意义召开了专门的研讨和评估会议②，并多次派人赴黔考察交流。随着民间文书搜考范围的扩大与数量累积的增多，尤其是凝聚多方面的力量大规模地加快整理结集工作，为方便学人研究利用尽可能地及时公布出版文书资料，完全有可能与敦煌学、徽学一样，出现一门新型地域学科——清水江学。③ 笔者有幸参与整理考释《清水江文书·天柱卷》，碰到一份文书注明年代为"天运丁卯年二月初四日"，今已考证清楚，觉得方法尚属可行。因文书整理考释的其他成员亦曾遇到类似的问题，即时间为"天运某某年"，故笔者对考论过程加以介绍，希望对大家的文书考释有所裨益。文书原文为：

GT—011—160

天运丁卯年二月初四日蒋荣恩、蒋荣但立卖田契约

立契卖田蒋荣䣭兄弟二人。今因家下要钱用度，无从得处。兄弟叔侄商议，自愿将到先年祖父得买土名荒田庙坳水田贰坵，收谷

---

① 参见张新民《清水江文书的整理利用与清水江学科的建立：从〈清水江文书集成考释〉的编纂整理谈起》，《贵州民族研究》2010 年第 5 期。
② 中国社会科学院历史研究所编：《中国古文书研究班纪要》，第 4 号，内部资料。
③ 张新民：《清水江文书的整理利用与清水江学科的建立：从〈清水江文书集成考释〉的编纂整理谈起》，前引文。

拾捌运，载税陆分，要行出卖。请忠招到族侄蒋再学名下承买为业，当日凭中言定卖价钱肆拾玖阡（仟）五百叁十文足。其钱即日领清，并不后少分文。内开：左坻（抵）庵田，右坻（抵）吴姓田，上坻（抵）杨姓过路田，下坻（抵）杨必理庙背墦堤为界。四至分明，并不包卖他人寸土在内。其田任从买主子孙永远耕种，卖主不得异言。恐后无凭，立卖字一纸为据。其水荒田冲塆内四方圿至过路田水贯（灌）养。来历不明，卖主理落。

亲笔　政恒
凭忠　杨秀垫、蒋政富
天运丁卯年二月初四日　立卖
［文书原持有者：蒋启良；来源地：天柱县瓮洞镇黄巡村］

其中，"GT—011—160"系此份文书的编号，意为贵州大学中国文化书院、天柱县档案馆档案卷宗号第 11 卷第 160 份清水江文书。文书标题"天运丁卯年二月初四日蒋荣恩、蒋荣但立卖田契约"和文末的"［文书原持有者：蒋启良；来源地：天柱县瓮洞镇黄巡村］"，是研究者所加。因文书原件为竖排，研究时改为横排，为保持原样，蒋荣恩、蒋荣但兄弟仍旧用"蒋荣罍"表示。

最初拿到这份卖田契，天运丁卯年具体指代哪一年这一问题就把笔者难住了。"天运"正式纪年在中国历史曾三次使用：第一次为明崇祯十年（1637）江西龙敏起义领袖张普薇所自立的年号；第二次为乾隆五十一年（1786）台湾天地会头目林爽文在彰化起义后所用；第三次为清咸丰三年（1853），上海小刀会起义刘丽川所用的年号①，但其中并无丁卯年。另外，清朝中期起，反清民间秘密组织天地会由于不愿意使用清朝年号，在内部开始使用"天运"作为年号，通常的做法是"天运"加"干支"。此外，民国时期除了西历纪年和民国纪年并用外，在民间习惯用皇帝纪年的民众，还仿

---

① 此资料系课题组成员葛静萍提供，谨致谢忱。

照皇帝纪年的模式来纪年。但是由于没有皇帝了,就将"奉天承运"简化为"天运"来署年,即:天运+干支纪年。

"天运"是吉利话,有"奉天承运"之意,但是对于丁卯年的年代断定,弄不好就会相差六十年。后来与其他同仁交流,发现他们也有类似的文书,统计下来课题组拥有的此类文书总数不下十份。2011年4月,笔者去天柱县田野调查时,最初打算了解一下蒋氏是否有家谱或族谱,若有查询家谱或族谱最为可靠。但是在天柱县瓮洞镇黄巡村田野调查时发现,当地蒋氏有四个分支,笔者所能获得的一本家谱和一本族谱都没有查到蒋荣恩、蒋荣但、蒋政恒和蒋政富等人的姓名。询问蒋氏后人,因为家族人口多,年代久远,他们也不知道这些人的大概生卒年代。笔者倒是从《蒋氏族谱》(乐安堂本)抄录了两位荣字辈的生卒年代:"蒋荣享,生乾隆四十八年,殁道光八年";"蒋荣登,生乾隆五十二年,殁未详"。本欲凭此推测蒋荣恩、蒋荣但所处的时代,后来发现这个方法根本不可行。因为蒋氏家族人口众多,现在一千多人。一百多年前,人口也不少,往往同一字辈者,相隔五六十年不在少数。

最后笔者终于想出一个切实可行的办法,通过文书来考释文书,校雠学上叫自校法。具体做法,将文书"GT—011—160"所涉及的人名与来源地为同一个村的文书用word文档的检索功能查找,但是要注意文书书写有省略姓的习惯。如"GT—011—160",不但要查找蒋荣恩、蒋荣但、蒋再学、蒋政恒、杨秀拨、杨秀二、蒋政富,还要查找荣恩、荣但、再学、政恒、秀拨、秀二、政富。此外,因为文书的排列有"蒋荣罿"这一形式,还需要查找"蒋荣"看是否有蒋荣恩、蒋荣但,以此类推。

在现有的文书中,尚未发现蒋荣恩、蒋荣但在其他文书出现过。

购田者蒋再学,所出现的文书编号以及时间分别为:GT—011—083,同治三年;GT—011—087,咸丰十一年;GT—011—090,光绪元年;GT—011—103,同治元年;GT—011—104,同治五年;GT—011—107,咸丰十一年;GT—011—110,同治二年;GT—011—122,咸丰十一年;GT—011—138,咸丰八年;GT—

011—154，咸丰十年；GT—011—156，同治三年；GT—011—179，咸丰八年；GT—011—180，同治元年；GT—011—181，咸丰九年。

凭中杨秀二，所出现的文书编号以及时间分别为：GT—011—038，光绪三年；GT—011—061，光绪三年；GT—011—090，光绪元年；GT—011—126，同治十年；GT—011—129，同治九年；GT—011—150，光绪元年；GT—011—175，光绪二年；GT—011—184，同治十年。

凭中杨秀拨，所出现的文书编号以及时间分别为：GT—011—117，咸丰十一年。

凭中蒋政富，所出现的文书编号以及时间分别为：GT—011—111，咸丰四年；GT—011—135，咸丰十年；GT—011—162，咸丰四年；GT—011—169，同治三年；GT—011—174，咸丰十一年；GT—011—187，同治元年。

一个人作为交易的凭中，必定为成年且在社区具有相当的权威和信用。田野调查表明，为保证起到作证的作用，一般也不找年纪较大者做凭中。且天柱县瓮洞镇黄巡村男性仅为蒋、杨二姓，杨姓亦按字辈取名，不可能有同名同姓且跨越六十年者。查最接近咸丰、同治、光绪三朝的丁卯年为1867年，故本文书所指的天运丁卯年当为1867年，即同治六年。

此外，当时的文书书写者使用天运丁卯年而不使用同治六年，极有可能与包括天柱县在内的清水江流域长期处于军事冲突[①]有关。当时双方处于胶着状态，乡土社会的苗民不知道冲突的双方谁会取胜，为了保证文书在未来获得胜利者的认同，干脆在时间书写上模糊一些，对于"天运丁卯年"成交的这一份契约，无论哪一方取胜，均不会表示异议。当然，这一推测也有可能是文书书写者蒋政恒自己的独创，需要更多的文书材料支撑才能支持上述说法。但文书"GT—011—004"的时间为"民国三十八年十一月初九日"，中国人民解放军解放天柱县城是1949年11月4日。查中华民国三十

---

① 指咸同年间持续十八年的苗乱，即1854—1872年。

八年古历十一月初九日系公元1949年12月28日，县城已经解放近两个月，瓮洞镇黄巡村一带仍然默认旧政权的存在，沿用中华民国的年号。可见，在改朝换代或长期的战乱中，民间乡土知识精英沿用旧有的纪年方式或者发明新的纪年方式，都是非常可能的。一份文书的年代考论即包括这么多信息，可见，清水江学包含的信息多么丰富。

(原载《农业考古》2012年第1期)

第八章　黔地文化研究

第一节　朱启钤与中国营造学社

一　朱启钤述略

朱启钤（1872—1964年），字桂辛，晚年号蠖公，人称桂老。祖籍贵州开州（今开阳），1872年生于河南信阳，1964年卒于北京。朱早年投身政治，失意以后退出政界，致力于振兴中国的实业，同时，积极从事撰述与图书的收藏整理工作。他在保存图书文献资料方面不遗余力，做出了卓越的贡献，为当时北京著名的收藏家之一。他长期旅居省外，但是，对于自己的家乡贵州却有很深厚的感情，注重对贵州历史文献的收集整理。曾编印《黔南丛书》别集八种，辑录贵州名人碑传若干卷，同时为（民国）《开阳县志稿》的编撰工作做出许多贡献。

朱启钤是一位难得的理财高手，经营的银行、煤矿、轮船公司等，都是十分赚钱的生意。赴欧美考察回国后，即全心经营山东的峄县（今枣庄市）中兴煤矿公司和上海的中兴轮船公司等。

朱启钤对中国建筑颇有研究，曾对早期北京的市政建设做出过不少贡献，可以说是把北京从封建都市改建为现代化城市的一位先驱者。① 他在 20 世纪 30 年代还曾亲自做过改建北京东安市场的提案②，还曾经主持修建四川云阳大盘子新滩工程和山东黄河滦口桥梁工程等。

朱启钤首创研究古建筑的学术研究机构——中国营造学社，自任社长。对北宋李诫的《营造法式》一书尤多研究，卓有贡献。《营造法式》是北宋官订的建筑设计、施工的专书，该书的性质略似于今天的设计手册加上建筑规范，它是中国古籍中最完善的一部建筑技术专书。《营造法式》为当时中原地区官式建筑提供了规范和模板，是一部研究中国古代建筑不可或缺的参考书。

朱启钤以雄厚的财力和金融号召力，再讲求修缮古建筑、造园林、盖房子、修园子，做出了巨大的成绩，造成深远的影响。

"七七"事变后，汉奸江朝宗任维持会会长兼北平特别市市长，江要求朱启钤具名发起"维持会"，被断然拒绝；伪临时政府成立后，汉奸王克敏勾结日军对之威胁利诱，均未使朱动摇爱国立场。③朱启钤一生经历了晚清、北洋、民国、日伪和新中国五个时期，其人生经历较为复杂，在朱的身上带有那个时代深深的烙印。从历史局限性方面看，朱在政治上趋于保守，但他坚守儒家知识分子"穷则独善其身，达则兼济天下"的立场，在大是大非面前始终坚守一个中国传统知识分子的"道"，断然与汉奸划清界限，这是非常值得肯定的。综合来看，朱的一生是官僚、财阀和学者三者兼而有之。

二 朱启钤与中国营造学社的创立

朱启钤年幼时因其父渡河过跳磴落水而死，自己决心长大后探寻桥梁工程，进而一生热衷建筑事业，在建筑工程方面贡献颇多。民国时期的中国大城市，建筑设计规划很难摆脱半殖民地、半封建

---

① 开阳县地方志编纂委员会编纂：《开阳县志》，"朱启钤传"，贵州人民出版社 1993 年版。

② 肖先治：《贵州文化出版名人传略》，"朱启钤传略"，贵州人民出版社 1999 年版，第 214 页。

③ 林洙：《困惑的大师——梁思成》，山东书画出版社 2001 年版，第 821 页。

的文化而独创出中华民族自己的建筑文化。朱启钤深感要真正创新建筑的民族样式，需要长期在中国古建筑里熏陶，然后对其加以批判地吸收，才能真正做到弃其糟粕，取其精华。中国几千年的文化流传下来有关建筑技术方面的书籍仅有两部：一部是宋代的《营造法式》，另一部是清代的《工程做法则例》①，都是当年负责修建皇家宫殿的官员撰写的。历代对传统文化的认识观念，停留在文人雅士的诗、文、书、画等。特别是明清以来，学者们的学术研究，主要是到浩瀚的古籍中去考证。钻研中国古建筑文化，在传统知识分子看来是"末技"，难以千古留名，乏人问津。因此，朱启钤决心要成立中国营造学社，立志做出一番成绩来，同时弥补该领域研究乏人的缺憾。

建筑在古代中国主要由匠人师徒相传。匠人没有文化，也不识字，只靠口述和实际操作传授衣钵。然而朱启钤认为，营造学社研究中国古建筑，除研究文献和实物之外，还应该虚心向匠人师傅学习，做到："访问大木匠师，各作名工及工部老吏，样房算房专家。明清大工，画图估算，出于样房算房。本为世家之工，号称专家，至今犹有存者。其余北京四大厂商，所蓄匠师，系出冀州，诸作皆备。术语名词，实物构造，非亲与其人讲习，不能剖析。制作模型，烫样博彩，亦有专长。至厂商老吏经验宏富者，工料事例，可备咨询。"② 于是，他请了老木匠杨文起和老画匠祖鹤洲为营造学社制作斗拱模型和彩画样片。

早在清末年间，朱启钤对于宫殿苑囿、城阙衙署，曾周览而识之，并蓄志旁搜，就教于匠师耆宿，零闻片语，残鳞断爪，皆宝藏之。中华民国成立后，朱启钤先后出任熊希龄、孙宝琦、徐世昌内阁的内务总长，兼督办北京市政。他先后从事殿坛的开放，古物陈列所的布置，北京正阳门及其他市街的改造。依所见所识，擘画兴修，卓有成效。1918年朱南下途经南京，在江苏省立图书馆浏览图

---

① 一本清代官订的关于建筑方面的书。
② 《困惑的大师——梁思成》，前引书，第31—32页。

籍，发现宋代李诫《营造法式》抄本。于是，设法取得当局同意，以石印本刊行。随后，与陶兰泉集《四库全书》文渊、文津诸版本，悉心校对，于1925年重刊仿宋本《营造法式》，海内学者始渐知中国古代也有营造学。其后朱启钤又致力于清代《工程做法则例》的整理，至1929年以后研究范围逐渐扩大，深感个人力量孤掌难鸣，开始萌发创设营造学社的想法。

1930年，朱启钤为筹措研究经费，向管理美国退还庚款的"中华教育基金董事会"申请补助，获批每年补助经费15000元，以3年为期，于是在北京组建中国营造学社。该学社以"沟通儒匠，溶发智巧"与"资料之征集"为使命。朱启钤提出：他所开拓的广义建筑学——"营造"，其研究事业是"全人类之学术，非吾一民族所私有"，期盼着国际合作而成为世界性的课题。为什么叫"营造学社"，而不叫"古建筑学社"呢？因为我国古代把建筑习惯称作"营建"或"营造"。最经典的著作就是宋代李诫编的《营造法式》，这部书编成于宋哲宗元符三年（1100），镂版印刷于宋徽宗崇宁二年（1103）。沿用至20世纪三四十年代，"营造"已经成为我国指称建筑的专有名词了。朱启钤在说明为何取名为"营造学社"时又进一步阐明了他的建筑观。他说："本社命名之初，本拟为中国建筑学社。愿以建筑本身，虽为吾人所欲研究者最重要之一端，然若专限于建筑本身，则其于全部文化之关系仍不能彰显，故打破此范围而名以营造学社。则凡属实质的艺术，无不包括，由是以言。凡彩绘、雕塑、染织、髹漆、铸冶、培植一切考工之事，皆本社所有之事。推而极之，凡信仰传说仪文乐歌一切无形之思想背景，属于民俗学家之事，亦皆本社所应旁搜远绍者。"[①]

朱启钤社长的工作主要是制定学社的工作指导方针和选拔优秀人才两个方面，而这正是一个杰出领导者的素质。他的社会活动侧重在筹款以及和各级政府沟通。那时候外出调查必须同当地的各级

[①] 清华大学建筑系编：《中国营造学社创始人——朱启钤》，清华大学建筑数字图书馆。

政府及驻军打招呼，请求给予保护与关照，否则有时连性命都难保，更别提研究了。朱启钤利用自己在商界、政界深厚的人脉优势四处联络沟通，为中国建筑史的研究心甘情愿地做铺路石。

营造学社的重要人物梁思成，1927年毕业于美国宾夕法尼大学，获建筑学硕士学位。1931—1946年任中国营造学社法式部主任，潜心研究中国古代建筑。梁思成长期研究中国古代建筑，为中国建筑史的研究做了大量开创性的工作。他在中国营造学社工作期间，开创了应用近代科学的勘察、测量、制图技术和比较、分析的方法进行古建筑的调查研究，发表了调查研究论文十多篇。他对中国建筑古籍文献进行了整理和研究，并根据实物调查和对工匠实际经验的了解，于1932年写成《清式营造则例》一书。梁在序中发自肺腑地感叹道："我在这里要向中国营造学社社长朱桂莘先生表示我诚恳的谢意，若没有先生给我研究的机会和便利，并将他多年收集的许多材料供我采用，这书的完成即使幸能实现，恐也要推延到许多年月以后。"①

中国营造学社的工作以整理国故、发扬民族建筑传统为宗旨。这是中国人组织研究中国建筑文化遗产最早的民间学术团体。在朱启钤看来，中国建筑在时间上，包括上下五千年；在空间上，东自日本，西达葱岭，南起交趾，北绝大漠。在此时间与空间范围内的建筑，完全属于一个系统之下。学社的最高目标即完成此建筑系统历史的研究。然而，这一历史悠久，幅员广大的建筑系统，却被数千年来其发源地的士大夫学者所不屑道之。遗物虽多，而文献无从查考的很多，整理每苦不得其门径。故对其历史及技术，欲加以彻底的研究，势必先征之文献，符之实物而后可。于是朱启钤将学社分设文献和法式二组，分工合作。为工作便利计，采取先易后难的方法，即先从研究清式宫殿建筑开始，待清式宫殿建筑已有相当了解，再追溯明元，进求宋唐，以期迎刃而解。为求达到以上目的，学社的工作多以实物调查为主。此外，整理旧籍与编制图书，均倾

---

① 《困惑的大师——梁思成》，前引书，第821页。

向实用方面。学社希望研究成果能够为国内各团体、各单位的古建筑修葺、教学或设计提供参考资料。营造学社出版印行了《中国营造学社汇刊》（季刊）等杂志，对中国古建筑的研究和人才的培养，都起到了积极的作用。[①]

三 营造学社的学术活动及历史贡献

中国营造学社是中国第一个专门研究古建筑的学术机构。当时的研究范围，侧重古籍整理及外籍的译述。除对清代《工程做法则例》的整理，由1927年开始一直在继续工作外，还整理了《园冶》，收集《哲匠录》与营造大事年表等资料。1930年刊印《中国营造学社汇刊》第一卷共两期，其中要目有《中国营造学社缘起》《中国营造学社开会演说词》《李明仲八百二十周忌之纪念》《仿宋重刊营造法式校记》《元大都宫苑图考》等。

1931年3月，为使社会各界更多地了解中国的建筑，学社在北京中山公园举行圆明园文物展览，引起社会的热烈反响。该年度除继续收集文献资料外，汇刊第二卷增为三期，其中要目有《仿建热河普陀宗乘寺诵经亭记》《营造算例》等。同年7月，学社改组为文献、法式两组。文献组工作侧重史料的收集，一开始由朱启钤兼任主任，1932年后聘请刘敦桢[②]为文献组主任。法式组重实物测量及法式则例的整理，梁思成担任主任。主要开展的工作有编著《哲匠录》，收集明北京官苑史料，测量河北蓟县独乐寺、辽建观音阁、山门、宝坻县辽广济寺三大士殿等。自营造学社成立以后，每年春秋二季，学社的主要工作是分组派遣成员外出调查古建筑。汇刊自1932年起，定为季刊，每年出版四期，稿件限于社员的研究论文。

1932年7月，因业务扩展，学社迁址并将工作人员增至20多人。该年度主要工作有：调查河北正定古建筑，编著《营造法式新释》，收集《明实录》营造史料，参加北京故宫文渊阁等处修葺计

---

① 陈明达：《中国大百科全书》，建筑·园林·城市规划"中国营造学社"条，中国大百科全书出版社1988年版。
② 刘敦桢1922年毕业于日本东京高等工业学校建筑科。

划，供给国内外团体学校参考用标本模型多处。

1935年春，故都文物整理委员会聘学社为技术顾问，指导修葺北京古建筑。同年又受内政部、教育部的聘请，筹划曲阜孔庙的重修工作。5月，调查河北安平、曲阳、定县，以及河南安阳等处古物，整理清官式桥座做法。同年秋，测量故宫文渊阁、文华殿、内阁大库，苏州古建筑，北京喇嘛塔遗迹。编辑《中国建筑设计参考图集》《古建筑调查报告》《文渊阁藏书全景》及《明代营造大事年表》等。

1936年2月，在北平万国美术会陈列室举行中国建筑展览会，陈列自汉以来历代建筑图片200幅。该年度编制的图籍出版的有：《建筑设计参考图集》（编至第十集）、《明代建筑大事年表》等。编成拟付印的有：《姚氏营造法源》、《江南园林志》、《元大都考》。正在编辑整理中的有：《清工程做法则例补图》、《仿宋营造法式校勘表》、《古建筑调查报告》第二集、《宋辽金建筑》、《建筑设计参考图集》第十一集、《〈哲匠录〉补遗》、《清代建筑年表》等。此外，学社参加社会服务事项，计有中央古物保管委员会委托计划修理大同云冈石窟，中英庚款董事会委托修葺河北正定龙兴寺宋代塑壁。参加中央古物保管委员会修理河南登封汉太室少室、启母等石阙，周公庙、观星台。计划重修西安荐福寺小雁塔等。

1937年7月卢沟桥事变发生后，学社经费来源断绝，遂告停顿。当时以事出仓促，只能先将重要图籍文物，分别检束寄顿。随后经社长朱启钤及梁思成、刘敦桢两主任筹议，将贵重图籍仪器及历年工作成绩，寄存天津麦加利银行。梁思成、刘敦桢两主任南行，另行组织临时工作站，与中央研究院合作研究调查西南古建筑。9月间接教育部关于战区文化机构集中长沙的通令，遂决定除朱启钤仍留北京外，南迁的梁思成、刘敦桢二主任同赴长沙相机恢复工作。

中国营造学社自卢沟桥事变后，经费来源基本断绝，北京保管处经费全部由朱启钤私人资助。南迁的工作站，虽于1939年得到中华教育基金委员会1.3万元的资助，但捉襟见肘，难以为继。加之社员四散，各项工作和活动不能正常开展。1945年抗日战争胜利时，学社只有梁思成、刘致平、莫宗江、罗哲文四人，经费来源已到了山穷水尽的地步。当时，朱启钤欲重整学社，但因年迈体弱无力顾及，教育部建议将学社与中央研究院历史语言研究所或中央博物院合并。梁思成考虑到战后国家建设将需要大批的建设人才，决定到清华大学去创办建筑系，刘致平、莫宗江、罗哲文也都随梁思成到清华大学，刘敦桢执教于南京中央大学。学社成员各谋所栖，主持乏人，社务遂废弛，中国营造学社从此结束了。

中国营造学社作为中国近代建筑研究领域中较具规模的学术机构，成立以后工作十余年，在国内建筑学界和古建筑研究方面，做了大量实际有效的工作。刊印专辑著作颇多，影响颇大，培养和造就了一大批研究古建筑的人才。中国营造学社是中国近代以来最重要的建筑科学研究机构，我国著名的古建筑学家梁思成、林徽因、刘敦桢、刘士能、瞿宜颖、陈明达等都是该组织的重要成员。虽然当时的条件十分艰苦，但在社长朱启钤的倡导及梁思成、刘敦桢等成员的努力下，对许多有历史价值和文化价值的古建筑进行了实地的调查和测绘。其中，文献组主要从事中国古建筑等文献资料的搜集编印工作。朱启钤亲自校订了宋代李诫所著古建筑名著《营造法式》；编印专门研究我国民间蚕丝织绣艺术的《存素堂丝绣丛刊》；校勘出版明代漆工技艺专著《漆书》，刊印明代园林专著《园冶》（一名《园牧》），并编印《存素堂校写几谱三种》，介绍我国历史上流传的小桌燕几、操几、匡几工艺及用途等。与此同时，营造学社广征文献，详加考订，撰写、出版了《中国营造学社汇刊》七卷及《清式营造则例》、《建筑设计参考图集》等中国古建筑专著30多种。其中，包括朱启钤撰写的《贵阳甲秀楼建筑调查纪略》等贵州古建筑珍贵史料。整理了宋代《营造法式》和清代《工程做法则例》等古代建筑专著，清理了不少有关古建筑的历史文献和一些流传民间的匠师抄本。

总之，中国营造学社的成立，开辟了以现代科学方法研究传统建筑的新纪元，通过调查、实测、收集、研究中国古建筑资料和实物，使中国建筑艺术从此真正成为一门科学，推动国内建筑事业的发展。学社的研究成果在国际上取得了一定声誉。营造学社的学术活动，是当时文化思想领域"整理国故"的一种反映，也适应了当时流行的"中国固有形式"设计实践对建筑史提出的提供传统建筑样式形制的要求。学社在研究观点、方法上受到了近代西方建筑史学方法和清代考据学的影响。学社对于古建筑进行的比较科学的测绘清理和对文献资料所做的考据论述，为中国古代建筑史的研究，积累了珍贵的资料，奠定了中国建筑史学科的雏形。朱启钤的最大功绩在于团结了一批国内一流的古建筑专家，对中国古建筑研究做出了不可磨灭的贡献。朱启钤在中国建筑史上的贡献正如他自己所说的："启钤老矣。纵有一知半解，不为当世贤达所鄙弃，亦岂能以桑槐之景，肩此重任。所以造端不惮宏大者，私愿以识途老马，作先驱之役，以待当世贤达之闻风兴起耳。"[①]

（原载启功主编《冉冉流芳惊绝代：朱启钤学术研讨会文集》，贵州人民出版社 2005 年版）

第二节　贵阳华氏企业发展的艰难历程

一　华氏企业的辉煌发展史

清末民初的贵阳首富华氏家族祖籍江西临川，"世为江右望族"。康熙年间，移居遵义南乡团溪，以行医闻名于世，代有善德，在当地声望甚佳。同治元年（1862），华氏企业的创始人华联辉（1833—1885 年）迁居贵阳。他与儿子华之鸿（1871—1934 年）、孙子华问渠（1894—1979 年），先后经营"永隆裕"盐号、成义酒厂、文通书局、永丰纸厂等工商企业。其中，"永隆裕"盐号由华

---

① 《中国营造学社创始人——朱启钤》，前引文。

联辉建立,"是贵州从明初建省五百多年来,规模最大、资金最多、影响也很大的商号"。华之鸿创立的文通书局,是贵州清末民营工业的代表,"是贵州第一家使用动力机械的新式印刷企业"。① 抗战期间,华问渠抓住难得的历史机遇把文通书局发展为全国七大书局之一。此外,华氏企业下属的成义酒厂(即"华茅"),新中国成立后与"王茅"、"赖茅"合并组建贵州茅台酒厂,生产的茅台酒成为"国酒",享誉中外。

华氏祖孙三代作为贵州民族资产阶级的精英,开创贵州近代工业之先河,其企业对贵州工业近代化的巨大推动作用,对贵州经济文化发展做出的贡献是不可估量的。华氏企业的发展历程也显示了华氏企业领导人作为新兴生产力的代表,善于在险恶的环境中周旋,表现出顽强的生命力。特别是华之鸿和华问渠,继承先辈敬恭桑梓之遗志,克服重重困难,不计亏损,致力于办好、办大文通书局,传播新兴知识文化。华氏相关企业的盈利大都用来支持文通书局的运行,整个华氏企业的运转可以说都是以文通书局为中心。最困难的抗战后期,华问渠"将祖积三四千石田租之田产及房地产,统一经营,并陆续变卖,调济(剂)文通"。② 华氏祖孙三代可以说一直把儒家"立德""立功""立言"三不朽事业作为孜孜以求的人生目标,是贵州近代史上做出重大贡献的民族资本家。《民营经济报》把贵阳华家列为近代中国十大民营企业家之一。③

二 华氏企业艰难发展的客观因素

华联辉早年行医,后经营盐业,获得了成功。咸丰末同治初,

---

① 《贵州通史》编委会:《贵州通史》第四卷,当代中国出版社2002年版,第279页。
② 华问渠:《贵阳文通书局的创办和经营》,载中国人民政治协商会议贵州省委员会、文史资料研究委员会编《贵州文史资料选辑》第十二辑,贵州人民出版社1982年版,第47页。
③ 分别为盛宣怀、胡雪岩、张謇、简照南简玉阶兄弟、荣宗敬荣德生兄弟、华氏家族、陈光甫、马应彪、沈万三、王炽。参见曾冬梅《流逝的民间财富掌门人——旧中国十大民营企业家》,载《民营经济报》,http://www.ycwb.com/gb/content/2004—01/08/content_ 624117. htm。

他在遵义仁怀创办"成义酒房",涉足制酒业。光绪丁丑年(1877),华联辉在四川协助丁宝桢改革盐政成功后,辞去公职,取得"仁岸"的食盐专营权,在贵阳继续扩大经营盐业。开设"永隆裕""永昌公""永发祥"等盐号,积累了巨额财富,为华氏企业日后的多元化发展奠定了雄厚的经济基础。

华之鸿受康有为、梁启超维新思想的影响,将盐业经营的利润,用来实现自己的政治抱负。经济上,继续经营盐业,并兴办文通书局、永丰纸厂等现代企业;政治上,与任可澄、唐尔镛等于1909年成立贵州宪政预备会,意欲大干一番事业。大汉贵州军政府成立之初,财政十分困难,军政府任命华之鸿出任财政部副部长、官钱局局长兼银行总理,华拿出五万两银子到官钱局支持政府的财政,任由市民兑换。大汉军政府被改组成军都督府时,华之鸿"复任财政司长,预算决算处处长,仍兼理银行",除"捐资军饷不下10万"外,还将省银行发行的300万黔币,"无论票价如何低落,仍饬永隆裕及文通书局,照票面一概收受,损失如何,在所不计"。又捐资数万两银子,支持军都督府镇压回黔的援鄂黔军。护国战争期间,华之鸿支付的军饷不下10万两银子。许多当地人说:"华四先生做官是奉命贴钱。"华之鸿耗费巨资,在政治旋涡中身心疲惫,"民九"事变中遭到牵连,于1917年黯然退出政坛。

1911年辛亥革命至1935年6月之间,贵州由于军阀混战,政局动荡,历届政府不断加重摊派,不同政治势力上台后都对华氏企业轮番盘剥。例如,贵州辛亥革命成功后,"不久,滇军入黔盘踞贵阳,强行向地方绅士商人筹借军饷……听母亲说,柜中存有6万多银元,在一夜之间,全被派来的挑夫挑走一空"。① 再如,民国五年(1916),"华之鸿筹足白银五万两,请求省长刘如周(名显世)派兵护送。谁知数十驮银两,路经省公署门前,全被赶入该署大

---

① 《永隆裕盐号述略》,前引书,第7页。

堂。名为政府借用，实系变相抢劫"。① 同时，历届贵州军阀政府都要文通书局印刷大量布告、公文、表册、报刊，大都没有现金支付，拖欠书局大量的费用，文通书局成为官方免费的印刷厂。

民国十六年（1927），贵州省主席周西成强令以低价收购纸厂，改为兵工厂。"创办的永丰抄纸厂，耗资达60万银元。……议定收购价50万元，分期付给，实际只付了10万元……毛光翔政府虽然归还，但接受（收）到手的只是个残缺不全的旧工厂。"② 国民政府结束贵州地方军阀统治后，"国民党派系之争益趋尖锐，竟想借用文通书局代印报纸关系，制造事端。既不付给印费，又暗中拉集排报工人，诱使加入秘密组织，唆使向书局逼索工资，企图酿成事故，借作抨击另一方的口实。所幸文通工人不受蒙骗，计未得逞。"③ 作为一个地方政府，不但不支持自己境内的民族资本主义企业发展，反而暗中滋生事端，真是怪事！

外国资本、官僚资本大都想压榨或者吞掉华氏企业。华之鸿派田庆霖去日本购买的造纸机，"用料太多，耗费量大，成本因而增高，究其原因，是田君去日购机，受日本王子造纸机器厂之骗，以旧机充新机"。④ 田庆霖上当受骗固然是商场上常有之事，但当时中国国力微弱，日本商人狗仗人势，不按商业规则办事，确是一个极为重要的因素。华氏企业的成义茅台酒厂，从诞生起就一直在反动政府与官僚资本主义企业的夹缝中求生存、谋发展。茅台酒产量不能大幅度提高，苛捐杂税过重是主要原因。经济学家张肖梅一针见血地指出："在省内除常年捐（税）外，每瓶捐税即为三角，运省外加五角有奇，每瓶捐税即为八九角矣。捐税之重，几等于定价，

---

① 华树人：《贵阳永丰纸厂的创办和发展》，载中国人民政治协商会议贵阳市委员会、文史资料研究委员会编《贵阳文史资料选辑》第九辑，贵州省邮电印刷厂1983年印，第96页。
② 《永隆裕盐号述略》，前引书，第8页。
③ 《贵阳文通书局的创办和经营》，前引书，第44页。
④ 同上书，第41页。

此真国货茅台酒前途之致命伤。"① 20 世纪 40 年代初期，贵州企业公司董事长何辑五，又打起华氏企业的支柱产业——成义茅台酒厂的主意。他以贵阳市长身份，欲将酒厂并入贵州企业股份有限公司，被华问渠婉言拒绝。至于成义茅台酒厂逢年过节所要应付各级主管部门的吃拿卡要，更是不计其数。民族资本主义企业在贵州艰难的生存发展环境，可见一斑。

官僚资本主义企业在经济上对文通书局不断地压榨盘剥，并多次企图吞并文通书局。"（七七事变后）贵州党政要人、官僚资本之代表人物何辑五，欲乘文通经济陷于极端困窘之际，扬言以法币两万元购买文通全部产业，并入官僚资本经营之贵州企业公司；同时，以国民党贵州省党部委员、贵州省社会处处长周时达为首，策划在文通工人中制造事端，企图从经济、政治两方面迫使文通就范。"② 华问渠以保住祖业为由婉言拒绝，苦苦支撑，使文通书局暂时渡过难关，为抗战中期文通书局的大发展保住了东山再起的家当。

文通书局的创立与发展，据张国功分析："（文通书局）的出现，既是中国民族资产阶级在近代追求自强富国以图御侮这一时代性主题所引致，也体现着源远流长的言商仍向儒、化民成俗的文化传统熏陶这一内发性力量；它的经营，既承续了中国士子且商且读、教化兴文的儒学传统所孕育的人生价值的导引，更蕴含着近代中国现代化进程中民族资产阶级以知识改变民族命运的新诉求与新境界。"③ 贵阳与当时出版业发达的上海相比，经济发展较落后，图书消费能力极其有限。就投资出版业的融资环境而言，"贵阳工商界人士，热衷于金（即金融业）、纱（即棉纱），视出版事业为蚀本

---

① 张肖梅编：《贵州经济》，中国国民经济研究所发行，民国二十八年（1939）七月，第 L 部分，第 24 页。
② 《贵阳文通书局的创办和经营》，前引书，第 45 页。
③ 张国功：《贵阳文通书局的历史与启示》，载何长凤编《〈贵阳文通书局〉书评选编》，"贵州近现代史料丛书"第十一集，2004 年，第 8 页。

生意，缺乏投资兴趣，文通欲走合股公司道路，前途黯淡"。① 而上海经济文化的发达，为上海的出版等文化消费提供了良好的市场基础。各大书局主要集中在上海，与当时整个上海良好的经济发展形势和便利的融资环境有着密切的联系。得益于产业化经营机制的成功运作和文化市场的推动，商务印书馆、中华书局以及稍后的世界书局等，采用股份制的现代企业形式和企业制度，不仅广泛地吸纳民间资本的加入，同时也得到外资（早期商务就是与日本合资的）和金融资本（世界书局的主要股东就有金融业巨头钱新之等）充足的财力支持。

解放战争胜利的前夕，通货膨胀急剧，华氏企业处于"虚盈实亏"的状态。文通书局，"不得已以高利吸收私人专款，设立专门账户，由总管理处出纳于子敬兼办存款，月息高达百分之十至二十。……新中国成立前夕，国民党政府又改定金本位制，发行金圆券，旧币折合金圆券，需三百元折一元，通货急剧膨胀，不久金圆券如同废纸，又发行银圆券。文通借贷之款何止千亿！反动政府欠付文通之印刷款，又何止千亿！"② 在这样的情况下，贵阳文通书局濒临倒闭。

三 华氏企业艰难发展的主观因素

华氏企业存在严重的管理混乱、纪律散漫等情况。华氏企业的支柱产业文通书局、永丰纸厂、成义茅台酒厂（华茅），都曾遭受严重的火灾，厂房、办公楼、生产设备和原材料大都被烧毁，造成不可弥补的损失。"（1929年）二月二十八号夜间，因天气干亢，汽油爆发，竟将书局工房烧毁大半……计损失已在贰十余万元。"③ 民国三十三年（1944），成义酒厂因烘衣不慎着火，厂房被烧，地面所有建筑付之一炬，只剩下十多个窖坑，幸亏酒窖藏酒不多。多

---

① 《贵阳文通书局的创办和经营》，前引书，第48页。
② 同上书，第49页。
③ 华之鸿：《华之鸿给毛光翔的信（1930年3月）》，载李德芳、林建曾编《贵州近代经济史资料选辑（上）》第二卷，"工业、交通篇"，四川省社会科学院出版社1987年版，第488页。

次发生火灾说明华氏企业在安全生产上没有足够重视，管理极其混乱。

华氏企业的员工有的与华家是亲朋好友，有的是华之鸿经营时代的老伙计，关系盘根错节，管理的难度很大。"而现时小东翁（华问渠）之为人，一方为愚孝思想所支配，一方又极重情感"。① 此外，"华氏不愿开罪故人，一切采取隐忍政策，故事业之本身，难得进步，造成苟延残喘之局面，致员工薪给，拖欠甚多，指挥尤难生效，大有喧宾夺主，尾大不掉之势。虽有整顿之计划，亦难如意实施"。② 当时著名的经济学者张肖梅经过认真的调查后，尖锐地批评文通书局："该局之营业，华氏之无法整顿者，他人处之，或尚有可图。而该局组织及管理不当，要为当事者事业思想之不合经营原则，有以使然者也。"③ 华家支柱企业文通书局管理境况尚且如此，其他子企业更加可想而知。例如，20世纪40年代初，华问渠就多次指责成义茅台酒厂的薛姓经理，把女婿、姨侄、外甥安插在厂里当会计、出纳，全家人吃住在厂里，还叫儿子利用厂里资金在外面做食盐生意，但此事最后竟不了了之。

华之鸿、华问渠父子，虽然在机器设备上力求先进，但是管理方式上却没有及时改善。文通书局的印费极高，严重影响企业业务量的扩大，原因主要是"该局上级职员，对于印刷事业之技能，工厂管理之学识，成本会计之制度，并不深切之研究与经验，故内部管理松懈，工作效能不高。"④ 此外，"该局承印价格，所以倍蓰于上海各印刷厂者，虽其管理不良，工作效能低弱为主要之因素，然环境之限制使然，亦一大原因。如电力之供给不能尽其便利，原料之供给成本太高等，均足以影响及于承印之价格者也。"⑤

1934年华之鸿去世时，文通书局已经负债高达40万银元，华

---

① 《贵州经济》，前引书，第L部分，第112页。
② 同上书，第L部分，第114页。
③ 同上书，第L部分，第112页。
④ 同上书，第L部分，第114页。
⑤ 同上书，第L部分，第116页。

氏企业陷入创办以来最困难的境地。华问渠接班后,大力整顿,建立了一些规章制度,在一定程度上改变了管理混乱的状况,企业面貌大有改观。例如,改变过去大多从遵义招工的惯例,决定在贵阳招收有文化的青年;改变过去只从亲戚朋友中招收职员,经中间人介绍并担保的办法,采取公开招聘;加强对职工的文化教育;着手建立会计科目制度,采用成本核算制度等。特别是1941年组建文通编辑所后,先后吸收马宗荣、谢六逸、顾颉刚、白寿彝、臧克家等优秀人才,给文通书局注入新的血液,使其发展为全国七大书局之一,文通书局进入创办以来最辉煌的时期。贵阳文通书局对文化出版事业做出的贡献,据何长凤教授统计:"编辑出版各种图书五百多种,数十万册;出版丛书、丛刊、文库、名著35类,292种;出版、印刷报纸杂志28种;编辑出版《文讯》月刊9卷、55期、49册。"①

华氏企业的另一支柱产业"永隆裕"盐号,是华氏企业的主要利润来源。但后来不但不能带来经济效益,反而成为赔本的商号。辛亥革命成功后,"永隆裕光景渐不如前,以后天灾、人祸,纷至沓来。永隆裕盐号改名鼎升恒,一面收缩业务,节省开支;一面仍积极开拓,改进营业方式,变被动等人上门为主动招引顾客……但是,总的情形是入不敷出,只能勉强支撑一时"。② 全国抗日战争爆发后,原来垄断淮盐、粤盐的官僚资本大业公司进入贵州,采取不正当的手段,挤垮了四岸③盐商,(华氏)鼎升恒盐号,因亏蚀过大,被迫于一九四一年歇业。此外,华之鸿在"永隆裕"盐号的经营上,很少留下再生产资金,缺乏科学的投资计划。"(华之鸿)缺乏现代企业投资家和企业家科学运用利润的观点。永隆裕盐号不是从利润中以一定比例的资金投入,而是倾囊相助,很少留下再生产资金,这是它非失败不可的重要原因之一。"④

---

① 何长凤:《贵阳文通书局》,贵州教育出版社2002年版,第163页。
② 《永隆裕盐号述略》,前引书,第6页。
③ 即永岸、仁岸、綦岸、涪岸四大口岸。
④ 《永隆裕盐号述略》,前引书,第9—10页。

就文通书局和永丰抄纸厂创办地的贵州地理位置而言，华树人分析："贵州交通阻塞，造纸原料供应基本仰赖省外或国外，如明矾、漂粉、松香、烧碱等，由于军阀混战，均无法运进……永丰纸厂陷入长期停工待料之凋敝状态。"① 时人评论说："贵阳工商业向称落后，其原因不仅属交通的不便利，而是社会需要并不迫切，这是地方进步迟钝自然现象。"② 民国时期的丁道谦也认为："黔省经济落后之原因，交通不便是一症结所在。因为交通之不便，不仅影响于成本，且影响能否运出运入之问题。"③ 从以上分析可见，由于交通不便、市场狭小、原料成本高等因素，文通书局乃至整个华氏企业的发展举步维艰成为必然。

四 尾声

新中国成立后，华氏企业积极参与新社会的经济建设。1951年成义茅台酒厂服从贵州人民政府的安排，由政府作价购买，与荣和、恒兴两家一起合并改建为国营贵州茅台酒厂。文通书局，"由于社会制度交替，经营不善，开销过大，营业额下降，致使资金枯竭，长期积累的公私债务越来越重，工人的薪金不能按时发放，供应不起伙食，生产和职工生活难以维持"。④ 1952年4月，贵州省人民政府批准文通书局并入贵州人民印刷公司，走向国营化之路。不久，黔元纸厂也由人民政府接收改组为贵阳造纸厂。从此，历时半个多世纪的华氏企业宣告终结。

（原载《贵阳文史》2006年第4期）

---

① 《贵阳永丰纸厂的创办和发展》，前引书，第98页。
② 中国旅行社编辑：《黔游纪略》，"贵阳鸟瞰"，中国旅行社发行，民国23年（1934），第54—55页。
③ 丁道谦：《贵州经济地理》，商务印书馆民国三十五年（1946）版，第230页。
④ 《贵阳文通书局》，前引书，第161页。

第九章　文化琐思

第一节　"三皇"和"五帝"：华夏谱系之由来

作为华夏族帝王谱系的"三皇五帝",对于后世华夏族的认同、中国人的认同乃至中国这个国家的认同,具有重大的符号象征意义。20世纪初,炎帝和黄帝被从"三皇五帝"中剥离出来,当作资产阶级民主革命的思想利器。①"我们都是炎黄子孙"这一信念,也曾激励了无数志士仁人为了"排满兴汉"、"振兴中华"而义无反顾地抛头颅、撒热血。因此,"三皇五帝"长期以来一直既是学界又是政界关注的热门话题。

从学界研究"三皇五帝"等古史传说的结论看,20世纪80年代以前主要有"信古"、"疑古"、"释古"三派。② 晚至1982年,顾颉刚在新发表的《我是怎样编写〈古史辨〉的?》一文中,认为

---

① 关于"三皇五帝"中黄帝作为华夏族/汉/中华民族祖先的学术阐释,杜赞奇、沈松侨、孙隆基等人已经有详尽的分析。参见〔美〕杜赞奇《从民族国家拯救历史——民族主义话语与中国现代史研究》,王福明译,江苏人民出版社1995年版;沈松侨:《我以我血荐轩辕——黄帝神话与晚清的国族建构》,《台湾社会研究季刊》1997年第28期;〔美〕孙隆基:《清季民族主义与黄帝崇拜之发明》,《历史研究》2000年第3期。

② 参见冯友兰《〈古史辨〉(六)序言》,载《三松堂学术文集》,北京大学出版社1984年版,第410页。学界也有人认为"疑古"派不准确,应用"古史辨"派较为准确。此外,杨宽在1938年重申了冯友兰的观点,同时补充了考古一派,成为四派,本节暂不讨论这些问题。可参见《"疑古派"与中国现代学术走向》的相关论述,载吴少珉、赵金昭主编《二十世纪疑古思潮》第三章第六节,学苑出版社2003年版。

"信古""疑古""释古"三派的分类法不准确,他说:"疑古并不能自成一派,因为他们所以有疑,为的是有信;不先有所信,建立了信的标准,凡是不合于这标准的则疑之。信古派信的是伪古,释古派信的是真古,各有各的标准。"① "疑古并不能自成一派",那么"疑古"应当和谁成为一派,从文章意思来看,顾颉刚是在强调疑古派也有"信"的一面,而如果所信的为"真古",那么这就叫作"释古"。顾颉刚似乎认为应该有"信古"与"释古"两派,言外之意"疑古"派是要属于"释古"派了。廖名春认为,"释古"离不开"信"或"疑",没有对古书的"信"或"疑","释古"就无从"释"起。② 笔者在承认"三皇五帝"确有其历史影子的基础上对其进行"释古",简单梳理华夏族的"三皇五帝"帝王谱系由来。③

一 历史叙事中的"三皇五帝"

关于历史的叙事化问题,海登·怀特认为,从本质上讲,历史与真实之间毫无延续性可言。历史是在叙事,是在讲故事,而"真实"却不同。历史修撰中最重要的不是内容,而是文本形式。因而,历史学家在写历史时,把一些构想或结构强加到历史上,目的是要在不同的历史叙事中找到共同的结构因素,以便"追溯变化,勾勒出所论时代的历史想象的深层结构"。④ 戴维·卡尔等却认为,"叙事结构存在于我们社会生活的经历之中,与我们作为历史学家对过去的思考无关"。⑤ 在戴维·卡尔看来,叙事法是历史学家阐释

---

① 参见顾颉刚《我是怎样编写〈古史辨〉的?》,载《古史辨》第一册,上海古籍出版社1982年版。

② 参见廖名春《试论冯友兰的"释古"》,《原道》1999年第六辑。

③ 笔者同意廖名春这一观点,相信"三皇五帝"确有其历史影子,同时又认为这一帝王谱系结构是历史学家、经学家编排出来的。笔者结合已有研究成果,运用相关材料对"三皇五帝"进行释读。因此,在阐述中也大量采用"疑古"派的结论为本研究服务。

④ [美]海登·怀特:《后现代历史叙事学》,陈永国、张万娟译,中国社会科学出版社2003年版,第2页。关于怀特的历史叙事学观点,还可以参见该书第五部分"当代历史理论中的叙事问题"。

⑤ 戴维·卡尔:《时间、叙事和历史》,布卢明顿出版社1986年版,第9页、16页。另参见第65、73、168—169、177页。转引自[美]柯文《历史三调:作为事件、经历和神话的义和团运动》,杜继东译,江苏人民出版社2005年版,第4页。

真实的过去的一个基本手段,历史与真实之间(他称之为"叙事与日常生活"之间)不是没有连续性,而是具有很大的连续性。笔者的观点介于两者之间,基本上赞同怀特的历史即叙事的观点,同时认为历史和真实之间有一定的延续性,历史的叙事是有"结构"可循的。我们应当承认,所有的历史著作(即使是其中最出色的那些)都是对过去的高度简化和浓缩。历史具有解释的功能,历史学家的首要目的是理解过去发生之事,然后再向读者进行解释。

我们应当把掺杂神话的传说和纯粹的神话加以区别。笼统地把"三皇五帝"中的人物全都归之为神话是不严谨的。"三皇五帝"已经不是原来的口头相传的记载,而是已经过了后人的记录整理,"虽然难免有整理者的某些思想和成分,却不是整理者杜撰的,也不是周秦之际或其后学者们所拟议的一种考古般的推测"。[①] 从我国的历史情况来看,"作为狭义民族的夏或华夏族形成于我国传说时代的'五帝'时期,夏国和夏朝的建立,可以作为它形成的标志"。[②] 也就是说,华夏族与"三皇五帝"当中的"五帝"均大致形成于夏朝建立的时期。王明珂的研究表明,一个社会群体,往往是透过对"过去"的选择、重组、诠释,乃至虚构,来创造自身的共同传统,以便界定该群体的本质,树立群体的边界,并维系群体内部的凝聚。[③] 由于华夏族是由各古老部族融汇而成的,它们原本都有各自的祖先,当他们汇合成一个统一的华夏族以后,势必要"将各自祖先的传说带进这个新形成的民族共同体的历史中。新融汇成的华夏族的历史必定是由它所包含的各古老部族的历史共同交织而成的"。[④] 因此,当一部由原来的各个古老部族的祖先传说杂糅而成的新的历史产生之际,便同时标志着一个新的民族共同体的形

[①] 翁独健主编:《中国民族关系史纲要》上册,中国社会科学出版社 2005 年版,第 16 页。
[②] 翁独健主编:《中国民族关系史纲要》,前引书,第 2 页。
[③] 王明珂:《文化边缘——历史记忆与族群认同》,社会科学文献出版社 2006 年版,第 44 页。
[④] 沈长云:《论黄帝作为华夏民族祖先地位的确立》,《天津社会科学》1995 年第 2 期。

成。华夏族的产生需要这样一部为共同体各成员都认同的历史，这就形成了"三皇"、"五帝"的帝王谱系结构，最后在东晋初形成了华夏族的"三皇五帝"帝王谱系结构。

笔者以古史传说的"三皇五帝"作为历史学家讲"故事"的范本，来检讨其怎样被建构为华夏族的帝王谱系。怀特认为："叙事绝不是一个可以完全清晰地再现事件——不论是想象的还是真实的事件的中性媒介。它以话语形式表达关于世界及其结构和进程的清晰的体验和思考模式。"[①] 的确，历史话语叙事模式千百年来就一方面与神话和宗教思想，另一方面与历史/文学虚构密不可分。我们也应当看到，"三皇五帝"不是凭空臆造出来的，当中的许多人物是我国上古各部族的神话传说人物和祖先神灵。这些人物经过春秋战国以来的历史学家、经学家多次编排与整合，才变成华夏族的帝王谱系。由人类学与历史学的研究中我们知道，当个人或一群人通过族谱、历史或传说，来叙述与他或他们的起源有关的"过去"时，其中所反映的并非完全是历史事实。因此人类学家以所谓的"虚构性谱系"（fictive genealogy）来形容虚构的亲属关系谱系，以"结构性失忆"（structural amnesia）来解释被遗忘的祖先。[②] "三皇五帝"就是这样一个"虚构性谱系"，她是以众多部族神话传说人物和祖先神灵的被遗忘，通过"结构性失忆"所产生的华夏族的帝王谱系。

二 "三皇五帝"的帝王谱系建构

"皇"的原义是"大"和"美"，不作名词用。战国末期，因上帝的"帝"字被作为人主的称呼，遂用"皇"字来称上帝，如《楚辞》中的西皇、东皇、上皇等。同时又有天皇、地皇和泰皇，称为"三皇"。在《周礼》、《吕氏春秋》与《庄子》中也开始有指人主的"三皇五帝"，《管子》对皇、帝、王、霸四者的不同意义作

[①] [美] 海登·怀特：《后现代历史叙事学》，前引书，第346页。
[②] P. H. Gulliver, *The Family Herds: A Study of Two Pastoral Tribes in East Africa, the Jie and Turkana*, London: Routledge & Kegan Paul Ltd., 1955, pp. 113–117.

了解释，但都未实定其人名。"帝"原指天帝，《孟子》中只提到"三王五霸"，人间的"五帝"一词尚未出现。《荀子》中才有"五帝"一词排在"三王"前，但无人名，只在《荀子·议兵篇》中称尧、舜、禹、汤为"四帝"。《孙子兵法》有"此黄帝之所以胜四帝也"句，似也有四帝、五帝之称，但梅尧臣谓此"帝"字系"军"字之讹。

我国的古史传说中，到战国时期形成好几种以不同人物组合成的"五帝"说，"五帝"说首见于《大戴礼记·五帝德》，该篇假托宰我问五帝于孔子，孔子答曰："黄帝，少典之子也，曰轩辕。……颛顼，黄帝之孙，昌意之子也，曰高阳……帝喾……玄嚣之孙，曰高辛……帝尧……高辛之子也，曰放勋……帝顺，蟜牛之孙，瞽瞍之子也，曰重华。"战国末期《吕氏春秋》中始有"三皇"一词，"三皇"说第一次被明确地表述是在《史记·秦始皇本纪》："古有天皇，有地皇，有泰皇；泰皇最贵"。"五帝"最初排在"三皇"前面，到汉代才形成几种置在五帝前的"三皇"说。"三皇五帝"之说首见于《吕氏春秋·禁塞》："上称三皇五帝之业，以愉其意。"清朝的崔述在《补上古考信录》中指出："古者本无皇称，而帝亦不以五限。"这些论述综合起来，表明"三皇五帝"帝王谱系不是一开始就是出现的，经历了"X皇"/"Y帝"——"五帝"——"三皇"——"三皇五帝"的过程，逐渐被历史学家、经学家建构起来的。

综合学术界的研究成果来看，"五帝"、"三皇"主要有以下六种说法。[①]

六种"五帝"说：

（1）<u>黄帝</u>、颛顼、帝喾、尧、舜，参见《大戴礼记·五帝德》、

[①] 参见顾颉刚、杨向奎《三皇考》，蒙文通、缪凤林《三皇五帝说探源》，吕思勉著《三皇五帝考》等文，均载吕思勉、童书业编著《古史辨》第七册（中），上海古籍出版社1982年版；刘起釪：《几次组合纷纭错杂的"三皇五帝"》，载《古史续辨》，中国社会科学出版社1997年版。本节不作"三皇五帝"的考证研究，而重点谈华夏族的"三皇五帝"帝王谱系的建构。根据产生顺序，笔者把"五帝"说排在"三皇"说前面。

《吕氏春秋》、《史记·五帝本纪》。

(2) 庖牺(伏羲、宓牺)、神农、黄帝、尧、舜。参见《战国策·赵策》、《易·系辞下》。到了秦汉，许多小民族已经融合为一大民族，颛顼、帝喾作为黄帝后裔的说法失去了应有的价值，因此换上了苗蛮集团的伏羲。

(3) 太皞、炎帝、黄帝、少昊、颛顼。参见《吕氏春秋·十二纪》、《礼记·月令》。

(4) 少昊、颛顼、喾、尧、翼。见《世经》。

(5) 喾、尧、舜、禹、汤。参见《汉书·王莽传》。

(6) 黄帝、少昊、颛顼、喾、尧。参见《资治通鉴外纪》、《路史·发挥》。

六种"三皇"说：

(1) 燧人、伏羲、神农。参见《尚书大传》，此外，《礼·含文嘉》、《春秋命历序》也同此说而以燧人居中。

(2) 伏羲、女娲、神农。参见《春秋纬·运斗枢》。

(3) 伏羲、祝融、神农。参见《礼·号谥记》，此外，《孝经钩命决》引《礼》同此，但以祝融居末。

(4) 伏羲、神农、共工。参见《白虎通》、《资治通鉴外纪》。

(5) 伏羲、神农、黄帝。参见《伪古文尚书·序》。蒙文通解释为"殆以三人者于族中最为杰出。泰族之所创作，悉以归之伏羲。炎族之所创作，悉以归之神农。黄族之所创述，悉以归之黄帝耳"。[①]

(6) 黄帝、少昊、颛顼。参见《汉书·王莽传》。

根据上文可知，"五帝"和"三皇"中的许多人物是可以互换的（参见下划线部分），尤其是黄帝，在四种"五帝"说和两种"三皇"说中均出现。根据西汉末的《世经》排定的古帝王系统，东晋初的伪《古文尚书·序》编排了"三皇五帝"帝王谱系："伏

[①] 蒙文通：《古史甄微》，载《民国丛书》第一编76"历史地理类"，上海书店据商务印书馆1946年版影印出版，第54页。

羲、神农、黄帝之书，谓之《三坟》，言大道也。少昊、颛顼、高辛、唐、虞之书，谓之《五典》，言常道也。"此说中黄帝居首的地位得到了权威认证。由于"经"重于史，此说虽与《史记·五帝本纪》所载相牴牾，却一直流传甚广。但即便如此，晚至萧梁时代，依然还有不同的"三皇五帝"说出现。可见，长期以来，为人们所尊奉的"三皇五帝"帝王谱系，原来是众说纷纭的，历经战国至汉、东晋长期的排列组合，被历史学家、经学家从上古的神话传说人物和祖先神灵挑选出八位人物组成不同的"三皇五帝"帝王谱系结构而已。

从以上六种不同的"五帝""三皇"排列组合可以看出，"三皇""五帝"的三、五模型一经固定，无论其中人物如何变化，均已无关紧要。总之，"三皇""五帝"帝王谱系是把各部族主要神话传说人物和祖先神灵变换着往"三""五"的模型里面塞，是对上古的神话传说人物和各族祖先神灵加以改造、归纳、浓缩的结果。对于上古帝王谱系的形成，顾颉刚分析："各民族间的种族观念是向来极深的，只有黄河下游的民族叫作华夏，其余的都叫作蛮夷。疆域的统一虽可使用武力，而消弭民族间的恶感，使其能安居于一国之中，则武力便无所施其技。于是有几个聪明人，把祖先和神灵'横的系统'改成了'纵的系统'，把甲国的祖先算做了乙国的祖先的父亲，又把丙国的神算做了甲国的祖先的父亲。……借了这种帝王系统的谎话来收拾人心，号召统一，确实是一种极有力的政治作用。"① 显然，战国末期，作为民族融合和同化的反映，把所有主要神话人物和各族祖先神灵都加以历史真实化，编排成统一的有血缘关系的古史系统是当时华夏大一统的现实政治需要。

各种"三皇"说中所涉及的人物出身的时代、部族不同。《韩非子·五蠹》谓："上古之世……民食果蓏蚌蛤，腥臊恶臭而伤害腹胃，民多疾病。有圣人作，钻燧取火以化腥臊，而民说之，使王天下，号之曰燧人氏。"有关燧人氏的这些记载，描述了农业产生

---

① 顾颉刚：《古史辨》第四册，序，前引书，第6页。

以前，远古初民依靠采集渔猎生活的时代，原始人对火的特别重视。对于伏羲（庖牺），《周易·系辞下》云："古者庖牺氏之王天下也，仰则观象于天，俯则观法于地，观鸟兽之文与地之宜，近取诸身，远取诸物，于是始作八卦，以通神明之德，以类万物之情，作结网而为网罟，以佃以渔，盖取诸离。"《论衡·齐世篇》论述："宓牺（伏羲）之前，人民至质朴，卧者居居，坐者于于，群居聚处，知其母不识其父。至宓牺时，人民颇文，知欲诈愚，勇欲恐怯，强欲凌弱，众欲暴寡，故宓牺作八卦以治之。"伏羲传说所反映的是渔猎还占有重要地位而又出现了早期农业的社会发展阶段。《庄子·盗跖》说："神农之世，卧则居居，起则于于；民知其母，不知其父，与麋鹿共处，耕而食，织而衣，无有相害之心，此至德之隆也。"这表明神农时代是一个理想化的母系氏族社会。清初陆次云的《峒溪纤志》记述："苗人腊祭日报草。祭用巫，设女娲、伏羲位。"徐旭生据此记载并结合民族学调查资料推断："太昊氏族在东方，属于东夷集团；伏羲与女娲同一氏族，在南方，属于苗蛮集团。"①"五帝说"所涉及的人物出身不同的部族。如黄帝、炎帝出自西方的部族；太皞、少皞出自东方的部族，颛顼、帝喾虽然源于东方，但是却在东西各部族长期交流融合之后，作为维系各族成为有血缘关系的两大支的宗教神而出现；尧、舜、禹则是东西各部族在中原大地上实现了部落联盟时相继的联盟军事首长。周代，华夏族就把姬周族的始祖黄帝作为统一的全华夏族的共同始祖，所以，黄帝就变成了五帝的首帝，后面各帝都成为他的后裔。上文中列举的一部分"三皇""五帝"人物，在一定程度上反映最初的"三皇""五帝"中的人物大都是平行关系，类型也不一样（宗教神、联盟军事首长等）。除了地域区别外，他们有的是同时代的，有的是不同时代的，他们之间并没有高下主次之分。但是在后来的"三皇五帝"中，这些历时性和共时性混杂的人物，被编排成历时性的世系确凿的关联性人物。同时，建构出他们之间氏族姻亲关系

---

① 徐旭生：《中国古史的传说时代》，文物出版社1985年版，第237—238页。

有"史"可证的帝王谱系。

Paul Ricoeur 指出,社会记忆与社会意义的创造息息相关,社会群体通常要借着一些过去的重大事件来形构对于自身的意象,并且不断利用共同的公共仪式来强化他们与此"集体"过去的联系。因此,历史意识形态对于社会群体的符号性建构与社会凝聚力的创造,殆有举足轻重的决定性作用。① 春秋战国以来的人们需要借助"三皇""五帝"这一类象征符号来凝聚人心,"借了这种帝王系统的谎话来收拾人心,号召统一,确是一种极有力的政治作用",对于结束战乱的状态,统一中国起到极大的作用。为了现实政治的大一统需要,到了东晋,干脆把"三皇"和"五帝"捆绑在一起,变成了"三皇五帝","三皇五帝"作为一套历史与文化符号被塑造为华夏族的帝王谱系,凭借伪《古文尚书》的经学权威得到广泛的传播和普遍的认同。

三 "三皇五帝"与"实体中国"的关联

根据对历史叙事学和文学人类学的关联分析,徐新建认为,作为多元族群的文化共同体,"中国"自古以来就并存着其"实体"和"观念"两种面相,彼此相互依存,互为因果:"实体中国"依托于"观念中国"的激活、建构和修正、补充,从而得以在共同体成员中实现王朝"大一统"的合法化和内在化;"观念中国"则需经由"实体中国"才能够使自身呈现和发展。② 由此推论,"三皇五帝"帝王谱系的最终形成,既是古代民族之间同化与融合的产物,同时也是建构"观念中国"的开始。作为"观念中国"中的"三皇五帝"帝王谱系,既是对"实体中国"的认知,也是对后者的进一步建构和扩展。经过后世学者改造、浓缩各部族的神话传说人物和

---

① Paul Ricoeur, Phenomenology and the Social Sciences eds. by J. Bier (The Hague: Martinus Nijhaf, 1978), pp. 45 - 46; cited from Ana Maria Alonso, "The Effects of Truth: Representations of the Past and the Imagining of Community", *Journal of Historical Sociology*, Vol. 1, No. 1 (March 1988), p. 40.

② 徐新建:《边地中国:从"野蛮"到"文明"》,《西南民族大学学报》(人文社会科学版) 2005 年第 6 期。

祖先神灵形成的"三皇五帝"帝王谱系，不断地为"实体中国"提供大一统的文化心理认同的象征符号。中国境内各民族在漫长的历史进程中，经过多方面的接触，形成一股强大的"内聚力"。这种"内聚力"是促使华夏族形成，维系华夏族牢固团结的力量之一。正如费孝通所说的，汉民族"像滚雪球一般的越滚越大，把周围的异族吸收进入了这个核心"。① "三皇五帝"这一浓缩性的象征符号作为华夏族的"内聚力"之一，为"实体中国"的扩大提供源源不断的民族认同动力，因而被历代统治者不断地加以巩固和强化。②

　　古史传说中的"三皇五帝"对于今天的中国来说影响甚深，我们一直在以"炎黄子孙"自居，但是许多人并不真正懂得"三皇五帝"形成的复杂历史过程和实际文化内涵。在不同时期的史书编写过程中，"三皇五帝"被化约、形塑为汉族的前身——华夏族独有的帝王谱系，但实际上他们是古代部族集团间民族同化和民族融合的产物，是上古诸多部族集团传说人物的大汇总，并非某一部族/民族所独有的帝王。"在我们设想氏族改为以人命名之后的长时期内，其命名的祖先也改换他人，前一位祖先的事迹逐渐模糊了，消失在迷茫的历史印象中，于是在氏族历史上某位后出的名人便取而代之"。③ "三皇五帝"帝王谱系的建构正是经历了这样一个复杂的历史过程。三代以前中国土地上部族、邦国林立，这些部族、邦国都尊奉有自己的始祖神。然而在夏商周时期，兼并战争打破了部族原有界限。在以华夏集团为核心的民族同化和民族融合过程中，有些始祖神随着他们部族的灭亡而消失，有些则随着部族的臣服与华夏族的始祖神融合为一体。恩格斯把自父权社会开始到文明社会的

---

　　① 费孝通编：《中华民族多元一体格局》（修订本），中央民族大学出版社1999年版，第4页。
　　② 远的不说，1929年顾颉刚等编辑的《中学用本国史教科书》由商务印书馆出版，因为书中不提"盘古"，对"三皇五帝"只略叙其事，当作传说，就被立为专案加以弹劾，说它"非圣无法"，最后以罚款160万元并"禁止发行"了结。参见顾颉刚《我是怎样编写〈古史辨〉的?》，《古史辨》第一册，前引书。
　　③ [美]摩尔根：《古代社会》下册，杨东纯等译，商务印书馆1977年版，第344页。

一段时间称作"英雄时代",并且认为"一切文化民族都在这个时期经历了自己的英雄时代"。①"三皇五帝"无疑就是华夏族形成后对融合进来的各部族神话传说人物和祖先神灵选择、重组、诠释的结果。

顾颉刚认为:"自春秋以来,大国攻灭小国,疆界日益大,民族日益并合,种族观念渐淡而一统观念渐强,于是许多民族的始祖传说也渐归到一条线上,有了先后君臣的关系,《尧典》、《五帝德》、《世本》诸书就因此出来。"② 华夏族以及后来的汉族共同的"三皇五帝"帝王谱系的形成,就是各部族神话传说人物和祖先神灵"渐归到一条线上"的结果。顾氏把"三皇""五帝"产生的时间归之于春秋以后直至战国时期《尧典》诸书出现之际,这个时期大致属于华夏族形成的最后阶段,可见,"三皇""五帝"的形成是与华夏族的出现息息相关的。从"五帝""三皇"到"三皇五帝"的过程中的排列组合,是经过不同朝代的不同的历史学家、经学家对于各部族古史传说人物和祖先神灵的选择与剔除,经过长期整合逐渐形成的帝王谱系。

"三皇五帝"中的人物主要来自华夏、东夷和苗蛮三个不同的部族集团。③ 到春秋时期,三部族的同化和融合趋于完成,所以此后的人对于所收集到的传说作综合整理的时候,就把这些人物的名字糅合到一块。"原来为商周族所尊奉的神巫黄帝,也渐被齐鲁东夷及南方民族追认为共祖神,在文化发明上,被尊为文明始创之

---

① [德] 马克思、恩格斯:《马克思恩格斯选集》第4卷,人民出版社1995年版,第149页。

② 顾颉刚:《答刘胡两先生书》,载《古史辨》第一册,前引书,第99页。

③ 参见徐旭生《中国古史的传说时代》,前引书,第37页;傅斯年分西方之夏、东方之夷为古史两大系统,但另有南方之苗(参见傅斯年《夷夏东西说》,载《民族与古代中国史》,河北教育出版社2002年版,第3—4页);蒙文通分为江汉民族(炎族)、河洛民族(黄族)、海岱民族(泰族)三大系统,把炎帝、共工、蚩尤、祝融全分属于南方的江汉民族(参见蒙文通《古史甄微》,前引书,第36—61页)。笔者认为,由于古史传说的复杂性,后世学者任何人为的划分必然有其局限性。但为了论述方便起见,本节暂且借用徐旭生的分类法。

神，其单位，竟一跃而远居于各族原有众先祖神之上"。① 从中国境内各民族的发展源流史上看，华夏族源于传说中的炎帝、黄帝部族联盟，从部族间的冲突、战争到融合，历经夏商周三代发展以及春秋战国时期与周边诸族的交流融合，在秦汉时期发展成为汉族，从而完成了中国境内主体民族的建构。夏、商、周乃至春秋时代仍林立于黄河、长江流域的部族，经历战国大规模的兼并战争之后，逐渐在文化上形成以华夏族为核心，政治上趋向建立大一统的历史趋势。中国境内民族的发展开始形成了华夏族与所谓"四夷"共存的"一点四方"民族分布格局，形成一种相互依存的发展态势。适应这种社会变动，在文化思潮方面，于是出现慎终追远、祖宗认同、疆域认同、文化认同的观念。"三皇""五帝"帝王谱系正是适应这一文化思潮的发展而建构起来的"浓缩性"文化符号。

华夏族是在三大部族集团的长期交流和战争中融合、同化而成的。其中炎帝部落势力曾经直达陕西关中，黄帝部落也发展到今河北南部。后来，东夷的帝俊部族和炎帝部族走向衰落，炎黄部落联盟得到极大发展。为了结束各部落集团互相侵伐的混乱局面，蚩尤逐鹿中原，但被黄帝在涿鹿之战中彻底打败。此后，"黄帝凡五十二战而天下咸服"，建立了包括华夏和东夷两大集团在内的庞大部落联盟。从此东西两大部族集团融合速度加快，至尧、舜、禹时，中原地区的政治、经济和文化渐趋一致。在生产方式上，黄帝族接受了炎帝族的农耕文化，彻底改变了以往的游牧方式。从这一过程来看，华夏族的血统不但混合了以三大部族集团为主的血统，而且也融合了其他部族的文化。由此，形成独特的华夏族历史文化，"三皇五帝"帝王谱系只是共同的华夏族历史文化的一个"浓缩性"文化符号而已。

摩尔根说："在氏族制度下，民族尚未兴起；要等到同一个政

---

① 何新：《诸神的起源——中国上古神话新探·三皇考》，《中国社会科学院研究生院学报》1985年第2期。

府所联合的各部落已经合并为一体……才有民族的兴起。"① 在长期的民族融合与民族同化过程中，三大部族集团逐渐消亡，华夏族逐渐形成。许多部族文化被强制性地合并到华夏族的新文化系统中。在这一过程中，有的部族虽然政治上被融入其中，但他们坚持宣扬和尊奉自己的始祖，为自己的部族在新的华夏族帝王谱系中争取一席之地，这是从文化和心理上进行反抗的一种形式。当时华夏族统一的根基未稳，不敢或没有能力完全消除被征服部族的宗教信仰和祖先崇拜。由于时代久远，神话传说在流传中受到了部族间民族融合、文化互相渗透等影响，往往原属不同部族集团的天帝与祖神，归纳到具有同一来源的帝王谱系，放到了同一神坛上祭祀。经过长期的整合，形成了华夏族的"三皇五帝"帝王谱系，为"实体中国"提供源源不断的文化心理认同的象征符号。

结　语

笔者认为，笼统地把"三皇五帝"中的人物全归入华夏"大一统"的神话谱系是不严谨的。历史是在叙事，是在讲故事，但历史和真实之间有一定的延续性，华夏族的历史传说是由它所包含的诸多古老部族的历史传说共同交织而成的。历史学家在写历史时，常常会把一些构想或结构强加到历史上。为适应华夏大一统的现实政治需要建构起来的"三皇五帝"帝王谱系结构，逐渐遮蔽、掩盖了"三皇五帝"来源于不同部族集团的神话传说人物和祖先神灵的历史真相。在华夏族形成的漫长历史过程中，原来属于不同部族集团的神话传说人物和祖先神灵，经过春秋战国以来的历史学家、经学家多次编排与整合，逐渐形成华夏族的"三皇五帝"这一"同源"帝王谱系。"三皇五帝"这一象征符号具有巨大的"向心力"和"凝聚力"，不断地为"实体中国"提供大一统的文化心理认同的资源，被历代统治者持续地加以巩固和强化。

[原载《广西民族大学学报》（哲学社会科学版）2008年第5期]

---

① ［美］摩尔根：《古代社会》下册，前引书，第102页。

第二节 "5·12"汶川大地震后的穆斯林自救：以四川省"伊协"为考察中心

在中国，信仰伊斯兰教的穆斯林群众，有自己特殊的习俗，如礼拜、食物禁忌、土葬习俗等。2008年"5·12"汶川大地震发生后，由于灾难特大，国家在一开始把抢救生命放在第一位，无暇顾及穆斯林灾民的一些特殊需求。四川省"伊协"在党和政府的领导下，团结各地"伊协"、清真寺民主管委会、教职人员及广大穆斯林群众，积极地展开灾后的自救工作。他们募集清真食品，组织认领穆斯林遇难者遗体，并按伊斯兰习俗进行简化的殡葬，协调认养回民孤儿。灾后每周的"聚礼日"，阿訇在各地清真寺讲解地震知识，进行心理疏导……这场灾难发生后，穆斯林内部极其高效的自救行功，颇值得社会各界学习和研究，并可为灾后家园重建提供参考经验。本节中，笔者选择穆斯林自救作为调查的着眼点，并把调查重点放在地震后四川省"伊协"的自救行动上，希望为穆斯林灾民的家园重建提供一些参考经验，同时为这场改革开放以来的大灾难留下一些珍贵的民间史料。

一 四川省"伊协"和清真寺的危机应对

通过中间人的电话预约，2008年6月2日早上九点，我们来到四川省伊斯兰教协会（以下简称"伊协"）的办公地点——成都市皇城清真寺内，希图从这里了解在这次地震灾难中，除了国家的救援以外，穆斯林内部是怎样展开有效的自救工作的。四川省"伊协"秘书长郭嵩明指定工作人员安优布（有阿訇资格。——笔者注）接受我们的访谈。

报道人：安优布，穆斯林名字，简称安，回族，男，"伊协"工作人员，26岁。

采访人：张中奎，四川大学文学院文学人类学研究所在读博士，简称张；肖坤冰，厦门大学民族学与人类学系在读博士，简称肖。

张：这次地震的重灾区有阿坝（藏族羌族自治）州、绵阳市、都江堰市、青川县等地，有部分地区是少数民族聚居区。我们这次计划做一个"灾难与人文关怀"的课题，希望民族的这一部分尽量写得详细一点、客观一点、全面一点、准确一点，所以请你们提供一些情况。我之前电话采访了许多回民[①]，包括家在阿坝州的马尔康、汶川县威州镇等地的（回民）。但是我想在你们这里了解的情况应该是最全面的，而且可能要合适一点，电话里面访谈，没有见着人好像就比较抽象。我想请问在这次"5·12"汶川大地震中你们穆斯林内部是怎样展开自救的？

安：刚才我看了你们的提纲，问的问题实际上是我们每天都遇到的问题，也是目前我们正在做的工作，比如说清真寺损坏了多少这些问题。我先给你们介绍一些基本情况，地震发生那天，我正在这里上班。当天汶川的阿訇正在我们这里办理资格证书。当时他刚考完试，我们正在看卷子，陪这个阿訇来的还有当地两个穆斯林群众。当时地震晃的时候，秘书长（郭嵩明）也在。他反应很快，说地震了，便叫大家往外走。因为我们附近有一座很高的大厦，出来看清真寺的玻璃吱吱作响，四周都在晃动。地震的时间也比较长，我们几个都下到空旷的地方去，比较安全。

肖：当时你们感觉到是地震吗？

安：对！我们秘书长是经过1976年地震（指1976年，四川西北的东川和平卢发生的一次7.6级地震。——笔者注）的，年龄大一些，有经验。

肖：我住（西南）民大女生宿舍，有两个回族同学，他们说地震是《古兰经》里面的什么世界末日的事件……

安：哦，《古兰经》有一些关于人类灾难的描述，但不是说地震就是世界末日。《古兰经》中有一章，就叫"地震章"，是以地震为名的。

[①] 文中常指代穆斯林。——笔者注

肖：它是怎么解释的呢？

安：它不像科学那样解释什么叫地震，而是对地震的一个描述。（翻阅）《古兰经》第99章，名字叫地震章，汉语译出来的意思是：

"99：1 当大地猛烈地震动，

99：2 抛其重担，

99：3 说'大地怎么啦？'

99：4 在那日，大地将报告它的消息。

99：5 因为你的主已启示了它；

99：6 在那日，人们将纷纷地离散，

99：7 以便他们得见自己行为的报应。

99：8 行一个小蚂蚁重的善事者，将见其善报；作一个小蚂蚁重的恶事者，将见其恶报。"

这就是伊斯兰教经典《古兰经》对地震的描述，劝诫人们要积极行善。

张：地震稍微平息了之后，你们都做了些什么呢？或者说马上想到些什么？

安：我们"伊协"是穆斯林的一个群众代表组织，是党和政府与穆斯林群众之间的"桥梁"这样一个单位。地震发生后，当时我们首先做的就是了解一些情况，因为当时还不知道情况，地震（震中）在什么地方？等稍微平息了一些，我们判断地震的方向可能来自都江堰那边。所以，我们打电话去问，问都江堰那边地震了没有，阿訇当时不在，是一个学生接的电话，说他们那里地震严重，大门都被摇塌了。我们觉得那个方向相对来说地震的感觉要比我们强得多。市区里也有强烈反应，所以判断大概是都江堰或者邻近的方向。再过了一会儿，有人发短信来说，汶川发生了7.8级地震。

张：手机打得通吗？

安：地震发生之后不久，打座机是打得通的。但是地震大家都出来了，打座机没有人接。当时才发生地震那一会儿，人还没有完全出来，打座机接了一下。后来就找不到人，找不到人，然后打手机也打不通了。然后想问其他一些穆斯林群众的情况，电话也打不通。我们就回去了。第二天继续做的是了解各地的情况。13日我们过来上班的时候（通信）稍微好一点。

张：13日你们这里还正常上班吗？

安：正常上班。地震过后一直都正常上班的。当时没有想那么多，地震过后，有些情况我们要了解，各地（穆斯林）的受灾情况到底怎么样？他们也陆续跟我们联系上了。越往后走，电视播的（新闻）也多一些了，情况较明显了。

肖：你们都是和当地的阿訇联系是吗？

安：除阿訇以外，有些穆斯林群众，平时我们认识的，打电话给他。我们也通过民宗局以及其他政府部门了解情况，最主要的政府部门还是民宗局。

张：你们当天晚上向真主祈祷吗？我打电话问过一些穆斯林群众，当天晚上他们还是向真主祷告的。

安：是这样的。地震当天有许多穆斯林，信仰很好的，一地震他们开始念经文、念杜阿宜（祈祷）。平常伊斯兰教的（信徒）祈祷每天都要做的，一天要做五次礼拜。尽管地震了还是没有影响我们做礼拜的进程。我们的宗教场所还是照常做礼拜，每个人单独也可以做礼拜。大型的礼拜是在星期五时候，因为星期五是穆斯林的一个"聚礼日"，也叫"主麻"（阿拉伯语），很隆重的一次礼拜。这天平常情况下许多穆斯林聚集到这里（清真寺）来做礼拜，相当隆重一点。所以，在第二周"聚礼日"的时候，清真寺专门组织了开经（诵读《古兰经》），然后就是做祈祷的仪式。这是专门为地震的遇难者做的祈祷仪式，是第二周的星期五集体搞的。平常因为受灾以后，每天不是都要做礼拜嘛。继续按照日常的做一些。我们没有特意地专门在地震过后立即搞一个祈祷仪式（据报道，中国伊斯兰教协会5月21日发出倡议书，倡议各地穆斯林在周五聚礼日，即5月23日为在汶川大地震中伤亡的穆斯林和广大遇难者举行祈祷仪式）。

张：地震发生后，你们穆斯林是怎样展开自救的？

安：12日地震，13日我们了解情况。14日我们就做了一个倡议，在网上，号召穆斯林展开一个团结、互助、自救的活动。15 日打电话来问的就比较多，也在网（中穆网）上回答一些问题。16 日就去了绵阳。当时听说北川逃出来的穆斯林被安置在绵阳的九洲体育馆和市内的其他一些地方。我们去慰问安置在绵阳的受灾穆斯林群众，送了一些物资和慰问金，鼓励他们正确地面对自然灾害，好好地生活下去，重建家园。

张：请问你们的捐款捐物是统一由你们伊斯兰教协会接收，专项用于你们回民呢？还是也用于救助其他灾民？特别是清真食品，我想肯定是啦！

安：是专项用于受灾的穆斯林。我们主要募集的是资金和食品，因为穆斯林饮食习惯具有特殊性。

张：我电话采访了汶川的一个回民，她说那几天大家住在一个帐篷里面。其他人弄了一口大锅来煮东西吃，他们（回民）坚持用矿泉水泡方便面吃，不吃那些东西。

安：这次受灾中我们面对的主要是穆斯林，主要是回民，他们生活习惯上有一些特殊性。

肖：最开始国家没有捐助清真食品吗？

穆萨（是穆斯林名字，西南民族大学大四学生，笔者采访四川省"伊协"的中间人）：（插话）那时候国家太忙了，先救命要紧啊！

安：这次受灾面比较广，而且许多情况也不明了。

肖：你们的清真食品应该是比国家的先到吧？

安：应该是这样的。我们一方面做了倡议，另一方面省内的清真寺行动比较迅速，他们自己捐一些，群众捐一些，赶快送到邻近的穆斯林群众手里。比如说都江堰、绵阳、青川、德阳，（属于）比较自发的行动。我们的这个倡议主要是针对外省的穆斯林，他们进不来。我们提倡本地接近灾区的，直接送去比较好。我们这里的人员有限，都到这里来转一道，时间就耽误了。但是一般他们去了都要跟我们说一声，我们做一个统计，不要大家搞重复了。比如成都的清真寺，绵阳的清真寺，受灾较轻的灾区清真寺，他们也组织了许多物品，送到受灾较重的（穆斯林）群众手中去。

张：你们的第一批食品是送到哪些地方？什么时候送到的？

安：（我们）去绵阳刚开始食品比较少。募捐到的食品不多，我们还买了一些，送到他们手里，十几二十件物品。第一次是16日去的。送到绵阳是为了慰问北川逃出来的穆斯林。幸存的群众出来以后被安排到绵阳几个地方，九洲体育馆、南河体育场，好几个地方都有。当时绵阳清真寺紧急地成立了一个服务中心，帮他们（受灾穆斯林）募集食品、资金，替他们做饭。每天做了饭后，开面包车送到安置点去给穆斯林群众食用。后来在民宗局、清真寺，包括我们"伊协"的协调下，把安置在绵阳的穆斯林，主要是北川的，还有平武等地的，都集中起来，临时安置在南河体育馆。受灾的群众当时就住帐篷，有人做饭吃。我们送去的食品交给清真寺，由他们统一分配，这是绵阳的情况。从绵阳回来以后，香港乐施会与我们联系，希望通过我们送他们捐赠的一批物资到灾区去。我们向（省）民宗局请示，得到批准以后，我去的。这批物质大概有28吨，将近30万元。我们租了5个卡车，送到青川，分到各地。头天路塌方了，我们在绵阳歇了一晚，第二天早上路通了才过去的。作为"伊协"来说，我们发了倡议之后，各地都在开展救援活动，许多情况我们也比较了解，我们去的地方和先后顺序主要是根据急需程度来说。青川因为当时道路不好，而且是山区，所以说很不方便。我们决定去青川，前后可能耽搁了两三天吧。

穆萨：我们的原则就是哪里路通了我们第一时间过去。

安：我们到目前为止就没有去汶川和茂县，汶川和茂县地震以后路一直不通，救援就比较少，包括政府组织的清真食品都没有到汶川和茂县（据张电话调查汶川威州镇的回民马某，5月31日政府组织的清真食品已分发到汶川穆斯林灾民手中。——笔者注）。政府组织的（清真食品）主要是去了青川（据媒体报道，5月19日，胡锦涛主席对安排好四川广元青川县回族群众生活，及时提供回族群众急需的清真食品等做出重要指示，很快各级政府组织的清真食品就发到灾区了。——笔者注）。

张：我总结了你们的自救，实际上是两个方面，道路不通的地方，当地穆斯林就自己展开自救了。道路通的地方一方面他们也自救，另一方面你们也去。路没有通的地方实际上穆斯林内部的自救一直在运作的，对吧？现在汶川还有没有未撤出的回民呢？

安：有。多嘛！其实汶川和茂县的受损不是很严重，因为震中在映秀（镇）这边，主要是交通中断了。茂县和汶川分别有2000多个和1200多个穆斯林。这次受灾最严重的穆斯林主要是北川，北川县城里的回民伤亡很大（据后来省"伊协"郭嵩明秘书长介绍，北川县的穆斯林2008年有500多人，逃出来的人有140多人，这些人曾经住在绵阳的南河体育场）。相对来说，青川、德阳、什邡、都江堰的程度轻一些。几个受灾的穆斯林聚居地方我们都去了。他们那里受灾的情况主要是房屋严重受损，成了危房，住不了，生活秩序被打乱了，人员没有太大的伤亡。整个青川可能死了一二十人（回民）吧。

张：地震发生以后穆斯林总的伤亡情况、财产损失、清真寺的受损情况以及各地的具体情况能谈谈吗？

安：中穆网上我们有一些，受灾地区穆斯林总数，清真寺总数都有。包括穆斯林伤亡情况、清真寺倒塌情况都统一放在网上。上面有我用实名发的帖子。当时是我们登记发布的，数据上可能也有一些出入，大体上数据是比较准确的。在帖子上面说了，根据哪个人说的，根据哪个渠道得来的消息。

张：你们自救的情况能给我们一些材料吗？就是说你们收到的救援（钱物）和发出去的救援（钱物）。

安：好的。网上有一些，具体材料我可以给你（安找出材料，张拍照中……）。

张：穆斯林遇难者的遗体是怎么处理的？

安：穆斯林的一般丧葬习俗是土葬。挖一个土坑，像北方的土质比较好，不需要再用石头。南方的土质疏松些，四周用石头砌上，下面不用石头。地震大家都走了，也有的回去找出遇难回民的遗体。有人专门地去做，像阿訇等。原则就是能够识别是回族的，就按伊斯兰教的习俗举行丧葬，叫殡礼，类似于默哀一样的一个祈祷仪式，活动很简单。如果是不能识别的也就没有办法。随着时间的推移，尸体开始腐烂，可能有一些回民的遗体在政府救灾的过程中，与其他遇难者掺杂在一起处理了，这个也是在所难免，国家遭那么大的灾呀！

张：我看报纸，政府为了防止瘟疫传播。集中掩埋遇难者的遗体。会不会是你们部分穆斯林被集中掩埋，后来你们进行干预，才按照你们的穆斯林方式进行葬礼的呢？

安：一开始就有许多人问：主要是关心的是灾区穆斯林受灾情况（据调查，地震当时正好是中午一点半，礼拜下来不久，在礼拜殿和礼拜寺的人不多，所以在礼拜寺的伤亡人口不多。——笔者注），死了多少人？伤了多少人？清真寺垮了多少？我们能做什么？能捐款、捐物，还是来人当志愿者帮忙？第一个是因为交通压力比较大，我们提倡大家捐款捐物就可以了，人就不要大量涌入灾区。第二个就是关心回民孤儿的。许多人说我们要领养孤儿之类的。领养孤儿主要是民政局在管，而且现在主要是救灾阶段还说不上领养孤儿。孤儿首先要身体治疗、心理治疗，然后要确定身份，最后才要领养。我们给他们一一解答。第三个是许多人也说了回民的遗体怎么办？回民的清真食品怎么办？特别是外省的问得比较多。地震发生后，本省的人自发地、自觉地就在做了。送东西、送清真食品，帮助解决回民遗体。这些各地清真寺分头都在做，齐头并进的。特别遗体的事，有些地方的阿訇请当地人帮助认领，确认是回民的就按穆斯林的习俗进行葬礼。都江堰目前统计是死了17个人，你们拿到的这个表都不太准确啦，失踪了两个人。其中10个人都被安葬在都江堰的回民公墓。还有几个就被安葬在邻近的比如郫县这些地方的（穆斯林）公墓。在这次受灾中，可能也有一些穆斯林被混在一起埋的情况，这种情况应该说无妨。因为当时的情况政府救命是第一位的，说不上区分民族之类的。政府是尽量考虑到的，可能情况紧急，一时不能面面俱到。像印尼海啸，死的穆斯林更多。这种情况都是举行缺席殡礼，就是在死者缺席的情况下，大家为他举行葬礼，可以通过这个方式解决问题。

张：刚才你谈到回民的孤儿问题，你们有没有一个回民孤儿的安置计划？或者是社会上随便哪一个热心人愿意领养都可以？还是要优先你们回民家庭领养？

安：回民孤儿主要是民政局在管理，作为"伊协"，我们没有可操作的地方。受灾过后，倒是有许多好心的回民打电话来问。作为"伊协"，我们与穆斯林群众关系密切。我们建议他们到民政局登记，把自己的联系方式、希望领养孤儿的条件等告诉民政局，我们只是起协调作用。灾区的孤儿是政府部门统一管理的，不能随便领养的。我们也做了一些咨询登记。（翻电话记录本）你看：16日新疆穆斯林希望领养2—3岁，西安穆斯林希望领养5岁以下……以后需要我们协调的肯定我们会尽力，毕竟回民孤儿有一些生活习惯，选择穆斯林家庭生活环境更接近一些，应该说政府也会考虑到这一点。

张：地震造成的回民伤员在医院的情况你们知道吗？

安：本省医院有一些，有的被送到外省医院，如（河南）开封、（陕西）西安等地去了。我们这里没有确切的名单，需要进一步落实。至于在外省医院的穆斯林群众，我们电话联系了当地的穆斯林机构，请他们去看望并提供清真食品。

肖：据我了解，这次受灾的主要是回族，信仰伊斯兰教的除了回族，还有维吾尔族等，地震以后，有没有其他（民族）信仰伊斯兰教的个人或机构向你们捐助？

安：有、有、有，今天早上还有一个维吾尔族人打电话，他们开了一个17米长的冷冻车来，带了十几只羊、十几只牛的肉，还带了一万多个囊饼。他们自己从新疆开车到绵竹去慰问，在绵竹去慰问的时候没有分民族的，汉民、回民都一样慰问。昨天的时候还打电话问我，说哪些回民地区需要他们再去，我问他们今天能不能到德阳去一下，他们早上就开去了。还有英国一个穆斯林慈善组织，直接到现场进行慰问的，我们之间是在现场碰见的。他们拿出一些钱给遇难者家属，一人几千。给受灾者一些食品，还提供一些帐篷。还有香港特区的伊斯兰联合会，他们也过来了。这样的事情很多，加拿大的一些华侨也给我们打电话，希望能够帮上忙。其他的一些慈善团体也没有分什么民族，如香港特区的乐施会。当然，跟我们联系的主要还是与伊斯兰教相关的组织和个人。

张：你们的清真食品捐助得多了，会不会分给其他群众呢？

安：我们一直强调，救灾救人，不应该分什么民族，大家都受灾了，不应该分彼此。只不过我们接受的捐赠大都是穆斯林捐助的，他们对有共同信仰的穆斯林有认同感，关系上觉得亲切一些。但是，我们在操作上，如果一个村既有回民又有汉民，我们都一视同仁，没有区分那么清楚，那样也不利于民族团结。肯定在受灾区我们的工作也有不足的地方，考虑不足的地方，但是我们尽量做好。有些个人和组织已经在民政局和红十字会捐助了，专门又在我们这里专项捐助，声明用于穆斯林。作为"伊协"，我们就是专门为穆斯林捐助，才搞的这个活动（穆斯林救灾互助行动。——笔者注），我们当然要优先解决穆斯林群众的困难。清真食品其实后来也逐渐到位了，我去青川，宁夏就开了八车清真食品来。说西安还有 20 吨物资呢。整个青川四五千回民，应该是够用了。赈灾者有的是直接驱车过来，有的提前和我们联系，和我们联系的我们主张他们还是自己找车运到当地更好，节约时间嘛！从受灾面来说，少数民族受灾的肯定要窄得多。回族我们初步的估计死亡的人数是 300 人左右，受伤的 100 人左右，许多轻伤没计算在内，住院的才算，而且伤亡主要发生在北川。（接电话中，打断……后来安优布又给我们找来部分物资清单、捐款清单和受灾情况统计，让我们拍照。——笔者注）伊斯兰教的大部分捐款都捐给红十字会和当地政府了，这些只是一小部分。

二　灾后自救的成果

"5·12"汶川大地震发生后的第三天，即 2008 年 5 月 14 日，四川省"伊协"立即开展穆斯林救灾互助行动的倡议，并把倡议书公布到互联网上。倡议书部分内容如下："在受灾最严重的汶川县、都江堰市、北川县、青川县、什邡市、茂县、德阳市、安县、彭州市等地，有不少的穆斯林群众和清真寺也受到了严重损失。……灾难是对穆斯林的考验，穆斯林应以忍耐、信心、祈祷和希望来面对这突如其来的灾难，穆斯林更应互相团结、互相支持，积极行动起来，为抗震救灾献出我们的一片心、一分热、一股力……让我们一起携起手来，和全国人民一道，万众一心，积极投入到这场伟大的抗震救灾行动中。托靠安拉，求主给予受灾群众平安，减轻我们的苦难和困难！求主襄助我们在党和政府的领导下，取得这次救灾互助活动的胜利。"几乎是在同一时间（中国"伊协"说他们发布倡议书的时间是5月13日，5月14日公布在网上），中国"伊协"抗震救灾倡议书也在"中穆网"上发布，其中说道："清高的真主在尊贵的《古兰经》中说：'你们绝不能获得全善，直到你们分舍自己所爱的事物。你们所施舍的，无论是什么，确是真主所知道的。'（3：92）世人同根同源，真主使我们成为许多民族，帮助灾区人民是我们穆斯林应尽的义务，希望我们各族穆斯林群众迅速行动起来，响应当地有关部门的号召，给灾区人民送去温暖，献上爱心。各地可在当地通过红十字会等相关渠道捐款。祈求伟大的真主接纳我们的善功。"这两份倡议书都强调在灾难面前，穆斯林应该在真主的保佑下，与全国人民一道，互相团结、互相支持，积极行动起来，捐钱捐物，投入到救灾中去。

由于地震的受灾区主要在四川，四川省"伊协"收到很多捐赠钱物，他们的咨询电话更是一天到晚响个不停。同时，他们也安排专门的工作人员在"中穆网"成都社区上回答穆斯林网友关心的各种问题。"中穆网"论坛成都社区成立由阿訇、哈吉、穆斯林大学生、商人组成的"中穆网成都社区救助联络组"，联络小组由不同身份的10位穆斯林组成，形成了财务、监管、联络等分工，并很快投入到四川省"伊协"的救灾工作中去。根据四川省"伊协"提供的材料，笔者制出四个表格（相关材料均系笔者调查过程中承蒙四川省"伊协"提供，根据所获材料做了部分修订，涉及具体人名的地方，全部做了匿名处理），内容包括川内清真寺的损失情况，回民的伤亡情况；省"伊协"穆斯林救灾互助行动接收捐款清单；省"伊协"穆斯林救灾互助行动接收捐助物资清单；省"伊协"穆斯林救灾互助行动捐款、物资使用清单等。

表9-1　　　四川省清真寺的损失及回民的伤亡情况
（截至2008年5月19日）

地区	清真寺数	清真寺损毁情况	回民伤亡情况	消息来源
都江堰市	1	大门垮塌，房屋被损	死亡（伊斯兰教称之为"归真"）16人，受伤情况不详	成都市"伊协"
北川县	2	曲山、擂鼓清真寺均垮塌，民房绝大多数倒塌	全县400多名回民，已确定幸存100余人，现安置在绵阳南河体育馆	曲山阿訇
德阳市	2	什邡洛水清真寺垮塌，部分民房倒塌，严重受损。孝泉清真寺成危房	死亡1人，失踪1人，伤2人	市"伊协"会长
青川县	6	青溪清真寺、桥楼清真寺、大院回族乡花果清真寺和锁家清真寺、红光天井里清真寺、蒿溪清真寺垮塌；前进清真寺成危房。民房倒塌、受损严重（红光、前进回民转移到青溪等地）	蒿溪回族乡死亡14人，伤63人 大院回族乡死亡14人，伤83人 桥楼乡死亡3人 青溪乡死亡3人 红光乡死亡10人	县民宗局局长
汶川县	1	轻微受损	受伤1人	当地回民电告
茂县	4	无重大伤亡	无重大伤亡	当地回民电告
松潘县	10	无损毁	无伤亡	县"伊协"会长
广元利州	1	利州清真寺成危房	无伤亡	市"伊协"秘书长
彭州市	1	回民公墓围墙垮塌	无伤亡	寺管会主任

根据表9-1可知，目前的情况看，遇难的穆斯林是300—400人。根据我们的调查，灾区穆斯林居住的人口大约有2万，有清真寺24座，人口占全省穆斯林的18%，清真寺占全省清真寺的19%。

在各级政府和各地"伊协"的帮助下，受灾穆斯林大都得到了很好的安置，下一步的工作将是重建家园等方面的问题。

表9-2　四川省"伊协"穆斯林救灾互助行动接收捐款清单
（截至5月26日）

笔数	日期	地区	汇款人/捐款人	金额（元）
1	5月13日	成都	省伊协办公室职工	10000
2	5月14日	云南	×××	400
3	5月15日	新疆	××	100
87	5月26日	……	……	……
合计				359961.51

根据表9-2（限于篇幅，本节在引用材料时对捐赠名单作了删节）统计，截至5月26日，除我国港澳台地区以外，四川省"伊协"此次收到的捐款几乎覆盖了中国境内的每一个省份。根据我们的调查，许多穆斯林还通过其他渠道捐赠，如直接向地方"红十字会"捐赠钱物等。

表9-3　四川省"伊协"穆斯林救灾互助行动接收
捐助物资清单（截至5月26日）

日期	捐助人（单位）	物资种类及数量及价值	使用情况
5月15日	成都××	矿泉水4件、奶1件、方便面2件、饼干1件等价值人民币300余元	已送交绵阳清真寺服务中心
5月20日	香港乐施会	牛奶4000件、食用油100件、榨菜等100件、蜡烛10件、药品18件等价值人民币28万余元	我会与青川县伊协一道分发给青川县大院乡、薅溪乡、桥楼乡、青溪乡四地穆斯林群众

续表

日期	捐助人（单位）	物资种类及数量及价值	使用情况
5月23日	河南新乡华伊清真有限公司	五香牛肉60箱、牛肉肠100箱、方便面200箱、矿泉水15件等，价值人民币54000余元	其中5箱五香牛肉、12件牛肉肠已送交德阳孝泉和什邡洛水清真寺，其余保存在库房
5月24日	云南民政厅救灾处转来纳古镇和天方食品公司捐助	马老表清真方便粉丝3300件，原生绿茶饮料（民政厅配送）1600件，价值人民币约20万元	装卸工人饮用水2件，其余保存在库房
5月25日	北京×××	妇女及婴幼儿用品4件，价值未估算	保存在库房
5月25日	北京穆斯林	药品11件，价值人民币2万余元	保存在库房
5月26日	深圳×××	创可贴1小箱，价值未估算	保存在库房

因为是对穆斯林群众的专项救灾行动，从表9－3可以看出，除了捐赠灾区需要的各种钱物外，捐赠者专门提供了受灾穆斯林急需的清真食品，如牛肉、方便面、牛奶等。

表9－4　　根据四川省"伊协"穆斯林救灾互助行动
捐款、物资使用清单

慰问日期及目的地	分发物资	接受人/单位及分配方式
5月21日去青川县大院乡看望受灾回民	牛奶700件，食用油20件，榨菜20件，蜡烛2件，药品3件	花果、锁家沟清真寺管委会、阿訇及生产队长等20人，分配到人
5月22日去青川县薅溪乡看望受灾回民	牛奶900件，食用油30件，榨菜30件，蜡烛3件，药品3件	薅溪清真寺管委会、阿訇、群众等，分配到人
5月22日去青川县桥楼乡看望受灾回民	牛奶600件，食用油10件，榨菜10件，蜡烛1件，药品3件	桥楼清真寺管委会、阿訇、群众等，分配到人

续表

慰问日期及目的地	分发物资	接受人/单位及分配方式
5月22日去青川县青溪乡看望受灾回民（香港乐施会提供的物资）	牛奶1800件，食用油40件，榨菜40件，蜡烛4件，药品8件	青溪清真寺管委会、群众等，现场分配到人
5月24日搬运云南省民政厅救灾救济处转发我会物资	搬运工饮用水2件。租车、搬运花费1670元	无
5月26日去德阳什邡洛水清真寺看望受灾回民	真空牛肉2件，牛肉肠5件	洛水清真寺阿訇、群众，清真寺分配
5月26日去德阳孝泉清真寺看望受灾回民	真空牛肉3件，牛肉肠7件，2000元	孝泉清真寺主任、阿訇、群众，清真寺分配
5月28日成都市伊协去锦江区救助站的都江堰受灾回民	过桥米线40件，牛肉肠5件	成都市"伊协"办公室，"伊协"人员分配
5月28日去都江堰清真寺看望受灾回民	五香牛肉2箱，牛肉肠2件，过桥米线10件，茶饮料5件，21000元	①清真寺3000元；②地震中死者或失踪19人，1000元/人，家属领，其中一家4人无家属未发放；③地震受伤者500元/人，家属领取；④五保户500元/户，本人领取。共21000元。现场按名单发放，未在场者由沙阿訇代领
使用资金合计	发放23000元，运费1670元	24670元
使用物品合计	五香牛肉7箱，牛肉肠19箱，过桥米线50件，茶饮料7件	
剩余资金	335291.51元（据5月26日公布收入）	

续表

剩余物品	五香牛肉 53 箱，牛肉肠 81 箱，米线 3250 件，茶饮料 1593 多件，药品 11 件，创可贴 1 件，妇幼用品 4 箱等（据 5 月 26 日公布收入）

注：内容只涉及"本活动捐助的款项和物资"，其他"伊协"单独的慰问和第三方明确委托转交的款项、物资不包含在内，截至 2008 年 5 月 28 日。

根据表 9-4，四川省"伊协"的主要工作是把捐赠的钱物转交到受灾群众的手里，并给遇难穆斯林家属一些慰问金。考虑到北川县等地道路尚未通畅，受灾的穆斯林群众暂时得不到省"伊协"的救助。灾后的重建工作还需要许多经费，所以四川省"伊协"并没有把收到的捐款一次性用完。他们把此次地震后相关的收支情况，尽可能地公布在中国穆斯林网成都社区，让广大穆斯林监督，做到财务透明，这一点颇值得此次参与救灾的国内各部门、各机构借鉴。

三 后续工作

据四川省"伊协"阿訇安优布介绍，灾情发生后，有不少穆斯林来电询问回民孤儿的认领。目前灾区处于紧急救援的尾声，政府已将幸存的孤儿作了相应的安置，下一步还要做身体检查、心理治疗和身份核实等，最后才谈得上认领和妥善安置。安优布认为，现在还不是认领的时候，他建议有这方面意愿的穆斯林，可以与四川省民政厅联系，进行相关登记，以便为政府日后寻找合适的领养家庭提供参考。根据他的估计，受灾比较严重的北川县和青川县可能存在回民孤儿的情况。

穆萨：认为重建工作有四项：第一个家园重建。盖房子、家园重建规划是国家的事情。第二个就是信仰重建。那是我们（穆斯林）自己的事情。第三个经济重建。这是国家和我们都要做的，国家肯定是建设的主体，我们也想帮助灾区发展特殊的穆斯林经济。

比如汶川那边旅游资源很丰富，我们想以后帮助他们开发特色的旅游。第四个教育问题。教育是我们的重点，我们希望以后建立回民小学，因为建立回民小学更方便学生的食宿管理。

关于地震过后回民的精神家园重建，也就是信仰重建，安优布和穆萨都认为，伊斯兰宗教人士可以在其中发挥独特的作用。穆萨说，特别是到七八月份的时候，我们要号召全国各地的教职人员进入灾区进行心理慰藉工作。关怀很多时候不是物资上的关怀，它有很多精神上、心理上的东西，需要让教职人员去做。穆斯林看了谁都不亲切，看了我们去看他，我们没有忘记他的时候，痛哭流涕，他觉得这个实在，患难见真情嘛。据穆萨介绍，最近的每个星期五礼拜，成都皇城清真寺以及川内的其他清真寺都在讲解地震方面的内容，主要包括正确理解地震、生死观、号召大家珍惜生命多做善事，捐款捐物等。特别提到的是5月16日主麻（伊斯兰教的"聚礼日"），成都皇城寺700多人参加礼拜。大家为地震受灾的多斯蒂（"朋友"之意）祈祷平安。礼拜即将开始时，一次较强的余震袭来，众人并未惊慌失措，镇定地坚持做完了礼拜。可见，伊斯兰教在穆斯林群众心中有崇高的地位，伊斯兰教将在回民的心理疏导、心理慰藉方面发挥独特的作用。同时，受灾垮塌的清真寺重建，除了国家的拨款外，可能也需要全国穆斯林提供经济上的援助。

（原载《世界宗教文化》2008年第4期）

第三节　最后的"批评空间"：社会转型期的《文讯》月刊

辛亥革命胜利之后，在西方思想文化持续的影响和现代媒体强大的舆论作用下，民国新兴的知识分子积极营造自由发表意见的"批评空间"，通过报纸杂志等尽可能地表达自己的心声，形成具有中国特色的"公共领域"。哈贝马斯认为："所谓'公共领域'，我们首先意指我们的社会生活的一个领域，在这个领域中，像公共意见这样的事物能够形成。公共领域原则上向所有公民开放。公共领域的一部分由各种对话构成，在这些对话中，作为私人的人们来到一起，形成了公众。"① 在公共领域中，整个社会透过公共媒体的现代报刊交换意见，进行文化讨论和思想批判，从而对问题产生质疑或达成共识。其中，公共知识分子承担着反抗权威和专制统治、获得政治解放的职能。他们的生存空间和话语空间不断扩大、形成重要的思想文化力量。

有学者对直接挪用哈贝马斯的"公共领域"论述来指称中国社会/历史保持质疑，他们基本上在国家/社会的结构中来论述这个问题。如李欧梵在《"批评空间"的开创——从〈申报·自由谈〉谈起》中用"公共空间"来替换哈贝马斯所说的"公共领域"。② 因为李欧梵认为，中国不存在"哈贝马斯基于欧洲18世纪以降（特别是英国、法国、德国三国）的政治史衍演而产生的一种理想模式"的公共领域。哈贝马斯自己也声明："'资产阶级公共领域'是一个具有划时代意义的范畴，不能把它和源自欧洲中世纪的'市民社会'的独特发展历史隔离开来，使之成为一种理想类型，随意应用到具有相似形态的历史语境当中。"③ 笔者认为，哈贝马斯已经表明了"公共领域"概念不能随便移植，因此，在表述时运用"批评空间"来研究民国晚期上海的文化和政治批评的"公共空间"，可以避免无谓的争论。

一 社会转型期上海的文学转向

抗日战争胜利之后，中国现代文学进一个新的发展阶段。不同文学流派和力量，纷纷进行总结，设计未来的走向。从文学刊物的

---

① [德]尤根·哈贝马斯：《公共领域》，载汪晖、陈燕谷主编《文化与公共性》，生活·读书·新知三联书店1998年版，第125页。
② 李欧梵：《现代性的追求》，生活·读书·新知三联书店2000年版，第3页。
③ [德]哈贝马斯：《公共领域的结构转型》，曹卫东等译，学林出版社1999年版，序言，第1页。

数量剧增可以看出，战后阅读文学刊物已经成为大多数市民阶层的习惯。单是1946年1月，就有37种刊物问世①，超过了之前若干年份全国文学期刊创刊数量的总和，创造了中国现代文学期刊史上前所未有的盛况。作家云集的上海，又恢复了近似20世纪30年代前期那样繁荣的文学局面，再度成为中国现代文学的中心。其时，在上海复刊或新创的文学刊物，较重要的有朱光潜主编的《文学杂志》，郑振铎、李健吾主编的《文艺复兴》，范泉主编的《文艺春秋》，凤子主编的《人世间》，洪深、赵清阁等主编的《文潮》，臧克家等主编的《文讯》等。一些作家如郑振铎、李健吾乐观地认为："我们将不再受到任何的虎视眈眈的监视，我们将不再恐惧任何时候会降临到身上的桎梏与逮捕……中国今日也面临着一个'文艺复兴'的时代。文艺当然也和别的东西一样，必须有一个新的面貌，新的理想，新的立场，然后方才能够有新的成就。"② 不过，内战爆发后，国民党政权和共产党政权在文化领域进行激烈的争夺，与两种政治力量存在密切关联的文学派别之间的冲突加剧。文学的发展进程，自觉或不自觉地被纳入"光明的中国之命运和黑暗的中国之命运"两种政治选择之中。③ 两种政治力量都试图以文学服务于自己的政治主张，而知识分子及其所创办的刊物，也很难回避对政治做出选择。在1948年3月出版的，由邵荃麟、冯乃超等在香港地区创办的《大众文艺丛刊》第一辑上，发表了郭沫若的《斥"反动文艺"》，作者把与国民党官方有联系的作家，他们的文学、文艺理论、文艺作品，归入"要毫不容情地举行大反攻"的对象。他认为："凡是有利于人民解放的革命战争的，便是善，便是是，便是正动；反之，便是恶，便是非，便是对革命的反动。我们今天来衡论文艺也就是立在这个标准上的，所谓反动文艺，就是不利于人民

---

① 刘增人：《现代文学刊物的景观与研究历史反顾》，《中国现代文学研究丛刊》2005年第6期。
② 郑振铎、李健吾：《〈文艺复兴〉发刊词》，《文艺复兴》1946年第一卷第一期。
③ 毛泽东：《毛泽东选集》第三卷，人民出版社1991年版，第974—977页。

解放战争的那种作品、倾向、提倡。"① 郭沫若把"反动文艺"区分为"买办性"和"封建性"两类，并进一步以红黄蓝白黑的颜色命名"反动文艺"，点名批评了一些自由主义作家。文中许多观点有失偏颇，但是可以想见当时文艺界论争气氛之激烈。

鲁迅曾经说过，文学从来不会满足于现状，而政治总是寻求保持现状。② 在20世纪40年代末期的文学发展中，一些自由主义作家竭力反对文学对政治的依附，在对现实政治的选择过程中，他们与左翼作家有一些激烈的论争。例如，1946年6月，创刊于1937年年初的，由朱光潜主编的《文学杂志》复刊，在卷首语中重申他们的目标，是"采取充分自由的严肃的态度，集合全国作者和读者的力量，来培养一个较合理底文学刊物，借此在一般民众中树立一个健康纯正底文学风气"。③ 朱光潜对于左翼文学力量追求、推动的"文艺新方向"，持批评、抵制的态度。落繁撰写的《评"文学杂志复刊号"》，认为《文学杂志》的主编："忽略了一个时代还有它那时代的要求。比如今天的中国，正视现实的人要求诗能写出广大民众的苦乐，而且要求诗追求大众能欣赏的形式。"《文学杂志》似乎觉得目前"自由太多"，"与文学无缘"的人竟不像他们一样做"文学的企图"，这才是"最严重"的。④ 针对一系列的批评和指责，特别是郭沫若的批评，朱光潜在1948年8月6日《周论》第二卷第四期上发表《自由主义与文艺》，系统地阐述了他的自由主义文艺思想。此外，赵涵的《"太太万岁"及其他》一文，严厉批评张爱玲的"太太万岁"，"什么是她的理想呢？就是太太们，还是回到丈夫的怀抱里去吧！延伸开来说，一切屈辱的人，还是回到屈

---

① 郭沫若：《斥"反动文艺"》，载《大众文艺丛刊》第一辑《文艺的新方向》，香港1948年3月出版，转引自洪子诚主编《中国当代文学史·史料选》上册，长江文艺出版社2002年版，第96页。
② 鲁迅：《鲁迅全集》第七卷，人民文学出版社2005年版，第470—471页。
③ 朱光潜：《复刊卷首语》，载《文学杂志复刊号》第二卷第一期，1946年6月1日，商务印书馆出版。
④ 《文讯》月刊第七卷第三期，第176页。

辱的地位里去吧"！①《文讯》发表的两篇文章基本态度是把朱光潜和张爱玲打入反动文人的另册。

李欧梵认为，"在战争后期滋长的反政府情绪变得更加强烈。数量日增的大多数中国知识分子，把中共看作唯一能够为他们带来自由、民主和新中国的政党。于是，中共在1949年取得军事胜利的前夕，实际上已掌握了中国知识分子阶层的思想。在这种混乱和骚动的不安气氛中，文艺界日益落入共产党的影响之下"。② 洪子诚也认为："'广泛的中间阶层作家'在战后，由于对国民党统治的失望，加上毛泽东《讲话》在国统区的传播和左翼文学力量的工作，而在那个政治具有新局面决定意义的时期，表现了普遍性的理解、靠拢左翼文学路线的趋向。这在老舍、叶圣陶、巴金、曹禺、郑振铎、臧克家、冯至等作家那里有明显的反映。"③ 特别是知识界的异己分子被害的"李闻血案"等一系列惨案、朱自清贫病致死，使文化界的"第三种力量"逐渐转向共产党的文艺路线。《文讯》月刊就专门在第九卷第三期出版了"朱自清先生追念特辑"，发表了20多篇学界同人的追悼文章。面对残酷的现实政治，有相当多的作家融入了左翼文学的理论和实践的自觉。有的虽然仍坚持自己创作的实践活动，但倾向革命、同情人民的苦难是不言而喻的，"这些作家40年代后期的较为复杂的思想艺术趋向，在由他们主持的刊物（如《文讯》、《黄河》、《文艺春秋》、《文艺复兴》等）得到一定程度的体现"。④ 总之，20世纪40年代后期的文艺界，虽然存在着不同思想倾向的作者和作家群以及不同的文学派别和力量。但是，有着明确目标和实力左右思想界和文艺界走向的，是"正在高涨的新的共产党的文学浪潮"。⑤

---

① 《文讯》月刊第八卷第一期，第372—373页。
② ［美］费正清、费维恺编：《剑桥中华民国史（1912—1949年）》下卷，中国社会科学出版社1993年版。
③ 洪子诚：《中国当代文学史》，北京大学出版社1999年版，第5页。
④ 同上书，第5—6页。
⑤ 《剑桥中华民国史（1912—1949年）》下卷，前引书。

二　晚期《文讯》月刊的方针转向

1941年10月10日，文通书局编辑所在抗战大后方的贵阳创办《文讯》刊物，主编为马宗荣、谢六逸等。编辑所副所长谢六逸在《文讯》的《创刊辞》①中认为：（1）"出版事业的兴衰，足以代表一国文化的升降。"《文讯》月刊"能适应战时的需要，本着不屈不挠的精神，在后方树立坚固的基础。敌寇的炸弹何常能够阻遏我们的进展"。（2）"出版事业，属于社会文化事业的范畴……有赖于文化界全体人士的合作。""欲得文化界的援助，必须有一个在精神上彼此互相沟通的机关。"（3）办刊的目的在于"集思广益，刊载学术论著，文艺作品，名著提要，文化动态，以及其他与出版事业有关的文字"。②刊物的基调是充当全国人民团结一致抗日的后方文化基础，在抗战文化建设上做出积极的贡献。日本帝国主义投降前夕，因为马宗荣、谢六逸的先后病逝，《文讯》被迫于民国三十三年（1944）七月停刊，这就是早期《文讯》月刊（1941年10月10日至1944年7月16日）。

抗战胜利后，《文讯》月刊于1946年1月15日在重庆复刊，主编顾颉刚、白寿彝发表《复刊词》③，决定坚持原来的办刊方向，把《文讯》办成一个"自然科学、社会科学、文学、哲学、艺术，无所不载"的一个综合性刊物。主编认为：（1）"青年是时代的新芽，是将来时代的开创者"。（2）"文艺工作在文化的推进上有着不可漠视的作用，在战争中它是一个巨大的力量"。主编决定"把文艺列在前面，反一反向来综合性刊物的成例"。（3）"历史是民族文化的结晶，民族自信心的基石。"强调做好通俗化工作的重要性。因此希望"史学家和文学家联合起来，以史学的方法取得正确的材料和系统的知识，而由文学家的一支笔宣布给大众""并把专门知识的通俗化列为本刊的一个重要目标"。此时的《文讯》月刊向综合性

---

① 《文讯》月刊"创刊号"，第1—2页。
② 《文讯》月刊"创刊号"，《创刊辞》。
③ 《文讯》月刊第六卷第一期，第1页。

的文化刊物方向发展。这就是中期《文讯》月刊（1946年1月15日至12月31日）。

意大利共产党总书记安东尼奥·葛兰西（A. Gramsci）在《狱中札记》中认为：一个社会集团的霸权地位表现于两个方面，"即'统治'和'精神与道德的领导权'。"[1]但"统治"（政治霸权）和"精神与道德的领导权"（文化领导权）可能不同步，在一个阶级控制着政治霸权时，文化领导权可能并不在它的手里；另外，当一个阶级试图获得政治霸权前，它必须先获得文化领导权。政治霸权和文化领导权的不同步，洞开了一种历史可能性，即一个弱小的社会阶级完全可以依靠其文化优势，控制占统治地位的那个阶级的文化领导权，为随后的革命创造条件。因此，"必须在文化领域、思想与精神领域进行文化革命，争夺霸权，建立无产阶级的文化霸权/领导权"。[2]或许是基于占领文化阵地的考虑和迎合大众读者的口味，在上海复刊出版的晚期《文讯》月刊（1947年6月15日至1948年12月5日，主编为臧克家等）[3]在《写在卷首》中声称："本刊的名称即是'文化通讯'的意思，文化动态的报道和批判毋宁是本刊主要的任务。"主编更希望报道和批判的精神渗透了刊物中的各个门类：学术论著，"希望它是对于某种学问或技术之最近发展的报告或是一种新看法的提出"；文艺作品，"希望它是时代主潮底表征，希望它是文艺新声底传达者"；名著提要，"希望它不仅是一种解题，同时更应该是能说出这部名著对于后来以至于最近的

---

[1] ［意］葛兰西：《狱中札记》，葆煦译，人民出版社1983年版，第222页。

[2] 刘康：《瞿秋白与葛兰西——未相会的战友》，载《全球化/民族化》，天津人民出版社2002年版，第88—89页。

[3] 臧克家接收《文讯》的时间有争议，但是据相关资料可以肯定从第七卷第五期开始臧克家已经是《文讯》月刊的主编。参见臧克家《一人双手编〈文讯〉》，《读书》1983年第12期；臧克家：《怀念寿彝》，《史学史研究》2000年第3期；林祥主编，运河采访：《世纪老人的话·臧克家卷》，辽宁教育出版社2000年版；胡正强：《试论臧克家文艺报刊的编辑实践与思想》，《徐州师范大学学报》（哲学社会科学版）1999年第3期；徐中玉：《五十年前在同济中文系任教的回忆》，《同济大学学报》（社会科学版）1997年第1期。

影响，尤其在当代学术上所占有的地位"。①在这里，"批判"是中性词，《文讯》中所使用的"批判"一词是"分析、剖析"的意思。晚期《文讯》月刊中提倡"文化动态的报道和批判"作为主要任务，极有可能是受到20世纪20年代末冯乃超、成仿吾等人主编的左翼理论刊物《文化批判》的影响。成仿吾呼吁："政治，经济，社会，哲学，科学，文艺及其余个个的分野皆将从《文化批判》明了自己的意义，获得自己的方略。《文化批判》将贡献全部的革命的理论，将给予革命的全战线以朗朗的火光。全国觉悟的青年，大家起来拥护《文化批判》！"②《文讯》的三次办刊方针大转变既有社会转型的时代大背景，也渗透着历任主编的文化理想、政治抱负。笔者所要探讨最后的"批评空间"，主要就是分析晚期《文讯》月刊。

晚期《文讯》月刊在社会转型时期的上海，发行整整一年半的时间，合计三卷十七期，共计200多万字。其中"普通号"11期，"文艺专号"6期，总计35000册。③晚期《文讯》在上海的文学类刊物中发行量与《文艺复兴》和《文艺春秋》相差不远，普通号每期印1000本，而文艺专号却是4000本。④特别是1947年下半年到1948年年底这段时期，国民经济日益萎缩，趋于崩溃，普通民众购买力直线下降，而《文讯》仍然保持那么大的发行量，可见《文讯》月刊的确属于非常受欢迎的畅销文学刊物。今天在西南的川、黔、渝等地高校、省图书馆仍然收藏有数量不等的《文讯》。晚期《文讯》月刊的文章更多的是揭露当时阶级压迫下农民、工人与城市贫民的极度贫困现象和反抗要求，揭示现代中国社会的基本矛盾和种种不公，启示进步青年以至一般读者做人生道路、政治立场的选择。《文讯》第七卷第四期《编辑余话》就肯定了这一点："编完了第四期，回过头来看第一期中的'写在卷首'，觉得这篇小文

---

① 《文讯》月刊第七卷第一期，第1页。
② 成仿吾：《祝词》，载《文化批判》第1号，1928年1月15日，第1—2页。
③ 《贵阳文通书局》，前引书，第140页。
④ 臧克家：《一人双手编〈文讯〉》，《读书》1983年第12期。

中所列举的编辑方针虽尚没有兑现,却一直是在向着完全兑现的路上走着。"①

抗战胜利后的上海,再度成为中国现代文学的中心,会聚了相当多中国知识分子的精英,成为一个思想激烈交锋的重镇。据徐中玉教授回忆:"当时最畅销的进步政论刊物便是储安平主编的《观察》,臧克家主编的《文讯》是大型文艺月刊,开明书店出版的周予同主编的《国文月刊》是语文方面的代表性学刊,那时我在这三个刊物上发过不少论文。可以说,在文化、学术方面,国民党政府的影响是极不足道的,没有什么真正的学者愿在他们办的报刊上发文章。"② 当然,《文讯》月刊的作者面还是相当广泛的,仅臧克家主编的《文讯》月刊中"文艺专号"(共六期)撰稿人来看,有早期文学研究会的成员,如朱自清、沈雁冰(茅盾)、郑振铎、王统照、许地山、叶绍钧(叶圣陶)、耿济之、郭绍虞等;有参加过"左联"的作家,如茅盾、郭沫若、郑振铎、唐弢、施蛰存、穆木天、叶圣陶、沙汀、艾芜、戴望舒、端木蕻良、洪深、冯雪峰、魏金枝等;有现代派作家,如施蛰存、戴望舒等;有京派作家,如朱自清、冯至、李健吾、李广田等;还有不少作家是中共党员,如茅盾、郭沫若、冯雪峰、何家槐、丰村等。《文讯》月刊的作者面呈现一种多元化的态势,有利于《文讯》月刊健康地发展,也折射出新中国成立前夕上海"批评空间"的活跃。

臧克家身为文艺中人,与许多知名作家和学者均有深交,"和范泉交往最为密切的,是小说家艾芜和诗人臧克家"。③ 特别是他在上海主编《文讯》月刊,利用地缘和人缘优势,所办刊物的"稿件来源,投来的少而组来的多"。④ 郭沫若和茅盾处,他几乎每周都去,第一是互相交谈,交换消息;第二是为刊物约稿。当然,由于众所周知的臧克家的文艺见解和主张,因此带来晚期的《文讯》逐

---

① 《文讯》月刊第七卷第四期,第41页。
② 徐中玉:《五十年前在同济中文系任教的回忆》,前引文。
③ 钦鸿:《记范泉主编的〈文艺春秋〉》,《新文学史料》1990年第1期。
④ 臧克家:《一人双手编〈文讯〉》,前引文。

渐成为当时在上海宣传左翼文艺理论的一个重要阵地，文艺作品侧重强调唤醒民众的社会觉悟和政治觉悟的教育功能。1948年12月，《文讯》月刊因为主编臧克家被当局追捕流亡香港而停刊。

三 上海最后的"批评空间"

大多数人总有一种固定的思维模式，认为20世纪40年代末期国民政府是反动的、腐朽的、没落的、疯狂的……以往对中国现代文学"批评空间"的解读，多集中在五四运动至抗战前夕。似乎20世纪40年代末期国民党政权即将崩溃，加之上海的租界已经在抗战期间由民国政府收回主权，20世纪30年代的许多文化界人士利用租界作为文化斗争掩体的可能性已经消失，不可能产生自由讨论的公共话语空间。国民党政权在倒台前夕为了挽救灭亡的局面，实行文化专制主义政策，逮捕和暗杀了一些文化界人士，大批进步文化人士纷纷转道香港，北上北平参加新中国的文化建设，这是无可辩驳的事实。但是，我们也应该看到，抗战胜利后，随着抗战带来的普通民众对国家命运的关心，人们对报纸杂志的需求，也越来越多样和丰富。当时读者看报纸、杂志的阅读兴趣更多地转向关心国家、民族的命运上。文学期刊越来越成为国人文化生活中不可或缺的重要内容，期刊出版、发行的数量大体上与日俱增。战后相当长的一个时期是中国现代文学的繁荣时期，同时上海也是公共知识分子最活跃的城市。据刘增人统计，1915—1949年，文学期刊创刊数量最高的是1947年，这一年将近有300种文学期刊问世。数量当然不是评价期刊的唯一标准，但从读者的接受面来看，应该是期刊研究中一个比较重要的参照系。

论辩，是现代文学期刊的一项重要历史使命，是和读者一起杀出一条生存血路的武器。同时，也是提高论辩各方、吸引读者、活跃版面、争取期刊生存与发展的基本手段。20世纪40年代末期，大部分作家在政治上都是反蒋、反美，大目标是一致的，但在艺术思想上、文艺风格上却有分歧，存在着不同的见解。进行讨论切磋、取长补短、互相提高是很有意义的。基于这个目的，晚期《文讯》月刊允许自由的学术争论。显然是受毛泽东《在延安文艺座谈会上的讲话》的影响，杨晦撰写的《中国新文艺发展的道路》，主张中国新文艺发展应该走"农民文艺"（即民间文艺）的道路。杨晦认为："用我们民间流行的文艺形式，来反映我们的农民运动，反映我们的农民斗争，我们农民站了起来的文艺。"农民文艺应该是"以听为主，以看为辅的文艺"。①潘凝撰写的《作家到农村去和作品的为听为看》一文，发出了不同的声音。主编臧克家持比较公允的态度，在刊物上发表潘凝的文章。潘凝的文章对杨晦的观点逐条分析，有的赞同，有的则质疑和商榷。潘凝的结论是："对于到不到农村去，个别的作家有其自由决定的合理根据，只要他在严肃地从事文艺工作。"②杨晦紧接着写了《再谈农民文艺——兼答潘凝先生》，对于潘凝提出的三个问题，"一、都市与乡村的问题"；"二、两种农村的问题"；"三、听和看的问题"③，进行逐一分析和辩解。刊物也发表过肖乾的《美国印象》（第七卷第一期）、一凌的《我所知道的沈从文先生》（第七卷第一期）等"反动文人"的文章或相关介绍文章。此外，主编还在刊物中用《编后余言》、《编后余话》、《缀在末角》、《年话》、《尾句》等形式，发表编辑的看法，与作者、读者通信息，加强与各方的互动沟通。主编极力贯彻"报道与批判"的方针，组织、选稿和用稿，"是有所取，有所不取的"。综合号"不拟再刊登文艺作品，把整个地盘让给批判报道，寓于思想性现实性的论文，自然科学论文，以及评介等"。④编者阐明创办"文艺专号"的目的："第一，想用它作一个调剂，使一般读者在长期沉重的学术空气中活泼一下；再则在这大时代的极端苦闷和挣扎中，文艺有它的一份责任"，"我们想透过作品去听时代脉搏的跳动"。⑤《文讯》月刊为丰富版面，以及国内著名社会学家、自然科学家的论文和学术报告，以为一系列的文化述评、图书评

---

① 《文讯》月刊第八卷第二期，第375—379页。
② 《文讯》月刊第八卷第五期，第566—571页。
③ 《文讯》月刊第八卷第五期，第572—574页。
④ 《文讯》月刊第八卷第六期，第627页。
⑤ 《文讯》月刊第七卷第五期，第1页。

论、电影评论。

从"作者面"来看①，晚期《文讯》月刊的"普通号"，撰稿人多是当时学术界著名人士。社会科学方面有杜守素（国庠）、夏康农、李纯青、任白涛、流金、姜庆湘、孟宪章、王康、赵纪彬（纪玄冰）等；自然科学方面有杨钟健、裴文中、卢于道等；文艺评论方面有郭绍虞、陆侃如、谭丕谟、陈觉玄（中凡）、徐中玉、田仲济、熊佛西、李长之、蒋天佐、许幸之、何家槐、黎先耀等。

"文艺专号"中，著名作家就更多，如郭沫若、茅盾、叶圣陶、巴金、冯雪峰、郑振铎、杨晦、朱自清、吕莹、许傑、唐弢、李健吾、碧野、戈宝权、袁水拍、汪曾祺、刘北汜、陈敬容、方敬、金克木、劳辛、范泉、高寒（楚图南）、林辰、陈白尘、洪深、董秋斯、穆木天、黎烈文、李广田等。

谈到创作，那就更多了。沙汀、艾芜、王西彦、端木蕻良、田涛、魏金枝、徐迟、丰村、徐盈、方蒙、一文、黄俊贤、穆歌、康定、何达、田地、唐湜、吴越、刃锋、刘岚山、苏汜、单复、肖蔓若、王采、王统照等都有小说、散文、诗歌等作品在"文艺专号"上发表。晚期《文讯》月刊还发表了黄永玉的若干幅木刻。

翻译的文学作品，也刊登了不少，"文艺专号"上几乎每期都有。如巴金、曹靖华、李健吾、戴望舒、孙用、方平、彭慧、方敬、冯至等人常常有译作发表。刊物发表过苏俄的柴霍甫、毕里文采夫、A. 托尔斯泰、多布里·奈米洛夫、V. 潘诺瓦、S. M. 托拉拉耶夫、A. 德伊其、陀斯妥耶夫斯基、英倍尔、A. K. 华西利也夫，英国的吴尔夫（Virginia Woolf）、弗莱则（Frazer）、雪莱、吉辛，法国的左拉、巴尔扎克、V. 雨戈（即雨果）、杜彭（Pierre Dupont）、德国的海涅、凯赛林、匈牙利的萨卡锡慈、裴多菲等人的译作。可以看出，翻译苏俄作家的作品占大多数，刊物的政治倾向显而易见。华问渠描述《文讯》月刊登载译作的用意："编辑所同仁，多具进步思想，在反动统治威压下，限制甚多，特选印外国译本，

---

① 臧克家：《一人双手编〈文讯〉》，前引文。

介绍进步思想。《文讯》月刊在臧克家先生主持编务时，多转载国外评论，借鉴对照，暗示国人。"①

在《朱自清追念特辑》里，刊登了22篇纪念文章，作者有郭绍虞、郑振铎、叶圣陶、杨晦、杨振声、王统照、冯至、吴组缃、余冠英、王瑶、朱乔森、许傑、魏金枝、穆木天、徐中玉、刘北汜、任钧、牧野、青勃、郑敬之等，纪念贫病而逝的同道中人朱自清先生，无声抗议当局之意，自不待言。

当时在《文艺复兴》发表文章的有茅盾、巴金、叶圣陶、李广田、臧克家、沙汀、唐弢、季羡林、萧乾、方敬、刘北汜、丰村、许傑、徐迟、范泉、唐湜、辛笛、刘西渭（李健吾）、郑振铎、熊佛西、戈宝权、郭沫若、冯雪峰、蒋天佐、郭绍虞等作家，同时在《文讯》上发表文章。②在《文艺春秋》上发表文章的有巴金、叶圣陶、茅盾、郭沫若、冯雪峰、施蛰存、洪深、戴望舒、王西彦、唐湜、许傑、钟敬文、端木蕻良、萧乾、戈宝权、魏金枝、刘北汜、刘西渭（李健吾）、青勃、王统照、黎烈文、李广田、林辰、何家槐、丰村、穆木天、郑振铎、蒋天佐、郭绍虞、艾芜、徐迟、碧野、葛一虹、陈白尘、陈敬容、汪曾祺、臧克家等，同时在《文讯》上发表文章。③可见，同期上海的几大文学刊物《文艺复兴》《文艺春秋》《文讯》的撰稿人大部分是相同的，并且三家刊物的主编互相在对方的刊物上发表文章，大体上形成了所谓的"批评空间"，起着政治批判、文化批判的舆论监督作用。一方面，通过吸引读者对这些文学期刊作品的经常性阅读，培养了一批公众；另一方面，读者通过对这些作品的批评和文学讨论，"公众也达到了自我启蒙的目的，甚至将自身理解为充满活力的启蒙过程"④，建立起知识分子自己的文化霸权/领导权。

1948年12月，上海当局搜查《文讯》月刊编辑部，臧克家被

---

① 《贵阳文通书局的创办和经营》，前引书，第37页。
② 李健吾：《关于〈文艺复兴〉》，《新文学史料》1982年第3期。
③ 钦鸿：《记范泉主编的〈文艺春秋〉》，前引文。
④ 《公共领域的结构转型》，前引书，第46页。

特务列入"黑名单"并被追捕,只得逃往香港避难。据臧克家回忆,理由有三:"一是主编《文讯》,作者都是左翼文人;二是写诗'骂娘';三是'星群出版社'是共产党出钱搞的,我参与其事。"①撇开政治立场来看,国民党当局指责臧克家与共产党有关联确实是有证据的。《文讯》月刊就发表了几位共产党文化人的文章,此外,茅盾、郭沫若等共产党文化人也与臧克家过从甚密。臧克家还收到共产党文化领导人之一冯乃超从香港带来的口信,要求组织文章批判萨特的存在主义。②臧克家响应号召,通过约稿,发表孙晋三的《所谓存在主义》③等。晚期《文讯》月刊,把对黑暗的诅咒与对腐朽的现实政治的否定以及知识分子在新中国到来之前的自我反省作为时代主题,这在敏锐地感受到历史曙光并真诚地期待着新社会的作家心灵上所激起的感情,表现为讽刺性的批判现实主义的主题,而且越是临近新中国的诞生,表现得越是明显。晚期《文讯》月刊创作的时代烙印极其鲜明,刊物中各类题材、体裁的作品几乎都笼罩着社会转型期所特有的氛围:紧张、愤激、嘲谑和痛苦,希望、期待、焦躁与不安。今天我们仍然可以看出晚期《文讯》月刊揭露与批判的主调,讽刺暴露性的文艺作品较多。

20世纪40年代末期,《文讯》月刊面临越来越严重的经济困难和政治风险。一方面,由于国民党军队在内战中节节失利,物价疯狂上涨,经济崩溃,人民生活日益陷入水深火热之中。出版事业也受到猛烈冲击,处于朝不保夕的困境。臧克家回忆:"当年我编《文讯》,工资每月记得是二十五万,数目惊人!钱不值钱,以一当万。稿费也较低。而且每次凭支票亲自去银行领取,一次半麻袋,回头一点,一叠中有缺十元一张的。"④另外,国民党政府对言论的审查更为苛刻,压制更加严厉,茅盾认为:当时"文网之森严已经

---

① 臧克家:《一人双手编〈文讯〉》,前引文。
② 同上。
③ 孙晋三:《所谓存在主义》,《文讯》第七卷第六期。
④ 臧克家:《一人双手编〈文讯〉》,前引文。

超过了三十年代"。① 1948年，全国已处于国共大决战最关键的一年，《文讯》所处的政治环境更加恶化。《文讯》第八卷第二期的《年话》里，编者写道："新年，是万象更新的兆始，也是旧的死去，新的诞生的一个转捩；但是，充耳盈目的却是一片悲惨，每一条生命都在生死之间作着惨烈的挣扎，每一种事业都在摇摇欲坠中。天气是这么严寒，而人心的感受比气候所给予的更加冰冷，一草一木都在期待着一阵和煦的东风，而人类的春天呢，使人盼望得焦灼而发狂了！"② 大部分知识分子急切寻找中国的出路和前途，既有对现政权的痛恨，也有对即将建立的共产党新政权的向往。他们没有"物质"的武器，只能寄希望于用文字来代替那物质的"武器"，批判黑暗的社会现实，对时局的走向各抒己见。国统区的大部分知识分子，自觉或不自觉地成为毛泽东希望的"文化军队"中的一员。③ 在20世纪40年代末期的文学转向过程中，《文讯》月刊与《文艺春秋》《文艺复兴》等文学刊物遥相呼应，在上海形成了一个具有相当规模的"批评空间"。当然，它们也在国民党政权的末日来临之前由于种种原因被迫解散，成为名副其实的最后的"批评空间"。④

结　语

在20世纪40年代末期社会转型的过渡阶段，上海文化界各种思想文化激烈交锋。主编臧克家等顺应时代的发展趋势，利用《文讯》月刊对国民政府的政治、经济、文化等方面的问题展开批判，构建知识分子自己的话语空间。它和《文艺春秋》、《文艺复兴》等文学刊物一道，在上海团结了相当多的知识分子，通过这些刊物交换意见，进行文化讨论和思想批判，形成了最后的"批评空间"。

---

① 茅盾：《访问苏联·迎接新中国——回忆录"三十三"》，《新文学史料》1986年第4期。
② 《文讯》月刊第八卷第二期，第1页。
③ 《毛泽东选集》第三卷，前引书，第862页。
④ 三家刊物停刊时间分别为：《文艺复兴》1949年8月10日，《文艺春秋》1949年4月15日，《文讯》1948年12月5日，且1949年《文艺复兴》仅出版1期，《文艺春秋》仅出版3期。

虽然晚期《文讯》的内部包含两极化和过激化的倾向，但仍然有许多突破和建树。例如，它允许民主的论辩，专门出版纪念特辑，通过发表大量的译作、文化述评、图书评论、电影评论等进行文化批判。当然，在特殊的历史环境中，晚期《文讯》月刊过于强调文学的教育功能，带有强烈的文学工具论的倾向。

（原载《文艺理论与批评》2007年第1期）

参考文献

[1] （民国）王世鑫纂：《八寨金石附志稿》，转引自新文丰出版公司编辑部编《石刻史料新编》第三辑第23册，（中国台湾）新文丰出版公司1979年印行。

[2] （民国）赵尔巽等：《清史稿》，中华书局1977年版。

[3] （清）方显：《平苗纪略》，清同治朝武昌刻本。

[4] （清）潘文芮：《（乾隆）贵州志稿》，贵州省图书馆1965年1月复制油印本。

[5] （清）魏源：《苗防论》，转引自《小方壶斋舆地丛钞》第八帙，上海著易堂1897年刊本。

[6] （清）徐家干：《苗疆闻见录》，吴一文校注，贵州人民出版社1997年版。

[7] （清）严如煜：《苗防备览》，绍义堂重刻本，清道光二十三年（1843）。

[8] （清）易佩绅：《贵东书牍节钞》，光绪十八年（1892）刻本。

[9] [美] J. M. 布劳特：《殖民者的世界模式：地理传播主义和欧洲中心主义史观》，谭荣根译，社会科学文献出版社2002年版。

[10] [美] 柯文：《在中国发现历史：中国中心观在美国的兴起》，林同奇译，中华书局2005年版。

[11] [美] 孔飞力：《1768年中国妖术大恐慌》，陈兼、刘昶译，上海三联书店1999年版。

[12] "国立"故宫博物院整理：《宫中档雍正朝奏折》，"国立"故宫博物院1979年印行。

[13] An Qi, Protecting the "Children": Early Qing's Ethnic Policy towards Miao Frontier—A Historical Study of Multiethnic China, in *Journal of Cambridge Studies*, June 2009, Vol. 4, No. 2.

[14] Cheung Siu-woo, "Miao Identities, Indigenism, and the Politics of Appropriation in Southwest China during the Republican Period", *Asian Ethnicity*, 4 (1) (2003).

[15] Hostetler, Laura, *Qing Colonial Enterprise: Ethnography and Cartography in Early Modern China*, The University of Chicago Press, 2001.

[16] Schein, Louisa, *Minority Rules: The Miao and the Feiminine in China's Cultural Politics*, Duke University Press Durham & London, 2000.

[17] 曹端波:《国家、族群与民族走廊——"古苗疆走廊"的形成及其影响》,《贵州大学学报》(社会科学版) 2012 年第 5 期。

[18] 程贤敏选编:《清〈圣训〉西南民族史料》,四川大学出版社 1988 年版。

[19] 高岚:《民族身份与国家认同:明清之际(1644—1683)江南汉族文士的文学书写》,博士学位论文,四川大学,2008 年。

[20] 贵州省丹寨县地方志编纂委员会编:《丹寨县志》,方志出版社 1999 年版。

[21] 贵州省榕江县地方志编纂委员会编:《榕江县志》,贵州人民出版社 1999 年版。

[22] 贵州省台江县志编纂委员会编:《台江县志》,贵州人民出版社 1994 年版。

[23] 胡卫东:《黔东南台江县苗族林权习惯法研究——以阳芳寨为例》,《广西民族大学学报》(哲学社会科学版) 2011 年第 1 期。

[24] 剑河县地方志编纂委员会编:《剑河县志》,贵州人民出版社 1994 年版。

[25] 乾隆朝军机处录附奏折，中国第一历史档案馆藏，微缩号：585—2085。

[26] 秋阳：《苗疆风云录》，贵州民族出版社2003年版。

[27] 秋阳：《闻鸟集》，贵州民族出版社2006年版。

[28] 全国人民代表大会民族委员会办公室编：《贵州省台江县苗族的家族》，（贵州、湖南少数民族社会历史调查组调查资料之四），内部资料，1958年。

[29] （民国）任可澄、杨恩元等撰：《贵州通志》"学校志"，贵阳文通书局，民国三十七年（1948）。

[30] （民国）任可澄、杨恩元等撰：《贵州通志》"前事志"第三册，贵州省文史研究馆点校，贵州人民出版社1988年版。

[31] 三都水族自治县志编纂委员会编：《三都水族自治县志》，贵州人民出版社1992年版。

[32] 孙犇：《黔东南苗族村寨民间调解机制探析》，《广西民族大学学报》（哲学社会科学版）2012年第3期。

[33] 王小梅等：《重构"古苗疆走廊"》，《贵州日报》2012年5月4日第8版。

[34] 无名氏：《黔省诸苗全图》下册，日本早稻田大学图书馆藏本。

[35] 吴荣臻：《"熟苗"论》，载贵州苗学会编《苗学研究》（三），贵州人民出版社1994年版。

[36] 徐新建：《西南研究论》，云南教育出版社1992年版。

[37] 燕宝等收集整理：《张秀眉歌》，贵州民族出版社1987年版。

[38] 杨正保、潘光华编：《苗族起义史诗》，贵州人民出版社1987年版。

[39] 杨志强、赵旭东、曹端波：《重返"古苗疆走廊"——西南地区、民族研究与文化产业发展新视阈》，《中国边疆史地研究》2012年第3期。

[40] 杨志强：《前近代时期的族群边界与认同——对清朝中后期"苗疆"社会中"非苗化"现象的思考》，《贵州大学学报》

（社会科学版）2011 年第 5 期。

[41] 曾江：《"古苗疆走廊"研究拓展边疆理论》，《中国社会科学报》2012 年 4 月 27 日第 9 版。

[42] 张岳奇：《剑河屯堡的安设及其消亡》，《贵州民族研究》1980 年第 1 期。

[43] 张兆和、李廷贵主编：《梁聚五文集》上册，香港科技大学华南研究中心 2010 年印。

[44] 张中奎：《改土归流与苗疆再造：清代"新疆六厅"的王化进程及其社会文化变迁》，中国社会科学出版社 2012 年版。

[45] 张中奎：《清代"苗疆缺"官制研究》，《求索》2012 年第 8 期。

[46] 张中奎：《清帝国时期的苗疆叙事考察》，《西南民族大学学报》（人文社会科学版）2010 年第 3 期。

[47] 中国第一历史档案馆、中国人民大学清史研究所、贵州省档案馆编：《清代前期苗民起义档案史料汇编》上册，光明日报出版社 1987 年版。

[48] 中国科学院民族研究所贵州少数民族社会历史调查组、中国科学院贵州分院民族研究所编：《〈清实录〉贵州资料辑要》，贵州人民出版社 1964 年版。

[49] 中国科学院民族研究所贵州少数民族社会历史调查组、中国科学院贵州分院民族研究所编印：《苗族民间故事集》，1964 年。

[50] 中国社会科学院历史研究所清史研究室编：《清史资料》第四辑，中华书局 1983 年版。

[51] （清）福格：《听雨丛谈》卷 11，中华书局 2007 年版。

[52] （清）潘文芮：《（乾隆）贵州志稿》卷二《黔省功德名臣考》。

[53] 岑大利：《清代官员补缺制度研究》，转引自《清史论集——庆祝王钟翰教授九十华诞》，紫禁城出版社 2003 年版。

[54] 刘凤云：《清代督抚与地方官的选用》，《清史研究》1996 年

第 3 期。

[55] 王志明：《雍正朝官僚制度研究》，上海古籍出版社 2007 年版。

[56] 袁翔珠：《官政与民规：清代道光时期的苗疆土地政策》，《求索》2010 年第 1 期。

[57] 张伟仁编：《明清档案》第 264 册，"中央"研究院历史语言研究所现存清代内阁大库原藏，"中央"研究院历史语言研究所，1992 年。

[58] （民国）陈昭令等纂修：《黄平县志》，民国十年（1921），未刊稿，贵州省图书馆 1965 年油印本。

[59] （民国）凌惕安编：《咸同贵州军事史》，贵阳：慈惠图书馆，民国二十一年（1932）。

[60] （明）郭子章：《黔记》，载《北京图书馆古籍珍本丛刊》第 43 册，北京书目文献出版社据明万历刻本影 1998 年印。

[61] （清）爱必达：《黔南识略》，转引自杜文铎等点校《黔南识略·黔南职方纪略》，贵州人民出版社 1992 年版。

[62] （清）倭仁等修：《钦定户部则例》，清同治四年（1865）刻本。

[63] （清）俞渭修、陈瑜纂：（光绪）《黎平府志》，光绪十八年（1892）刻本。

[64] ［法］马赛尔·莫斯：《礼物：古式社会中交换的形式与理由》，汲喆译，陈瑞桦校，上海世纪出版集团 2005 年版。

[65] ［美］柯文：《在中国发现历史：中国中心观在美国的兴起》，林同奇译，中华书局 1989 年版。

[66] ［美］施坚雅主编：《中华帝国晚期的城市》，叶光庭等译，中华书局 2002 年版。

[67] ［美］施坚雅：《中国农村的市场和社会结构》，史建云等译，中国社会科学出版社 1998 年版。

[68] 《东方杂谭》第二十卷第十四号。

[69] 《贵州六百年经济史》编委会：《贵州六百年经济史》，贵州

人民出版社 1998 年版。

[70]《贵州通史》编委会：《贵州通史》第三卷，当代中国出版社 2002 年版。

[71] 蔡成：《远远的货郎担》，《西部人》2003 年第 12 期。

[72] 陈福山：《清代贵州"嘉禾"现象探析》，硕士学位论文，贵州师范大学，2012 年。

[73] 陈国生、罗文：《清代贵州土地开发的新变化》，《贵州师范大学学报》（社会科学版）1993 年第 2 期。

[74] 辞海编辑委员会编：《辞海》，上海辞书出版社 1989 年版。

[75] 高国璋：《回忆我在炉山时的几件事》，载中国人民政治协商会议贵州省委员会文史资料研究委员会编《贵州文史资料选辑》（民族史料专辑）第二十二辑，贵州工学院印刷厂 1986 年印。

[76] 贵州省民族事务委员会、贵州省民族研究所编：《贵州"六山六水"民族调查资料选编》苗族卷，贵州民族出版社 2008 年版。

[77] 贵州省民族研究所编：《贵州省台江县巫脚公社反排寨社会历史调查资料》（贵州少数民族社会历史调查资料之二十七），1965 年。

[78] 郭松义、桑士光：《清代的贵州古州屯田》，《清史研究》1991 年第 1 期。

[79] 何伟福：《清代贵州商品经济史研究》，中国经济出版社 2007 年版。

[80] 蒋中正：《中国之命运》，正中书局 1943 年版。

[81] 凯里市档案馆编：《炉山县湾水乡强迫苗族妇女改装档案史料一组》，《贵州档案史料》1989 年第 1 期。

[82] 林芊：《从清水江文书看近代贵州民族地区土地制度——清水江文书（天柱卷）简介》，《贵州大学学报》（社会科学版）2012 年第 6 期。

[83] 凌纯声、芮逸夫：《湘西苗族调查报告》，民族出版社 2003

年版。

［84］凌永忠：《雍正年间"开辟苗疆"对商业经济的影响》，《贵州文史丛刊》2008年第3期。

［85］刘锡蕃：《岭表纪蛮》，商务印书馆1934年版。

［86］刘锡蕃：《蛮荒小纪序引》，转引自贵州省苗学研究会编《苗学研究》（一），贵州民族出版社1989年版。

［87］刘志松：《中国古代基层社会权威体系及其博弈》，《吉首大学学报》（社会科学版）2013年第3期。

［88］彭文斌主编：《人类学的西南田野与文本实践——海内外学者访谈录》，民族出版社2008年版。

［89］黔东南苗族侗族自治州志地方志编撰委员会编：《黔东南苗族侗族自治州志·供销合作志》，贵州人民出版社1991年版。

［90］秋阳：《苗疆风云录》，贵州民族出版社2003年版。

［91］全国民族代表大会民族委员会办公室编：《贵州省从江县加勉乡苗族调查资料》（贵州、湖南少数民族社会历史调查组调查资料之七），内部资料，1958年。

［92］全国人民代表大会民族事务委员会办公室编：《贵州省台江县巫脚交经济发展状况》（贵州、湖南少数民族社会历史调查资料之一），1958年。

［93］石启贵：《湘西苗族实地调查报告》，湖南人民出版社1986年版。

［94］孙秋云：《文明传播视野下的雍乾、乾嘉苗民起义》，《中南民族大学学报》（人文社会科学版）2007年第3期。

［95］覃华儒：《从江壮族调查报告》，载贵州省民族研究所编《贵州民族调查（之四）》，1986年。

［96］田涛、邓秦点校：《大清律例》，法律出版社2000年版。

［97］吴永清：《榕江县八开公社庙友生产大队侗族社会调查》，载贵州省民族研究所编《贵州民族调查（之二）》，1984年。

［98］吴泽霖：《贵州短裙苗的概况》，载贵州省民族研究所编《民国年间苗族论文集》（"民族研究参考资料第二十集"），1983

年。

[99] 徐新建：《西南视野：地方与世界》，《思想战线》2009 年第 3 期。

[100] 杨经华：《零交易费用是否可能？——以贵州方召"无人菜摊"为例》，《贵州民族研究》2009 年第 6 期。

[101] 余宏模：《清代雍正时期对贵州苗疆的开辟》，《贵州民族研究》1997 年第 3 期。

[102] 袁定基、刘德昌：《试论苗族的生存空间》，载李锦平主编《苗学研究》（三），贵州人民出版社 1994 年版。

[103] 袁翔珠：《乾隆时期的苗疆土地问题治理：以奏折资料为主的研究》，《华东政法大学学报》2009 年第 6 期。

[104] 张新民：《清水江文书的整理利用与清水江学科的建立——从〈清水江文书集成考释〉的编纂整理谈起》，《贵州民族研究》2010 年第 5 期。

[105] 张新民主编：《清水江文书——天柱卷》第一辑第二卷，江苏人民出版社 2014 年版。

[106] 张应强：《木材之流动：清代清水江下游地区的市场权力与社会》，生活·读书·新知三联书店 2006 年版。

[107] 张兆和：《费家的二小》，载孙晶选编《张兆和小说·湖畔》，上海古籍出版社 1999 年版。

[108] 张中奎：《"小历史"中的"小历史"——历史人类学视野下的苗疆货郎担》，《贵州民族研究》2010 年第 5 期。

[109] 赵大富：《赫章县珠市民族乡彝族社会调查》，载贵州省民族研究所编《贵州民族调查（之三）》，1985 年。

[110] 赵世瑜：《小历史与大历史：区域社会史的理念、方法与实践》，上海三联书店 2006 年版。

[111] 中国第一历史档案馆编：《清代档案史料丛编》第 14 辑，中华书局 1990 年版。

[112] 中国科学院民族研究所贵州少数民族社会历史调查组等编：《贵州省剑河县久仰乡必下寨苗族社会调查资料》（贵州少

数民族社会历史调查资料之二十），1964 年。

[113] 周林、张法瑞：《清代的皇木采办及其特点》，《农业考古》2012 年第 1 期。

[114] （东汉）班固：《汉书》，浙江古籍出版社 2000 年版。

[115] （清）潘文芮：《（乾隆）贵州志稿》卷三《全黔苗俫种类风俗考》，贵州省图书馆 1965 年复制油印本。

[116] 陈戍国：《礼记校注》，岳麓书社 2004 年版。

[117] 陈寅恪：《唐代政治史述论稿》，上海古籍出版社 1977 年版。

[118] 杜文铎等点校：《黔南识略·黔南职方纪略》，贵州人民出版社 1992 年版。

[119] 贵州省地方志编纂委员会编：《贵州省志·地理志》上册，贵州人民出版社 1985 年版。

[120] 哈恩忠：《雍正初年镇压长寨苗民史料（上）》，《历史档案》2008 年第 3 期。

[121] 华林甫：《中国历代更改重复地名及其显示意义》，《历史研究》2000 年第 4 期。

[122] 蓝勇：《西南边疆政区名称教化功能演变研究》，《中国边疆史地研究》2004 年第 4 期。

[123] 梁聚五：《贵州苗族人民在反清斗争中跃进》，载贵州省民族研究所编《民族研究参考资料》第一集，1980 年。

[124] 秦樱：《略论明代地名的更命名》，《地名知识》1980 年第 1 期。

[125] 任可澄、杨恩元等撰：（民国）《贵州通志》"前事志"第四册，贵州省文史研究馆点校，贵州人民出版社 1991 年版。

[126] 佘贻泽：《清代的苗民问题》，《新亚细亚》1936 年第 12 卷第 2 号。

[127] 王明珂：《论攀附：近代炎黄子孙国族建构的古代基础》，载《历史语言研究所集刊》第 73 本第三分册，2002 年。

[128] 谢红生：《民国时期贵阳地名拾遗》，《中国地名》2011 年第 1 期。

[129] 徐杰舜:《雪球——汉民族的人类学分析究》,上海人民出版社 1999 年版。

[130] 俞九成:《(康熙)平远州志》序,序载《(乾隆)平远州志》卷首,参见张新民《贵州地方志考稿》,比利时根特大学出版社 1993 年版。

[131] 中国科学院民族研究所贵州少数民族社会历史调查组编:《〈清实录〉贵州史料辑要》,贵州人民出版社 1964 年版。

[132] (清)蔡毓荣、龚懋熙修:《四川总志》,康熙十二年(1673)刻本。

[133] (清)官修:《(乾隆)大清律例》,嘉庆殿本。

[134] (清)张廷玉等修:《明史》,中华书局 1974 年版。

[135] (清)张心泰:《粤游小识》,开雕梦碟仙馆藏版,光绪二十六年(1900)刻本。

[137] 哈恩忠:《略论雍正年间清政府对贵州贩卖人口的整饬——以鄂尔泰打击川贩为中心》,《贵州文史丛刊》2006 年第 2 期。

[138] 罗书勤等点校:《黔书·续黔书·黔记·黔语》,贵州人民出版社 1992 年版。

[139] 清世宗胤禛、允禄、鄂尔泰等:《朱批谕旨》,乾隆三年(1738)续刻本。

[140] 吴荣臻:《乾嘉苗民起义史稿》,贵州民族出版社 1985 年版。

[141] 张中奎:《略论满清严禁人口贩卖政策之流变——以"改土归流"前后的贵州为例》,《贵州文史丛刊》2005 年第 3 期。

[142] 郑昌淦:《明清之际的历史潮流和清王朝的统治政策》,《民族研究》1980 年第 4 期。

[143] 中国第一历史档案馆编:《雍正朝汉文朱批奏折汇编》,江苏古籍出版社 1991 年版。

[145] 中国人民大学清史研究所等编:《康雍乾时期城乡人民反抗斗争资料》,中华书局 1979 年版。

[146] 中国社会科学院历史研究所清史研究室编:《清史资料》第

二辑，中华书局 1981 年版。

[147]（清）巴哈布、翁元圻等修；王煦、罗廷彦纂：《湖南通志》，嘉庆二十五年（1820）刻本。

[148][法]莫斯：《一种人的精神范畴：人的概念，"我"的概念》，佘碧平译，载《社会学与人类学》，上海世纪出版社 2003 年版。

[149]《侗族文学史》编写组编：《侗族文学史》，贵州民族出版社 1988 年版。

[150]《萨岁之歌》，黎平龙图歌师梁普安口述，未刊，记录稿存放在中国社会科学院民族文学研究所。

[151] 陈懿：《也谈侗歌的翻译整理》，《贵州日报》1982 年 4 月 24 日第 16 版。

[152] 丁常春：《道教与基督教人观之比较》，《社会科学研究》2005 年第 1 期。

[153] 董敬畏：《空间、家屋与人观——以关中邓村为例》，《北方民族大学学报》（哲学社会科学版）2011 年第 2 期。

[154] 符太浩：《溪蛮丛笑研究》，贵州民族出版社 2003 年版。

[155] 贵州省安顺地区民族事务委员会编：《仡佬族古歌》，贵州民族出版社 1991 年版。

[156] 贵州省黎平县志编纂委员会编：《黎平县志》，巴蜀书社 1989 年版。

[157] 贵州省民委、贵州省文联民研会编印：《侗族文学资料》第 5 集，1985 年。

[158] 贵州仡佬族学会编：《仡佬族文化百科全书》，贵州民族出版社 2002 年版。

[159] 还格吉：《藏族民间人观及其意义解析》，《西藏大学学报》（社会科学版）2014 年第 1 期。

[160] 黄应贵：《人观、意义与社会》，《广西民族学院学报》（哲学社会科学版）2002 年第 1 期。

[161] 李笑频：《论人类学人观研究的物、人、心之维》，《思想战

线》2010 年第 6 期。

[162] 李艳梅：《贵州仡佬族宗教信仰初探》，载李晋有等主编《中国少数民族古籍论》第二辑，巴蜀书社 1998 年版。

[163] 刘亚玲：《勒俄特依的人观表述》，《民族文学研究》2009 年第 1 期。

[164] 龙耀宏、龙宇晓编：《侗族大歌·琵琶歌》，贵州人民出版社 1997 年版。

[165] 龙增琪：《侗歌的翻译整理要重视原貌》，《贵州日报》1982 年 3 月 13 日第 13 版。

[166] 龙昭宝、龙耀宏：《试论南方少数民族叙事歌的生成——以黔湘边区汉族古典文学题材侗歌为例》，《贵州社会科学》2014 年第 10 期。

[167] 罗懿群、吴启禄：《古朴雄浑的仡佬族古歌——〈叙根由〉评介》，载李晋有等主编《中国少数民族古籍论》第一辑，巴蜀书社 1997 年版。

[168] 潘定智、罗懿群、唐文新编：《仡佬族文学资料汇编》，贵州民族学院 1986 年印。

[169] 黔东南苗族侗族自治州文艺研究室、贵州民间文艺研究室编，棠棣华、王冶新整理：《侗族琵琶歌》，贵州人民出版社 1981 年版。

[170] 唐启翠：《家"人观"的当代启示——以〈礼记〉为中心的考察》，《社会科学家》2011 年第 7 期。

[171] 王立杰：《人类学"人观"命题的追索与反思》，《湖北社会科学》2013 年第 4 期。

[172] 王其珍整理：《哭嫁歌》，贵州民族出版社 1993 年版。

[173] 王胜先主编：《侗族文化史料》（第 1—10 卷），黔东南苗族侗族自治州民委民族研究所内部印刷。

[174] 徐新建：《"侗歌研究"五十年》（上、下），《民族艺术》2001 年第 2—3 期。

[175] 徐新建：《无字传承"歌"与"唱"：关于侗歌的音乐人类

学研究》,《民族艺术研究》2006年第3期。

[176] 杨国仁、吴定国等整理:《侗族祖先从哪里来》,贵州人民出版社1981年版。

[177] 杨经华、吴媛姣:《生态文明建设的新契机——"侗歌入世"的经济反思》,《贵州民族研究》2010年第4期。

[178] 杨通山等编:《侗族民歌选》,上海文艺出版社1980年版。

[179] 杨锡光等编译:《琵琶歌选》,岳麓书社1993年版。

[180] 杨锡光等采录译注:《侗耶》,岳麓书社1995年版。

[181] 杨锡光等整理译释:《侗款》,岳麓书社1988年版。

[182] 杨锡光等整理注校:《侗垒》,岳麓书社1989年版。

[183] 杨晓:《乡间与校园:侗歌传承的两种形态》,《音乐探索》2000年第4期。

[184] 杨英慧:《侗歌的分类及传承特点》,《贵州日报》2005年9月9日第11版。

[185] 叶建芳:《人观与秩序:布努瑶送魂仪式分析》,《广西民族研究》2014年第6期。

[186] 赵晓楠:《对三种新型民歌演唱形式及其背景的初步探讨——以贵州省小黄寨侗歌为例》,《中央音乐学院学报》2005年第1期。

[187] 钟敬文:《洪水后兄妹再殖人类神话》,载《钟敬文民族学论集》,上海文艺出版社1998年版。

[189] 中国社会科学院历史研究所编:《中国古文书研究班纪要》第4号,内部资料。

[190]《贵州通史》编委会:《贵州通史》第四卷,当代中国出版社2002年版。

[191] 陈明达:《中国大百科全书》,中国大百科全书出版社1988年版。

[192] 丁道谦:《贵州经济地理》,商务印书馆民国三十五年(1946)版。

[193] 何长凤:《贵阳文通书局》,贵州教育出版社2002年版。

[194] 华树人:《贵阳永丰纸厂的创办和发展》,载中国人民政治协商会议贵阳市委员会、文史资料研究委员会编《贵阳文史资料选辑》第九辑,贵州省邮电印刷厂1983年印。

[195] 华问渠:《贵阳文通书局的创办和经营》,载中国人民政治协商会议贵州省委员会、文史资料研究委员会编《贵州文史资料选辑》第十二辑,贵州人民出版社1982年版。

[196] 华之鸿:《华之鸿给毛光翔的信(1930年3月)》,载李德芳、林建曾编《贵州近代经济史资料选辑》(上)第二卷,四川省社会科学院出版社1987年版。

[197] 开阳县地方志编纂委员会编纂:《开阳县志》,贵州人民出版社1993年版。

[198] 林洙:《困惑的大师——梁思成》,山东书画出版社2001年版。

[199] 清华大学建筑系编:《中国营造学社创始人——朱启钤》,清华大学建筑数字图书馆。

[200] 肖先治:《贵州文化出版名人传略》,贵州人民出版社1999年版。

[201] 曾冬梅:《流逝的民间财富掌门人——旧中国十大民营企业家》,《民营经济报》,http://www.ycwb.com/gb/content/2004-01/08/content_624117.htm,2004。

[202] 张国功:《贵阳文通书局的历史与启示》,载何长凤编《〈贵阳文通书局〉书评选编》,"贵州近现代史料丛书"第十一集,2004年。

[203] 张肖梅编:《贵州经济》,中国国民经济研究所发行,民国二十八年(1939)。

[204] 中国旅行社编:《黔游纪略》,中国旅行社发行,民国二十三年(1934)。

[205] [德]哈贝马斯:《公共领域的结构转型》,曹卫东等译,学林出版社1999年版。

[206] [德]尤根·哈贝马斯:《公共领域》,转引自汪晖、陈燕谷

主编：《文化与公共性》，生活·读书·新知三联书店1998年版。

[207]［美］杜赞奇：《从民族国家拯救历史——民族主义话语与中国现代史研究》，王福明译，江苏人民出版社1995年版。

[208]［美］费正清、费维恺编：《剑桥中华民国史（1912—1949年)》下卷，中国社会科学出版社1993年版。

[209]［美］海登·怀特：《后现代历史叙事学》，陈永国、张万娟译，中国社会科学出版社2003年版。

[210]［美］柯文：《历史三调：作为事件、经历和神话的义和团运动》，杜继东译，江苏人民出版社2005年版。

[211]［美］摩尔根：《古代社会》下册，杨东纯等译，商务印书馆1977年版。

[212]［美］孙隆基：《清季民族主义与黄帝崇拜之发明》，《历史研究》2000年第3期。

[213]［意］葛兰西：《狱中札记》，葆煦译，人民出版社1983年版。

[214]《文讯》月刊"创刊号"。

[215]《文讯》月刊第六卷第一期。

[216]《文讯》月刊第七卷第一期。

[217]《文讯》月刊第七卷第四期。

[218]《文讯》月刊第七卷第五期。

[219]《文讯》月刊第八卷第二期。

[220]《文讯》月刊第八卷第五期。

[221]《文讯》月刊第八卷第六期。

[222] P. H. Gulliver, *The Family Herds: A Study of Two Pastoral Tribes in East Africa*, the Jie and Turkana, London: Routledge & Kegan Paul LTD., 1955.

[223] Paul Ricoeur, Phenomenology and the Social Sciences, eds. by J. Bier (The Hague: Martinus Nijhaf, 1978), pp. 45 – 46; cited from Ana Maria Alonso, "The Effects of Truth: Representations of

the Past and the Imagining of Community", *Journal of Historical Sociology*, Vol. 1, No. 1 (March 1988).

[224] 成仿吾:《祝词》,《文化批判》1928年1月15日创刊号。

[225] 费孝通编:《中华民族多元一体格局》修订本,中央民族大学出版社1999年版。

[226] 冯友兰:《〈古史辨〉(六)序言》,载《三松堂学术文集》,北京大学出版社1984年版。

[227] 傅斯年:《夷夏东西说》,载《民族与古代中国史》,河北教育出版社2002年版。

[228] 顾颉刚:《我是怎样编写〈古史辨〉的?》,载《古史辨》第一册,上海古籍出版社1982年版。

[229] 何新:《诸神的起源——中国上古神话新探·三皇考》,《中国社会科学院研究生院学报》1985年第2期。

[230] 洪子诚:《中国当代文学史》,北京大学出版社1999年版。

[231] 洪子诚主编:《中国当代文学史·史料选》上册,长江文艺出版社2002年版。

[232] 胡正强:《试论臧克家文艺报刊的编辑实践与思想》,《徐州师范大学学报》(哲学社会科学版)1999年第3期。

[233] 李健吾:《关于〈文艺复兴〉》,《新文学史料》1982年第3期。

[234] 李欧梵:《现代性的追求》,生活·读书·新知三联书店2000年版。

[235] 廖名春:《试论冯友兰的"释古"》,载《原道》第六辑,1999年版。

[236] 林祥主编,运河采访:《世纪老人的话·臧克家卷》,辽宁教育出版社2000年版。

[237] 刘康:《瞿秋白与葛兰西——未相会的战友》,载《全球化/民族化》,天津人民出版社2002年版。

[238] 刘起釪:《几次组合纷纭错杂的"三皇五帝"》,载《古史续辨》,中国社会科学出版社1997年版。

[239] 刘增人：《现代文学刊物的景观与研究历史回顾》，《中国现代文学研究丛刊》2005 年第 6 期。

[240] 鲁迅：《鲁迅全集》第七卷，人民文学出版社 2005 年版。

[241] 吕思勉、童书业编著：《古史辨》第七册（中），上海古籍出版社 1982 年版。

[242] 茅盾：《访问苏联·迎接新中国——回忆录"三十三"》，《新文学史料》1986 年第 4 期。

[243] 蒙文通：《古史甄微》，载《民国丛书》第一编历史地理类，上海书店根据商务印书馆 1946 年版影印。

[244] 钦鸿：《记范泉主编的〈文艺春秋〉》，《新文学史料》1990 年第 1 期。

[245] 沈长云：《论黄帝作为华夏民族祖先地位的确立》，《天津社会科学》1995 年第 2 期。

[246] 沈松侨：《我以我血荐轩辕——黄帝神话与晚清的国族建构》，《台湾社会研究季刊》1997 年第 28 期。

[247] 王明珂：《文化边缘——历史记忆与族群认同》，社会科学文献出版社 2006 年版。

[248] 翁独健主编：《中国民族关系史纲要》上册，中国社会科学出版社 2005 年版。

[249] 吴少珉、赵金昭主编：《二十世纪疑古思潮》，学苑出版社 2003 年版。

[250] 徐旭生：《中国古史的传说时代》，文物出版社 1985 年版。

[251] 徐中玉：《五十年前在同济中文系任教的回忆》，载《同济大学学报》（社会科学版）1997 年第 1 期。

[252] 臧克家：《怀念寿彝》，《史学史研究》2000 年第 3 期。

[253] 臧克家：《一人双手编〈文讯〉》，《读书》1983 年第 12 期。

[254] 郑振铎、李健吾：《〈文艺复兴〉发刊词》，《文艺复兴》1946 年第一卷第一期。

[255] 朱光潜：《复刊卷首语》，《文学杂志复刊号》第二卷第一期，商务印书馆 1946 年版。

后 记

　　本书是笔者十余年来陆续写就的一些论文，承蒙《广西民族大学学报》（哲学社会科学版）、《中南民族大学学报》（人文社会科学版）、《贵州民族研究》、《贵州社会科学》、《中外文化与文论》等学术期刊编辑的厚爱，得以发表。本次结集出版，笔者又进行了反复的资料核查、文字修改和校对，尽量使之不至于贻笑方家。但是，挂一漏万，或者从哲学的意义上看，根本就没有所谓的挑不出毛病的完美的东西，20岁、30岁、40岁、50岁、60岁……每个年龄段拿起自己过去写的东西来看，都会挑出毛病，所以说："人类一思考，上帝就发笑。"真正地经得起时间考验的经典如《左传》、《论语》、《史记》、《资治通鉴》、《老子》、《庄子》、《唐诗三百首》、《红楼梦》等，少之又少。但是，并不意味说人类停止寻求真知的脚步。尤其是在中国文化环境中长大的知识人，一向以立德立功立言为孜孜以求的人生目标，以经世致用为做学问的不竭动力，"虽不能至，心向往之"。宋末元初的诗词评论家严羽在其《沧浪诗话》中主张，"学其上，仅得其中；学其中，斯为下矣"，笔者深以为然。

　　本书的结构，笔者根据内容分为中央与苗疆的互动关系研究、"苗疆缺"官制研究、区域经济史研究、文化教育研究、社会治理研究、苗民信仰世界研究、清水江学、黔地文化研究和文化琐思九章，并将各部分的参考文献统一置于书后，便于读者阅读时按图索骥。这九个部分的内容跟中国西南民族的政治、经济、历史、文化、教育等有关，故将本书取名为《西南民族研究》。其实早在1992年，业师徐新建教授在《西南研究论》一书中即呼吁学术界加强西南研究,本书算是对这一倡议的积极响应。

以上内容,权作向读者的交代。不当之处,祈请方家不吝赐教。

最后,感谢中国社会科学出版社编审卢小生先生及其他为本书辛勤劳作的工作人员,感谢中央财政支持贵州财经大学民族学重点学科建设经费提供的出版资助。

张中奎

2016 年 5 月 23 日